地理女子が
教える

ご当地グルメの地理学

尾形希莉子　長谷川直子

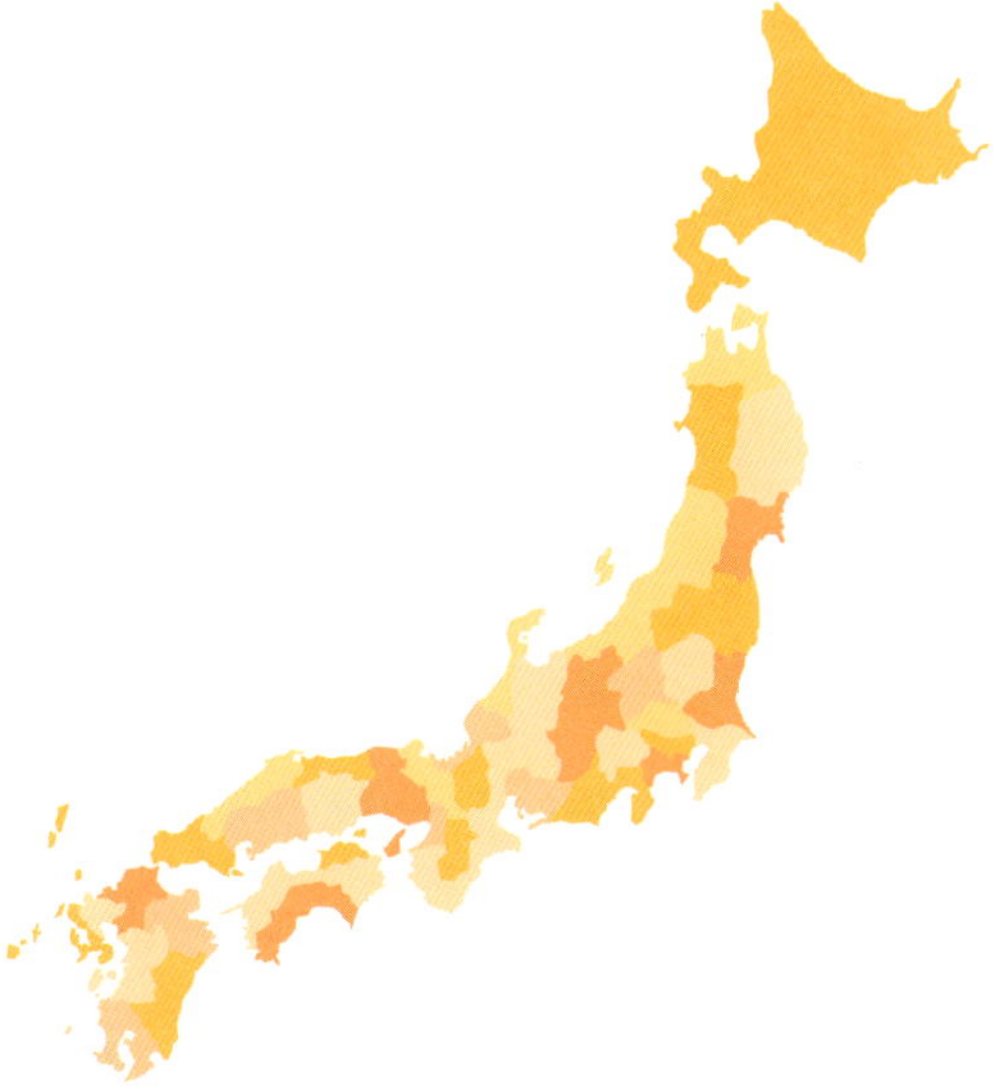

ベレ出版

はじめに

皆さんは「ご当地グルメ」と聞いてどんな料理を思い浮かべるでしょうか？　最近のご当地グルメブームの中でよく耳にするのは、「焼きそば」です。中には、「安いもの」や「まちおこし」を連想する方もおられるようです。しかし「ご当地グルメ」という言葉自体は、「ある場所の（その場所ならではの）料理」といった意味で、「安い」や「まちおこし」という意味合いは含まれないように思います。これらのイメージには、最近行われているグルメイベントの影響があるのかもしれません。

この本では「ご当地グルメの地理学」を扱います。地理学では、それぞれの場所が、なぜそのような特徴を持っているのかということに注目しています。たとえば、なぜここには山があるのか、なぜここには道路があるのか、なぜここには人が集まっているのかなどです。そういう視点でご当地グルメを見ると、「ある場所のとある料理は、なぜその場所にあるのか？」という疑問が湧いてきます。人々は昔から、その土地で採れる食材をその土地の環境に応じた方法で調理したり保存したりしながら、さまざまな工夫を凝らした料理を生み出してきました。環境によって育つ作物、採れる食材が違い、また保存方法・調理方法が異なります。つまり、その土地ならではの料理には、その土地の特徴が詰まっているといえるのです。

しかし、近年のご当地グルメブームの中では、そうした料理の背景にある地域の特徴があまり語られていないように思えます。なぜその場所にその料理があるのかという背景を知って食べていただければ、その料理がより一層おいしくなるのではないかと思うのです。

本書では日本全国すべての都道府県について、特にその地域の地理的な特徴（地域性）と関係があると思われるご当地グルメを取り上げました。自然と共に暮らす中で生み出されてきた古くから伝わる郷土料理のみならず、地域活性化のために最近開発された料理でも、その地域ならではの食材を上手に活かしてつくられているものも取り上げています。日本は狭い国土ながらも南北に細長いため、気候的にも大変多様性のある国で、北と南とでは気候も生えている植物もまるで違います。また、周りを海に囲まれていて幾つもの島に分かれ、かつ山がちであるという特徴を持つため、少ししか離れていない場所でも険しい山や海などに隔てられて自然環境が大きく異なったり、地域間交流が十分にできない条件にあります。そのため、食文化もそれぞれの地域で大変バラエティに富んでいます。本書では取り上げられなかった、その地域ならではの料理は他にもたくさんあることでしょう。しかしこの本を読んでいただければ、本書で取り上げていない料理についてもその背景がきっとある程度自分で推測できるようになるのではないかと思います。

どこかに出かける際には、この本の該当県を見て、どのような料理があるのか、それはなぜその場所でつくられたのか、について事前に知っていただきたいと思います。そして現地ではその料理ができた背景に想いを馳せながら料理を食べていただくと、その地域をより深く知ることに繋がると思います。これは地理学そのものです。この本を片手に、全国のご当地グルメを、単なる料理としてではなく、地と知で味わい尽くしませんか?

この本の使い方

この本で取り上げた料理の地理的背景を説明する際、本文中の地図と巻末の日本地図を使って説明していますが、紙面の都合上、すべての地名や地形などの情報を地図に掲載することができませんでした。そこで、地図帳を片手に読んでいただくと、より理解が深まると思います。地図帳は書店にて購入できます。世界中の国を網羅する地図が掲載されていますのでぜひお手元に一冊置いていただくことをお勧めします。

はじめに……3
■食材と地理的条件……7
■全国ご当地グルメ
北海道　石狩鍋……12
青森県　津軽ラーメン……16
岩手県　まめぶ汁……20
宮城県　フカヒレ……24
秋田県　稲庭うどん……28
山形県　サクランボ……32
福島県　こづゆ……36
茨城県　ほしいも……40
栃木県　かんぴょう……44
群馬県　おっきりこみ……48
埼玉県　カエデ糖菓子……52
千葉県　醤油……56
東京都　深大寺そば……60
神奈川県　崎陽軒のシウマイ……64
コラム　湿度とのど飴　69
新潟県　笹団子……70
富山県　ぶり大根……74
石川県　俵屋のじろ飴……78
福井県　油揚げ……82
山梨県　煮貝……86
長野県　角寒天……90
岐阜県　栗きんとん……94
静岡県　うなぎ料理……98

愛知県　味噌煮込みうどん……102
三重県　さんまずし……106
滋賀県　ふなずし……110
京都府　京料理……114
大阪府　白味噌雑煮……118
兵庫県　明石焼き……122
奈良県　柿の葉寿司……126
和歌山県　はちみつ梅干し……130
鳥取県　砂たまご……134
島根県　しじみ汁……138
岡山県　フルーツパフェ……142
広島県　カキの土手鍋……146
山口県　岩国寿司……150
徳島県　鳴門鯛のわかめ蒸し……154
香川県　讃岐うどん……158
愛媛県　霧の森大福……162
高知県　室戸キンメ丼……166
福岡県　八幡餃子……170
佐賀県　イカの活きづくり……174
長崎県　卓袱料理……178
熊本県　球磨焼酎……182
大分県　地獄蒸しプリン……186
宮崎県　菜豆腐……190
鹿児島県　黒酢……194
沖縄県　ラフテー……198
おわりに……202
参考となる入門書籍/URL……204
日本地図……206

食材と地理的条件

料理をつくるのに欠かせない食材たち。料理に地域性がある一番の理由は、採れる食材が地域によって違うからです。ここではまず初めに、どのような場所でどのような食材が採れるのかを、概観してみたいと思います。

平野（大きな川の河口にできることが多い）

日本人の主食であるお米は水稲といって、水を張った水田で栽培しています。この水稲はもともと湿地などに生える植物ですが、それを人工的に栽培しているのが水田になります。川の河口部は、川から運ばれてきた細かい砂や泥が広く平らに堆積していることが多いため、平らで浅い水を張った水田につくりかえやすいのです。一方で、風景として美しい棚田は、山の斜面を人工的に平らにして水田にしているため、本来の自然環境的にはあり得ない環境ですが、山がちな地域で少しでも主食を得ようと工夫して長い年月をかけてつくられた環境といえます。同じような景観はやはり山がちなバリ島（インドネシア）でも見られます。

川から運ばれてきた土砂には多くの栄養分（上流で朽ちた落ち葉など）が含まれており、水も得やすく、お米を栽培するのに最適な環境です。

日本の米どころはこのような河口の平野部に多いことがわかります（例：庄内平野、越後平野など）。

山間部

平野とは逆に、山は地形的に急な斜面になっています。山あり谷ありとあるように、谷には川が流れ、斜面に降った雨が、斜面の落ち葉や土砂を下流へと運んでいきます。そのため、山地の地表面の栄養分は常に下流へ持ち出されるので、山の土壌は栄養分が乏しい環境にあります。そのような場所で栽培できるのは、土が痩せていても栽培できるお蕎麦。山間部にお蕎麦の有名な場所が多いのはこのような理由によります（例…信州そば）。

海沿い

海に近いところでは海の幸を堪能できます。一口に海の幸といっても、その海がどのような環境であるかによって、獲れるものが変わります。たとえば、静岡県では駿河湾（巻末地図参照）などの深い海がすぐ近くにあるので、深海にいる魚介類が名産です（例…タカアシガニ、金目鯛）。富山湾も急峻な地形で、ホタルイカや白海老といった独特の幸に恵まれています。三河湾、東京湾など、湾になっているところは、海流の強い流れから守られていて、川から運ばれてきた泥や砂が溜まっているので、砂地に生息する魚介類が名産です（シャコやアナゴ、キスなど）。川から運ばれてきた土砂が広く浅瀬をつくることもあり、そのような場所ではアサリやハマグリなどの貝類も多く獲れます。また湾や瀬戸内海などでは、比較的浅い水深や海流の穏やかさを活用して、牡蠣《かき》や海苔《のり》の養殖も盛んです。

海沿いではたくさん採れる海の幸を長期保存する料理も工夫されてきました。スルメやシャケの酒浸し（新潟）などの「乾燥」、イカの塩辛や鯖《さば》のへしこ（福井）などの「発酵」がその例です。

地域固有の幸を持つ地域もあります。たとえば広大な干潟である有明海は、その地固有の食材としてクツゾコやワラスボ、ムツゴロウなどが獲れます。日本一の淡水湖である琵琶湖には固有種のニゴロブナ（お寿司の原型といわれているふなずしが有名）やビワマス（比較的冷たい水の中でのみ生きられる冷温性のサケます類の南限が琵琶湖です）、ビワコオオナマズなどがいます。

海沿いには汽水湖《きすいこ》という海水と淡水が混ざり合う特殊な環境があり、そういう環境ではシジミの採取（例…島根県の宍道湖《しんじこ》）やホタテの養殖（例…北海道の網走湖）が行われています。

内陸部

内陸部は海から離れた山間部であることが多いので、前に挙げた山間部と地域的にはかぶる場合も多いです。

現在のように高速道路や鉄道による輸送が整備されるまでは、輸送手段は船や馬、人足によっていたため、移動に大変な時間がかかりました。生鮮食品を内陸部まで運ぶのは時間もコストもかかります。そのため内陸部は海沿いのような海の幸にも恵まれず、タンパク源に乏しい地域でした。内陸部の長野県諏訪地方では、諏訪大社が鹿食免《かじきめん》という免状で鹿を獲る許可を出していました。鹿が増えすぎて山を荒らしている現状からは想像できませんが、このことから昔は鹿やイノシシ、キジなど、近年ジビエ（フランス語で野生動物の意味）と呼ばれる鳥獣がとても貴重な食料であったことがわかります。

他にも、内陸部では水田に発生するイナゴを佃煮《つくだに》として食べたりしていました。今でも内陸部に行くとイナゴの佃煮がお土産として売られているのを見かけます。

このように、タンパク源の少なかった内陸部に海の幸を運ぶための知恵として、よく使われた手段が乾燥です。たとえば棒鱈《ぼうだら》（干したタラ）や身欠きニシン、スルメイカ、昆布など、乾燥させれば長期保存が可能で、軽くなるので運びやすくなります。内陸部ではこれらを使った料理が今でも多く残っています（例…会津のこづゆの干し貝柱、身欠きニシンの山椒漬けなど）。

標高の高い地域や東北地方の内陸部では、食材を凍らせて乾燥保存してきました。高野豆腐（凍《こお》り豆腐や凍《し》み豆腐とも呼ばれます）や凍《し》みコンニャク、寒天などがつくられています。

船運

食材を持って山を歩いて越えるのは大変ですが、それに比べれば船を使った水運は食材輸送の重要な手段でした。特に有名なものは北前船《きたまえぶね》（P.120）です。これは北海道で採れた昆布を売るために日本海側の港に点々と寄りながら、南は沖縄まで行っていました。沖縄では昆布は採れませんが、北前船の寄港地になっていたため、今でも昆布を使った料理が沢山あります。このような例は北前船の昆布にとどまらず、たとえば最上川の船運に恵まれていた山形では、京都との交易が盛んだったために京都の芋棒《いもぼう》（棒タラと芋を煮たもの）が持ち込まれ、山形名物の芋煮になったといわれています。これらは、食材の産地が直接的な要因ではなく、別の要因で名産になった例といえます。船運に恵まれていた地域では、食材の運搬にとどまらずさまざまな交易が行われていたため、食以外の文化も発展していきました。

陸運

戦後、高速鉄道網・高速道路網・空路が発達しました。このおかげで、日本各地で採れる食材を短期間に鮮度よく輸送することが可能になりました。以前は、山形のサクランボは缶詰が中心だったのですが、今では採りたての山形サクランボを新鮮なまま、日本各地で楽しむことが可能になりました。「お取り寄せ」で全国のご当地グルメを楽しめるのはこのような国内輸送技術の発達によるところが大きいのです。

本書は日本のご当地グルメを取り上げていますが、海外から輸入する食材の入手のしやすさや鮮度なども、船運・陸運・空輸の発展とともに変化してきています。

全国ご当地グルメ

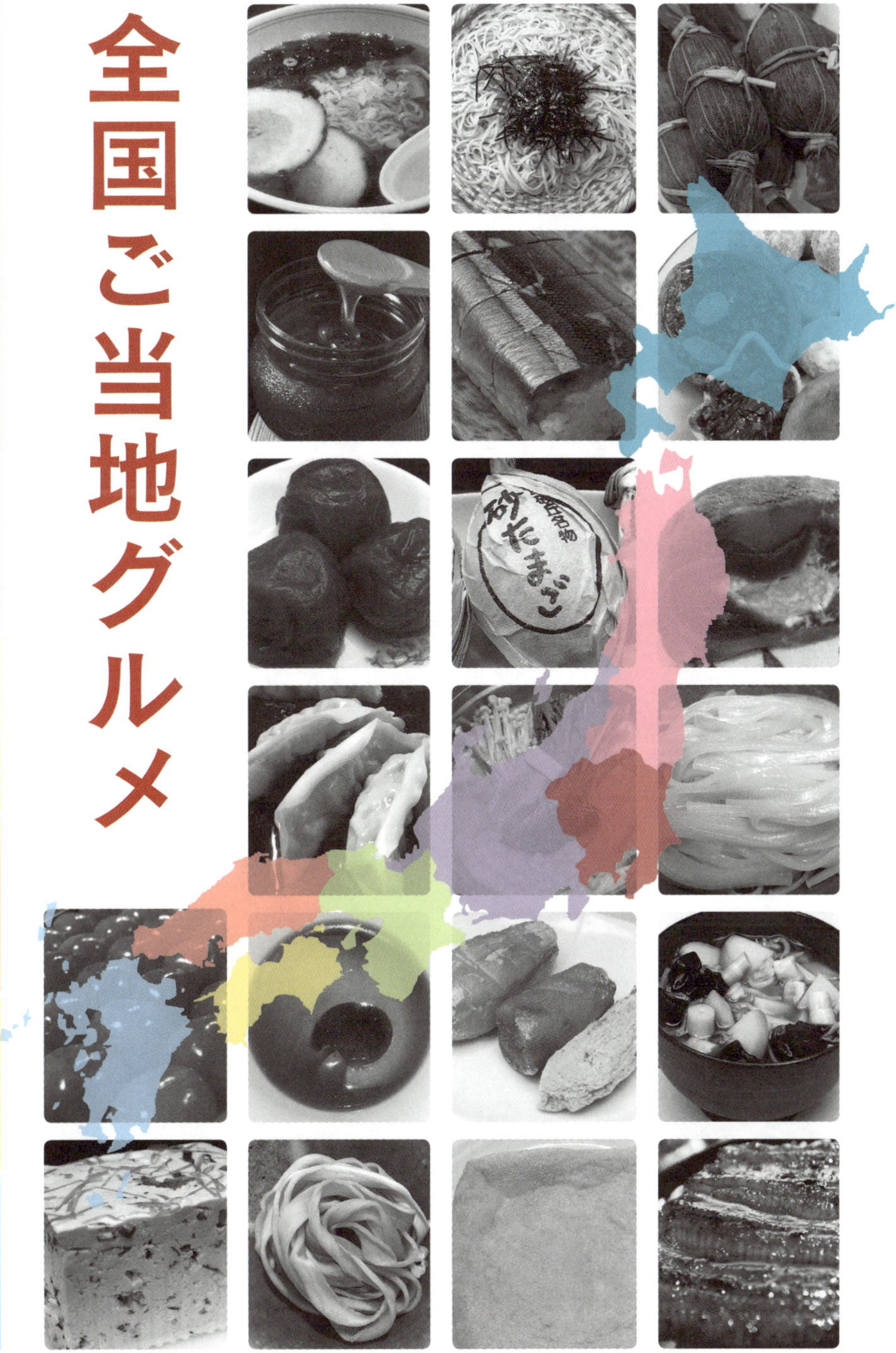

北海道

石狩鍋

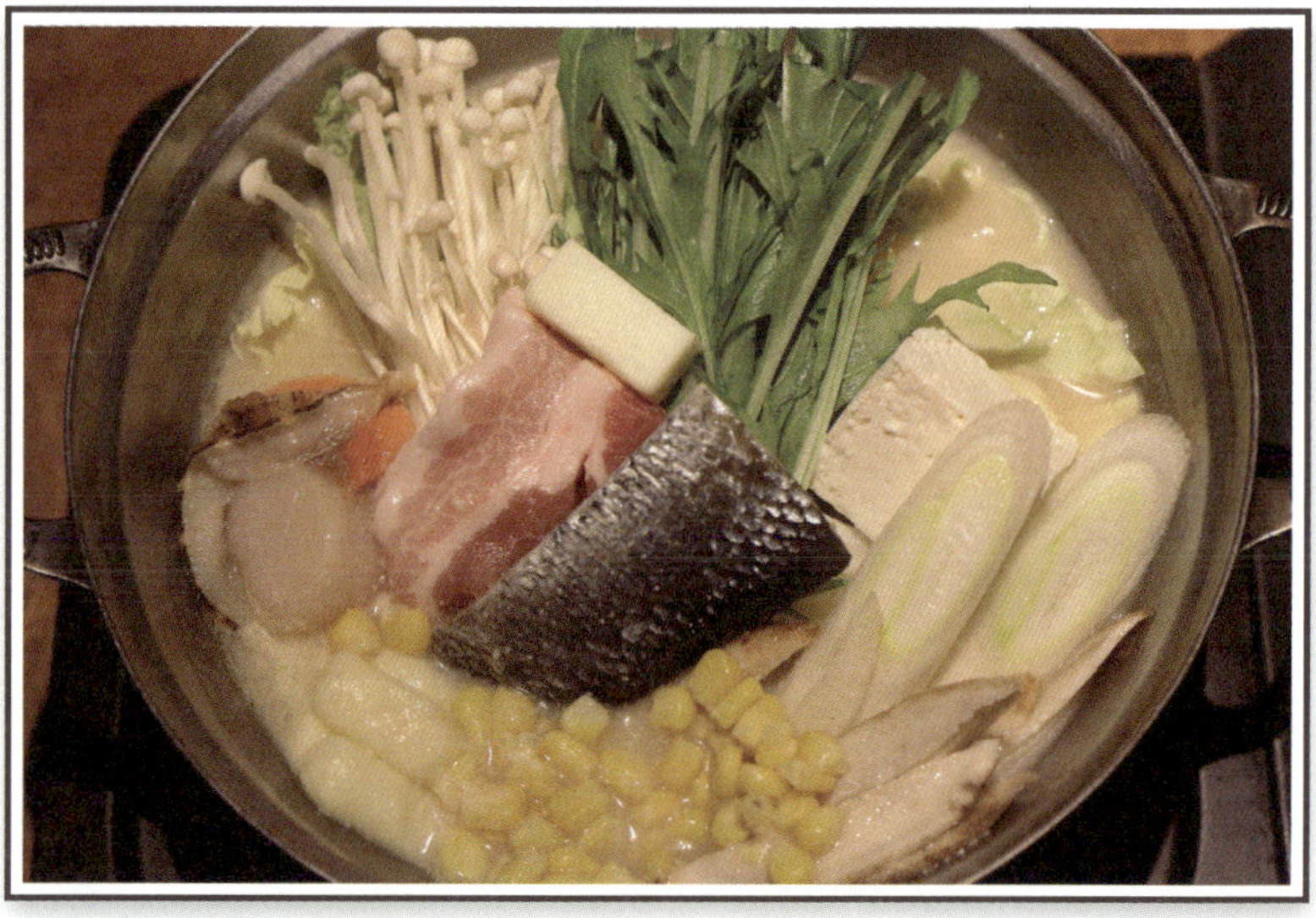

発祥のルーツ

石狩鍋はもともと漁師のまかない料理でした。全国的に広まるのは昭和20年代。その頃、地引き網漁の観光が盛んになり、網を海に入れてからの待ち時間にお客さんに石狩鍋を振る舞ったのがきっかけです。

鮭を余すところなく使用

石狩川では江戸時代からサケ漁が盛んだったようです。石狩鍋は鮭の身はもちろん、「あら」までも使用し、野菜とともに味噌味のスープで煮こみます。最後にかける山椒が臭みを消す役割を果たします。

河口にたたずむ金大亭

金大亭は元祖石狩鍋のお店で、石狩川の河口にあります。明治13年創業で、歴史を感じさせる外観です。このお店は完全予約制、コース料理のみ。少し格が高いですが、本物の石狩鍋を食べるならここでしょう。

鮭の栄養

鮭の身の色素はアスタキサンチンというものです。これには抗酸化作用があり、心血管やガンの予防に効果があるそうです。

なぜ北海道で生まれた?

石狩川に鮭が多いのは

石狩川でのサケ漁の歴史は古く、縄文時代から行われていたことがわかる遺跡が発見されています。昔からこの辺りは鮭が多かったということですね。ではなぜ石狩川に集まるのでしょうか。

この疑問を解くためには、まず鮭の習性を知っておく必要があります。「母川回帰《ぼせんかいき》」という言葉をご存知でしょうか。「母川回帰」とは産卵のために生まれ故郷の川に帰ってくる、というものです。日本の鮭はオホーツク海や太平洋などの外洋を旅して成熟魚となり、再び日本に戻ってきます。これに関しての科学的メカニズムはいまだ明らかにされていないため詳しいことはわかりませんが、石狩川で獲れる鮭は石狩川が故郷であるといえるのです。

つまり、石狩川では鮭の産卵が多くなされていることになりますね。これは、石狩川が産卵に適した地形を持つことを意味します。鮭はどこでも卵を産むわけではありません。動物の卵は温める必要がある、というイメージを持たれていると思いますが、鮭も例外ではなく、温かいところに産みます。北海道の冬は寒く、空気と触れる河川の表面温度は下がりますが、地下水は1年を通して温度があまり変わりません。そのため地下水がある河床は温かいということがわかります。鮭は地下水が湧き出る湧水域に卵を産んでいます。

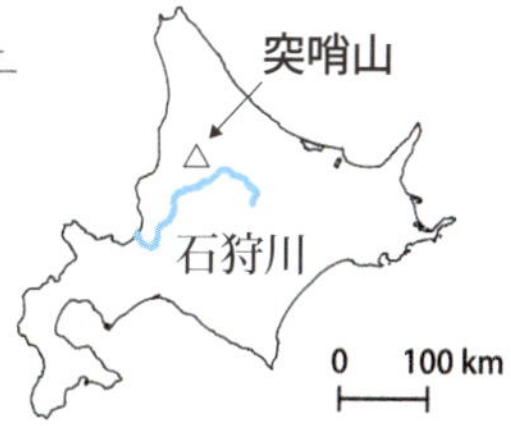

図1 ● 石狩川・突哨山の位置

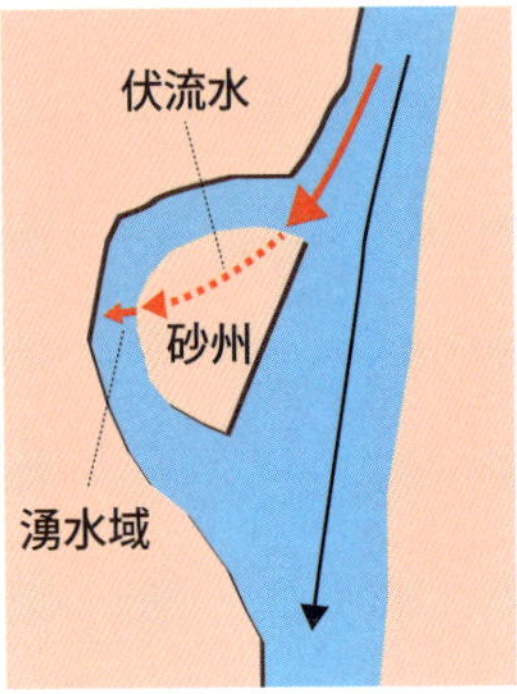

図2● 砂州をつたう伏流水

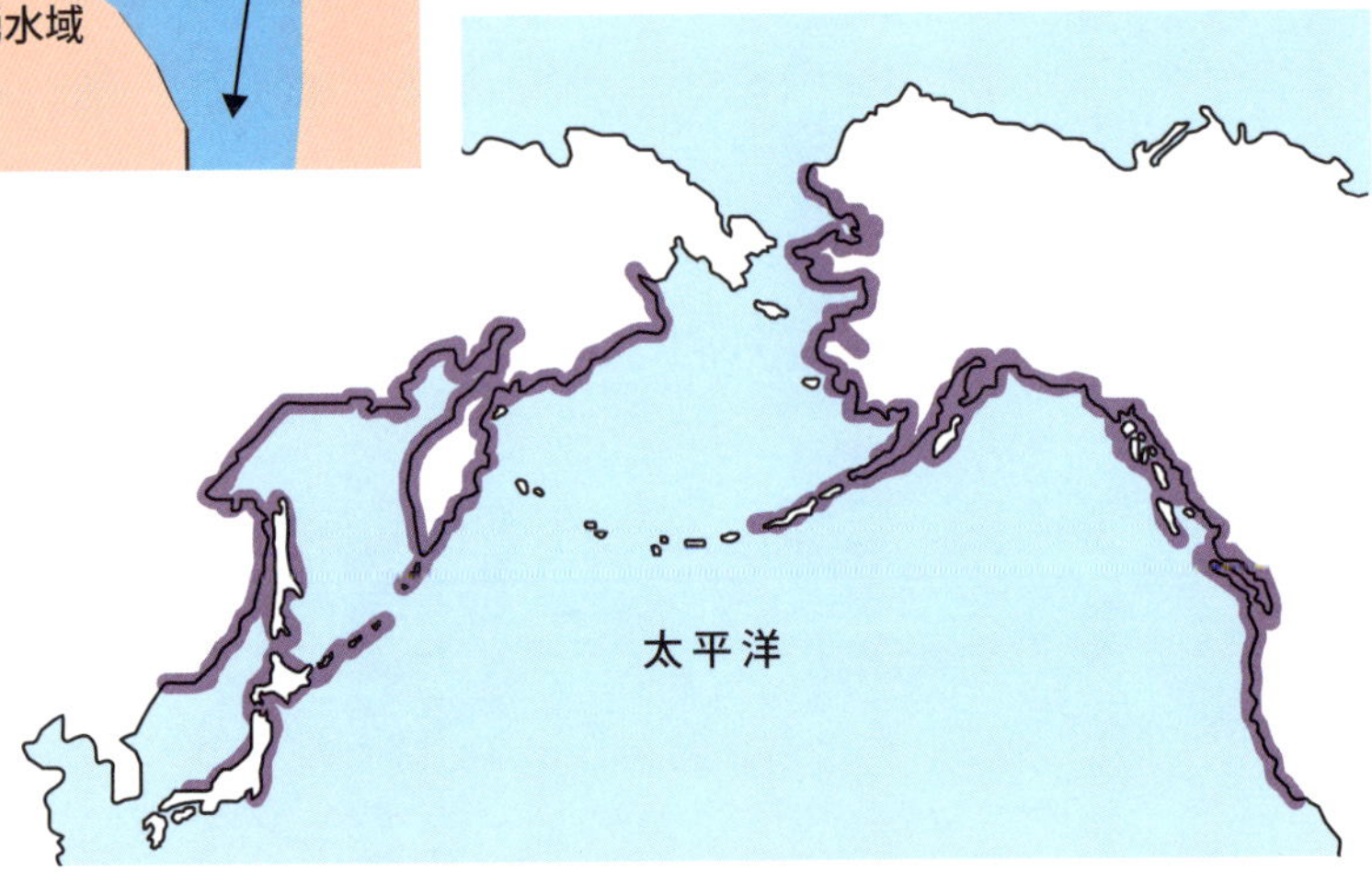

図3● 鮭の主な産卵場（紫色部）

突哨山上流

鮭の産卵場所の一例として、突哨山《とっしょうざん》付近の上流を挙げてみます（図1）。この辺りは川の途中に砂《さ》州《す》が形成され、主流と分流に分かれる地点があります。産卵場があるのは分流の方です。ここでは砂州をつたう伏流水《ふくりゅうすい》の存在を考えます。川の水の一部が砂州に浸透し、砂州の終わりで再び湧き出します（図2）。この湧水域で、鮭が産卵をするのです。

鮭の産卵場と地形には意外にも大きな関係性があるのですね。湧水域が豊富にある地形だからこそ、鮭は昔から石狩川に集まってきていたのです。

冷温性の魚

そもそも鮭は冷たい海域を好みます（図3）。たとえ湧水域がたくさんあったとしても、北海道が温かいところに位置していたら鮭は獲れなかったことでしょう。

その他の産物・グルメ

●ビール（札幌市）

北海道の冷涼な気候が大麦栽培に適していていたこと、豊平川《とよひら》が流れ豊富な水を得られたことから、明治政府が醸造所を札幌につくりました。醸造所開設は、明治政府による北海道開拓事業の一環でもありました。ビールは札幌から近い港町の小樽から船で道外へと運ばれました。

●松前漬け

おもな材料はスルメイカと昆布で、いずれも松前町の位置する渡島《おしま》半島の名産品です。スルメイカは日本を囲む海を回遊し、津軽海峡も通過するため、津軽海峡は絶好の漁場となっています。また、昆布は寒流の流れる地域で育つため、国産昆布のほとんどが北海道産となっています。

松前は古くから本州との間で交易が行われていた海上交通の要衝で、江戸時代の北前船の寄港地でもありました。

●室蘭やきとり

やき「とり」なのに、豚肉を使っています。北海道では戦時中、皮革生産のために豚の飼育が奨励されました。長ネギでなくタマネギを使うのは、冷涼な気候の北海道がタマネギの栽培に適していて一大産地であることや、豚肉とタマネギの食味が合うことが理由にあります。

海に面した地形にも起因して、室蘭は港湾都市として栄え、製鉄業も盛んです。そこで働く労働者たちに支持され、町に定着しました。

●いももち（おもに道東・道央）

おもな材料となるジャガイモは冷涼な気候を好むこともあり、北海道では開拓当初から多く栽培されています。稲作が普及し定着するまで、ジャガイモは北海道では主食としての要素が強かったものです。小麦粉を入れたり、バターを添えたりすることもありますが、そのいずれもが北海道ならではの広大な土地を活かして生産される、北海道の主要な農産物となっています。

●夕張メロン

夕張の土壌は水はけの良い火山灰質で、メロン栽培に向いています。

夕張は山間に位置するため、広大な土地で大量生産できる農作物を栽培しても同じ道内での競争に勝てないのですが、手間のかかる高価なメロンだからこそ、狭小な土地しかない夕張でも成り立ったといえます。

●ジンギスカン

ヒツジが北海道に持ち込まれたのは、肉ではなく羊毛を取ることが目的でした。ヒツジは冷涼な気候を好むため、北海道は飼育に適していたのです。

青森県

津軽ラーメン

煮干しラーメン

津軽ラーメンの別名は「煮干しラーメン」です。スープに煮干しの旨みがぎゅっとつまっており、その独特の旨みにハマる「ニボラー」と呼ばれる人々が出現してきているほどの人気ぶりです。

味はさまざま

煮干しというと醤油味のラーメンが連想されます。しかし、津軽では塩味でも味噌味でも、味の種類に関係なく、ラーメンの８割が煮干しベースだそうです。津軽の人の煮干し好きがうかがえます。

ラーメン好き県民

青森県にあまりラーメンのイメージはないかもしれませんが、じつは隠れラーメン王国なのです。その証拠として、２０１６年時点で10年連続、インスタントラーメン消費量第１位を記録しています。

味噌カレー牛乳ラーメン

煮干しラーメンではありませんが、青森県民が愛するもう一つのラーメンとして紹介します。味噌・カレー・牛乳・バター・麺がからまりあっておいしいと評判のB級グルメです。

なぜ青森県で生まれた?

青森の県民性

青森県ではもともと煮干しではなく焼き干しが一般的でした。焼き干しは津軽そばのだしに使用されていましたが、それがラーメンにも使われるようになりました。その理由は詳しくわかっていませんが、津軽そばは手間がかかり、製造するのが大変なので、時代とともに製造が簡単なラーメンにシフトしたのではないでしょうか。また、青森県民のラーメン好きとも関係があるでしょう。そしてそのラーメン好きの背景には、気候が関係してきます。青森県は積雪量が多く、冬になると外に出たくても出られず、家の中で過ごさなければなりません。そこで活躍するのがインスタントラーメンです。これなら腐る心配もなく、簡単に温かい食事をとることができます。

もちろん、青森県民が全員そうとは限りませんが、青森県民のラーメン好きは、少なからず青森の風土と密接な関係があるといえるのではないでしょうか。

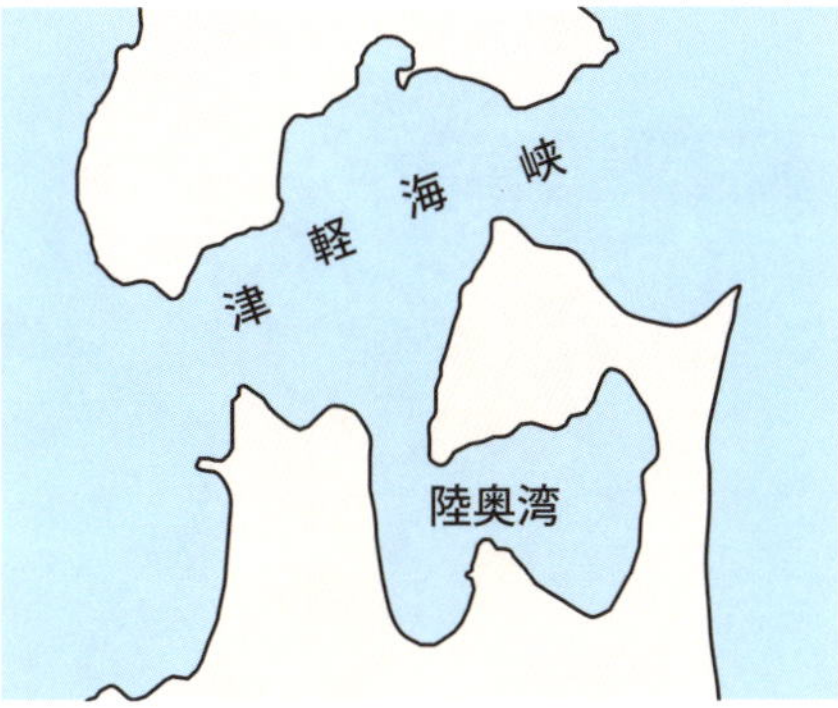

図4 ● 陸奥湾と津軽海峡

だし

さて、今となっては焼き干しよりも煮干しが主流となりましたが、これに関しても手間がかからない方向にシフトしています。焼き干しは苦みが残らな

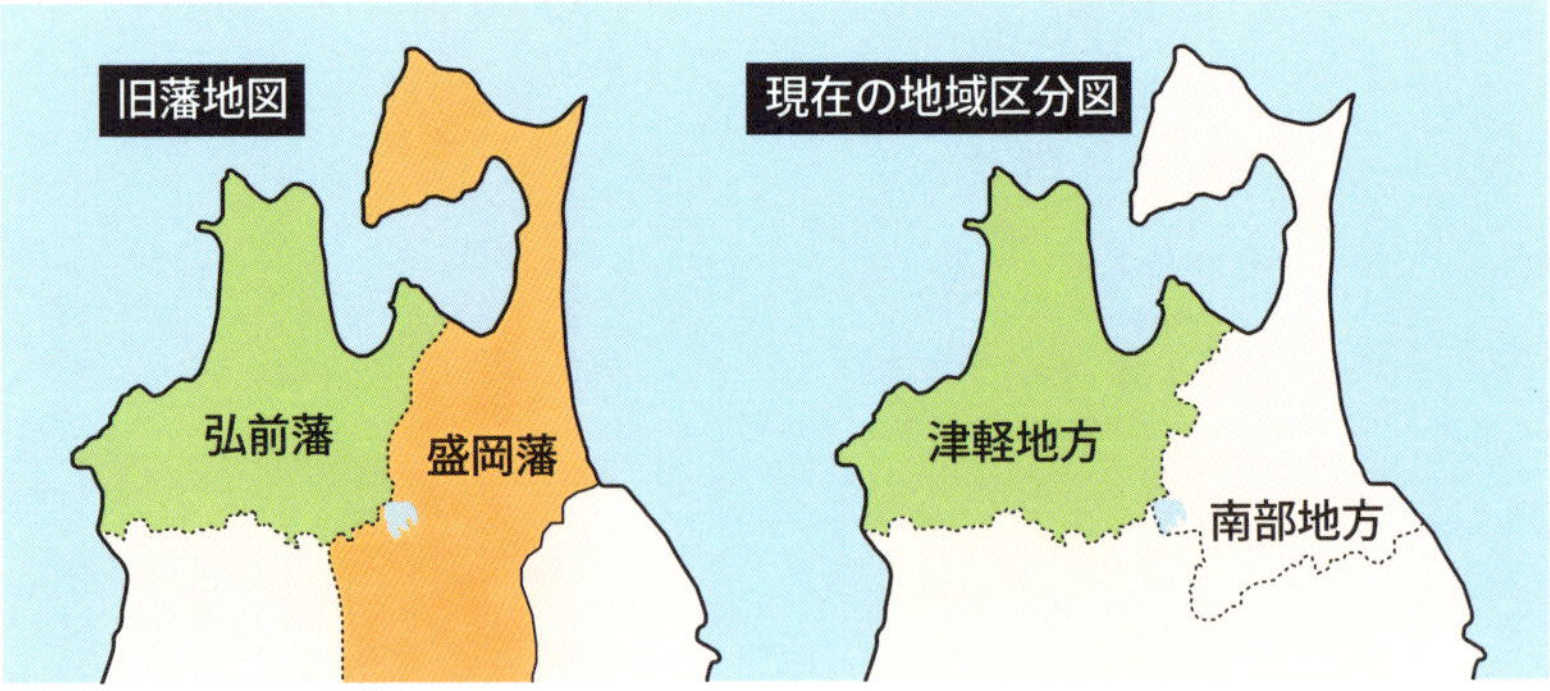

図5● 旧藩地図と現在の青森県の地域区分図

いように、魚の頭や内臓を丁寧に取り出してから焼いて乾燥させますが、煮干しは下処理をせずに魚をそのまま煮て乾燥させます。

だしを取るのに用いられる魚はおもにイワシです。青森県では昔からイワシがよく獲れました。陸奥《むつ》湾は、潮目である津軽海峡から魚が入り込んでくる好漁場であるからです（図4）。潮目は異なる流れがぶつかり、プランクトンが発生しやすいため、プランクトンを餌とする魚がたくさん集まってきます。

津軽ラーメンは、青森県の気候と陸奥湾という好漁場が青森にあったからこそ生まれた逸品なのですね。

✤ひとこと

青森県の津軽地方とは、青森県西部を指します。東部は南部地方といいます（図5右）。この区分は幕藩体制時に支配していた藩の違いから生まれたものです。江戸時代の地図と現在の地図を見比べると、確かに旧藩によって地方が区切られていることがわかります（図5左）。

南部地方は岩手県と同じ盛岡藩（南部藩）の管轄下にあったため、現在でも岩手県のテレビを見ることができたり、津軽地方と南部地方では新聞が違ったりと、同じ青森県なのに地方によって差があるのはとても興味深いことですね。

青森県

その他の産物・グルメ

●じゃっぱ汁

「じゃっぱ」はアラを指す方言です。タラを余すところなく使う、冬の青森の定番料理となっています。タラは冬に北海道から南下するため、陸奥湾や周辺海域で獲れます。昔から青森の正月には欠かせない魚でした。

タラは１匹まるごと買い、いろいろな料理に使いまわします。白子の刺身やタラの昆布しめ（刺身）など、鮮度が求められる料理を食べることができるのは、水揚げ地の青森ならではといえます。

●貝焼き味噌（陸奥湾沿岸）

陸奥湾ではホタテの養殖が盛んです。陸奥湾は八甲田山系と下北半島、津軽半島に囲まれ、それぞれを水源とする河川によって養分の豊富な水が流れ込むことにより、ホタテの餌となるプランクトンが育ちます。また湾内は水が穏やかなため、養殖がしやすい環境です。冷水性であるホタテの生育には青森の冷涼な気候が向いています。

●桜鍋（五戸町）

五戸《ごのへ》では古くから馬肉食が根づいていましたが、特に江戸時代には南部藩により軍馬の育成が行われ、また、奥州街道が通る交通の要衝だったことから、博労《ばくろう》（馬の仲買人）も集まる場所でした。

鍋にはニンニクやゴボウを入れますが、ともに青森県の主要な農産品となっています。ゴボウの産地は太平洋側が多いのですが、それは夏にやませ（P.22参照）が吹いて冷涼なため病害虫の防除回数が少なくて済むという地域特性によります。ゴボウ生産量は青森県が日本一（2016年）となっています。

●にんにく漬（田子町ほか南部地方）

青森県は全国一のニンニクの産地です（2016年）。南部地方では夏は冷たいやませが吹き、冬は雪が降り積もる気候によって、糖度を蓄えたニンニクが生育します。南部地方では昔から畜産が盛んで、堆肥にも恵まれていました。

ニンニクは体を温めるため、漬け物にして寒い冬の常備食としてきました。

●アップルパイ（弘前市）

リンゴ栽培には暑さが大敵で、秋には気温が大きく下がる必要があります。津軽地方はリンゴ栽培と気候条件が合うこともあり、なかでも弘前市は生産量日本一のリンゴの産地となっています。

岩手県

まめぶ汁

まめぶ汁

岩手県久慈《くじ》市の郷土料理で、煮干しと昆布のだし汁に数種の野菜と焼き豆腐、まめぶを入れて煮込んだものです。まめぶは小麦粉の生地でくるみと黒砂糖を包んだもの。汁のしょっぱさと砂糖の甘さがうまくマッチした逸品です。

まめぶの由来

まめぶという名前の由来は多々ありますが、まめぶの形が「まり麩《ふ》」に似ていることから「まりふ」→「まめぶ」に転じたという説、また「まめまめしく暮らせるように」との願いが込められてこの名前がつけられたという説もあります。

まめぶの家

三陸鉄道久慈駅前にあるお店です。まめぶは大変ながらも一つひとつ手作りで丸められており、まめぶへ

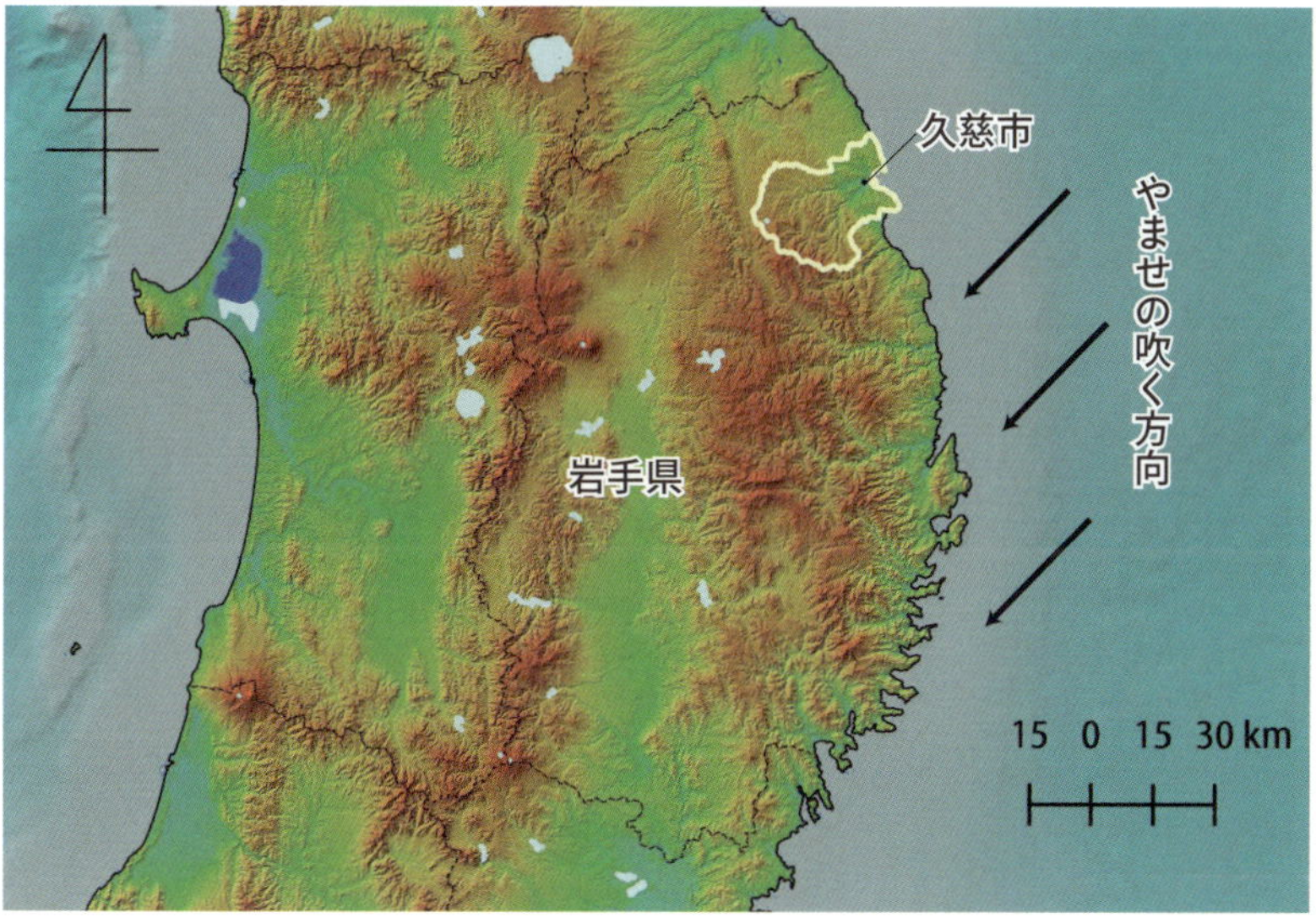

図6 ● 久慈市の位置（地理院地図より作成）

の愛が感じられます。まめぶ汁がＮＨＫの「あまちゃん」で取り上げられてからは観光客が押し寄せ、人気の絶えないお店になっています。

お正月

久慈の辺りでは、お正月はお雑煮の代わりにまめぶ汁を食べる人もいるそうです。しかし、これはお正月に限らず年中食べられているものなので、お正月にしか食べない料理ではないところがお雑煮とは違うところでしょうか。

なぜ岩手県で生まれた？

寒さと知恵の戦い

まめぶ汁が生まれた南部藩山形村は現在の岩手県久慈市西部に当たり、久慈市は岩手県北東部に位置します（図６）。この辺りは昔、寒冷な気候から凶作が頻繁に起こる地域でした。そのため凶作に備え、幕府から南部藩に「百姓は麺類やそばきりを食べてはならない」というご法度が出されてしまいます。しかし、当時のハレの日にはうどんなどを食べるのが普通だったので、麺類を食べてはいけないといわれた南部藩の人々は困りました。そこで代用食として考え出されたのがまめぶなのです。まめぶの皮の原材料は小麦粉ですが、麺類ではありません。ハレの日を祝うために先人が考え出した、まさに知恵の結晶ということができます。寒さにも負けず、幕府にも負けず、知恵が勝利して現在に伝わっています。

寒冷な気候

右記のようなご法度が出るほど凶作が多かった山形村ですが、なぜそんなに寒冷な地域なのでしょうか。単に北側の国だから、ということもあるでしょう。しかしそれだけではありません。夏のやませが大きな原因だと思います。やませは、夏ごろにオホーツク海で発達する高気圧から吹いてくる、冷たい風のことです。太平洋に近い山形村ではその影響を直に受け、夏でも比較的気温が低く保たれます。冬になると山間部では大雪となり、春先まで降り続けることもあります。また、晩春のころに「晩霜《ばんそう》」と呼ばれる霜が降りることもあります。このように、春から夏にかけて寒さが続くため植物の成長が妨げられ、やませで追い打ちをかけられるといった環境下にあるため、農作物被害が後を絶ちませんでした。

そんな状況でも一生懸命農作物をつくり、ハレの日をお祝いした山形村の人々。普段はめったに贅沢をすることができないからこそ、特別な日だけはまめぶ汁で祝宴を、という意地があったのかもしれませんね。

主食でした。昔から宴会や冠婚葬祭など、大人数が会する場での締めとしてそばを供する習慣が岩手にはありましたが、それがわんこそばの発祥だとする説があります。

岩手県

その他の産物・グルメ

南部せんべい

米ではなく小麦粉が原料のせんべいです。岩手はやせた土地が多く、気候も寒冷なため米作に向かない地域で、古くから雑穀作りが盛んでした。南部せんべいの始まりは小麦粉ではなく、そば粉を練って焼いたものだったといわれます。

せんべいを焼く道具（焼き型）には鉄が用いられるのですが、岩手は南部鉄器の産地となっています。砂鉄を使った製鉄は古くから行われていました。県内には北上川の支流で「砂鉄川」という名の河川もあります。

いちご煮（久慈市など三陸北部）

久慈市など三陸北部の断崖が連なる隆起海岸では、波の浸食による岩礁や海食洞《かいしょくどう》が見られます。ウニやアワビはそういった環境を好むため、漁が盛んに行われています。

洋野《ひろの》町では海に広がる浅瀬を利用して天然コンブを増殖させ、そこにウニを生息させています。それによって雑食性であるウニの餌がコンブに絞られるため、臭みのない良質なウニが育ちます。

もち料理（一関市、平泉町など県南部）

現在の一関や平泉地域は江戸時代、仙台藩の支配下にありました。北上川や阿武隈川などが流れ、水と肥沃な土壌に恵まれた仙台平野では稲作が盛んでした。当時は頻繁にもちを神仏へお供えすることを藩から求められていたため、もちは昔からよく食べられていました。

お供えが優先されたため、農民たちは質の良くないもちを食べていました。おいしく食べようと工夫して、沼エビやドジョウなど、地域で手に入るさまざまなものと食べ合わせるようになり、レパートリーが増えていきました。もち自体だけでなく、作法や儀礼など食に伴う文化も、仙台藩から伝わっいったようです。

乳製品

北上山地に広がる高原では古くから軍用など馬の牧畜が行われてきましたが、時代の変遷に伴い、馬に代わって牛が飼育されるようになり、牛乳などの乳製品や牛肉の生産が盛んになりました。

乳牛は寒さに強いため冷涼な気候を好み、また、餌を大量に食べるため、広大な高原での牧畜に向いています。岩手はこうした条件に合致していました。

鮭の冷燻（宮古市）

産卵する鮭が閉伊《へい》川に帰ってくるため、河口の宮古市では鮭が水揚げされます。

冷燻は低温で長時間燻す必要があるため、寒冷な環境が不可欠となっています。冷燻づくりは冷え込みの厳しい区界《くざかい》高原で行われます。燻材には区界高原の広葉樹が用いられます。

わんこそば（盛岡市、花巻市）

岩手県は冷涼な気候が稲作に適さず、ソバやヒエなどの雑穀が県民の

宮城県

フカヒレ

高級品

フカヒレは中華料理屋などで見かけると、なかなかな値段が目に飛び込んできます。しかし、それもそのはず、フカヒレとして使用できるのはサメ本体の1％に及ぶか及ばないか程度なのです。高価なのも納得できます。

サメの各部位

サメには捨てるところがありません。食用としてはフカヒレ・練り製品などがありますが、サメの皮は革製品、頭は工芸品などにも使われており、食べること以外にも私たちの生活と関係が深い魚なのです。

フカヒレの歴史

気仙沼でフカヒレがつくられるようになったのは江戸時代とされています。当時は地元用ではなく中国への輸出用として重要な役割を担っていました。「金・銀・

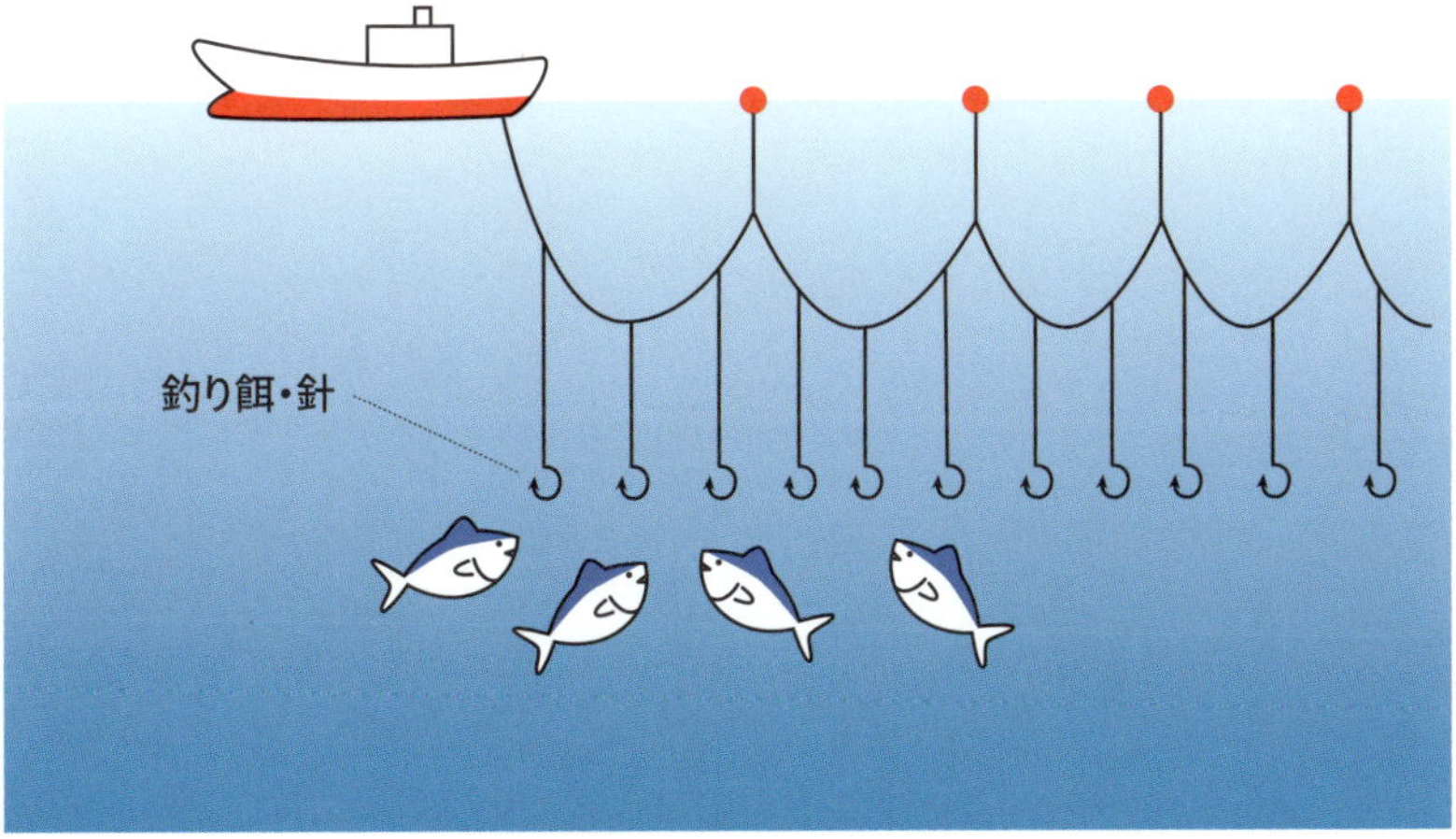

図７● 延縄漁業イメージ図

銅」の代わりとなるくらい、貴重なものだったのです。

困難を乗り越えて

東日本大震災による被害を受けた気仙沼。工場が津波にのまれるなど、フカヒレづくりにも少なからず影響しました。しかし、そんな逆境を乗り越えて、今もフカヒレづくりに励んでいます。

なぜ宮城県で生まれた？

なぜサメが獲れるのか

気仙沼は宮城県北部に位置し、沖合は黒潮と親潮がぶつかる潮目にあたり、海岸はリアス海岸で波が穏やかなため漁業が盛んな地となっています。しかし、じつはサメは獲ろうとして獲っていたわけではありません。獲れてしまった、といった方が適切かもしれません。というのも、サメの水揚げ量が多いのは気仙沼で、近海マグロの延縄《はえなわ》漁業が盛んだからです。延縄漁業は上図のように海中に何本も糸を垂らしてマグロがかかるのを待つという手法を指します（図7）。
サメは、エサにつられてやってくるマグロを追って来て、マグロとともにこの仕掛けに引っかかってしまうのです。マグロを獲りたいと思って仕掛けているのにもかかわらず、サメが引っかかってしまうので当初は厄介者として扱われていたかもしれません。しかし、今となっては貴重な自然の恵み。厄介者だからといって海に放す習慣が根付いていたとしたら、フカヒレは有名にならなかったでしょう。

フカヒレ加工

サメが獲れるのに加え、気仙沼はフカヒレの加工に適した地であることも、フカヒレ生産量が多い理由の一つです。三陸地方は冬晴れの日が多く、乾燥した冷たい風が吹いてくるので、フカヒレの加工にはもってこいの環境です。また、気仙沼の加工技術は優れており、日本一ともいわれています。

マグロの捕獲という本来の目的とは異なりますが、自然の資源を無駄にするのではなく、その地の環境を生かして利用した結果が気仙沼のフカヒレといえるでしょう。

その他の産物・グルメ

●笹かまぼこ

仙台湾には浅海域《せんかい》が広がり、ヒラメやカレイなどにとって産卵に適した、生息しやすい環境にあります。

親潮と黒潮がぶつかる三陸沖などの好漁場も近い仙台周辺は、もともと水産業が盛んでした。明治時代に仙台湾でヒラメの大漁が続き、無駄なく利用するために、かまぼこにされるようになりました。

●カキ料理（松島町）

松島湾は水深が浅く、島が多いために波が穏やかで、カキ養殖に適しています。

松島丘陵から流れ込む高城川などによって、山の豊富な養分が松島湾へ流れ込むため、カキの味が良くなります。

●温麺（白石市）

城下町である白石《しろいし》では白石川から水を引き込み、水路を整備して町づくりに利用していました。そのため、水車を使って麺づくりのための小麦粉をひくことができました。

蔵王連峰から白石へ吹き下ろす風（蔵王おろし）が、麺を乾燥させるのに役立っていました。

●はっと（登米地域など）

小麦粉を練ってつくります。江戸時代、仙台平野に位置する登米《とめ》では稲作が盛んであるにもかかわらず、米はつくっただけ藩に取られてしまうため、農民は代わりに麦を食べていました。農民は工夫を重ね、代用食からおいしい食べ物へと高めていきました。

はっとを汁物にする際、油麩《あぶらふ》を入れることがあります。油麩は小麦粉のタンパク質成分を油で揚げたものです。常温でも保存できて長持ちするため、暑い夏には肉の代わりに用いられて貴重なタンパク源とされていました。

●ずんだ餅

仙台平野は北上川や阿武隈川など多くの河川が流れ、水と土壌に恵まれる東北随一の米作地帯となっています。

ずんだの原料である枝豆は東北各地で生産されています。ずんだ餅は伊達政宗にゆかりがあるとも伝えられています。仙台は東北の中心であり、米も枝豆も手に入りやすい状況にありました。

秋田県

稲庭うどん

弾力

稲庭《いなにわ》うどんは通常思い浮かべるうどんに比べると細いです。それにもかかわらず、何度も練り上げられるため気泡をたくさん含み、コシのある麺になります。茹でた後も気泡が長時間保たれることがわかっており、それが弾力を生み出しています。

乾麺

生麺ではなく、一度麺を乾燥させるのが特徴です。こうすることで艶のある綺麗な乳白色に茹で上がります。温度や湿度によって乾燥時間を微調整するのはまさに職人技で、単に乾燥させればよいということではありません。

のどごし

こねるときに油ではなくでんぷんを用いています。これは麺どうしがくっつくのを防止するだけでなく、生地にでんぷんを吸収させる目的もあります。そうすることで、茹でるとツルッとなめらかな麺になります。

高級品

もともと献上品として流通していたため、その伝統が受け継がれています。現在でもすべて手作業で生産されており、出来上がるまで3～5日という手間がかかるものなのです。高価なのも納得ですね。

なぜ秋田県で生まれた？

秋田の気候

現在は、秋田というとお米のイメージが強いかもしれません。しかし、稲作技術が発達していない時代には、稲よりも寒さに強い小麦が注目されていました。秋田県は冬が早く春が遅い豪雪地帯であり、穀物は年に1回しか収穫できず、冷害による飢饉の心配もあったからです。冷害とは、夏期に低温が続いて起こる農業被害のことです。

そんな中、江戸時代に佐藤市兵衛という人が、小麦をよりおいしく、長期保存するために生み出したのが稲庭うどんです。長期保存という意味では、稲庭うどんが乾麺であることと関係があると思います。稲庭うどんは厳しい環境だからこそ生まれた逸品なのです。

材料のそろう地

うどんに必要な材料は塩・水・小麦です。稲庭はこの三つがすべてそろう場所にありました（図8）。まず、塩は雄物《おもの》川を利用し、日本海から船で運ばれました。そして水は、秋田県虎毛《とらげ》山源流の皆瀬《みなせ》川からきれいな水が供給されていました。最後に小麦は、隣町の三梨《みつなし》で良質な小麦がつくられていました。3要素が見事にそろう稲庭は、まさにうどんをつくるのに適した町だったといえます。

伝統を守るために

稲庭うどんが有名になるのはいいことですが、有名になるにつれて稲庭うどんを真似た粗悪なうどんが出回るようになりました。そこで、生産者たちが「秋田県稲庭うどん協同組合」を設立し、産地ブランドのイメージダウンを防ぐ取り組みをしています。

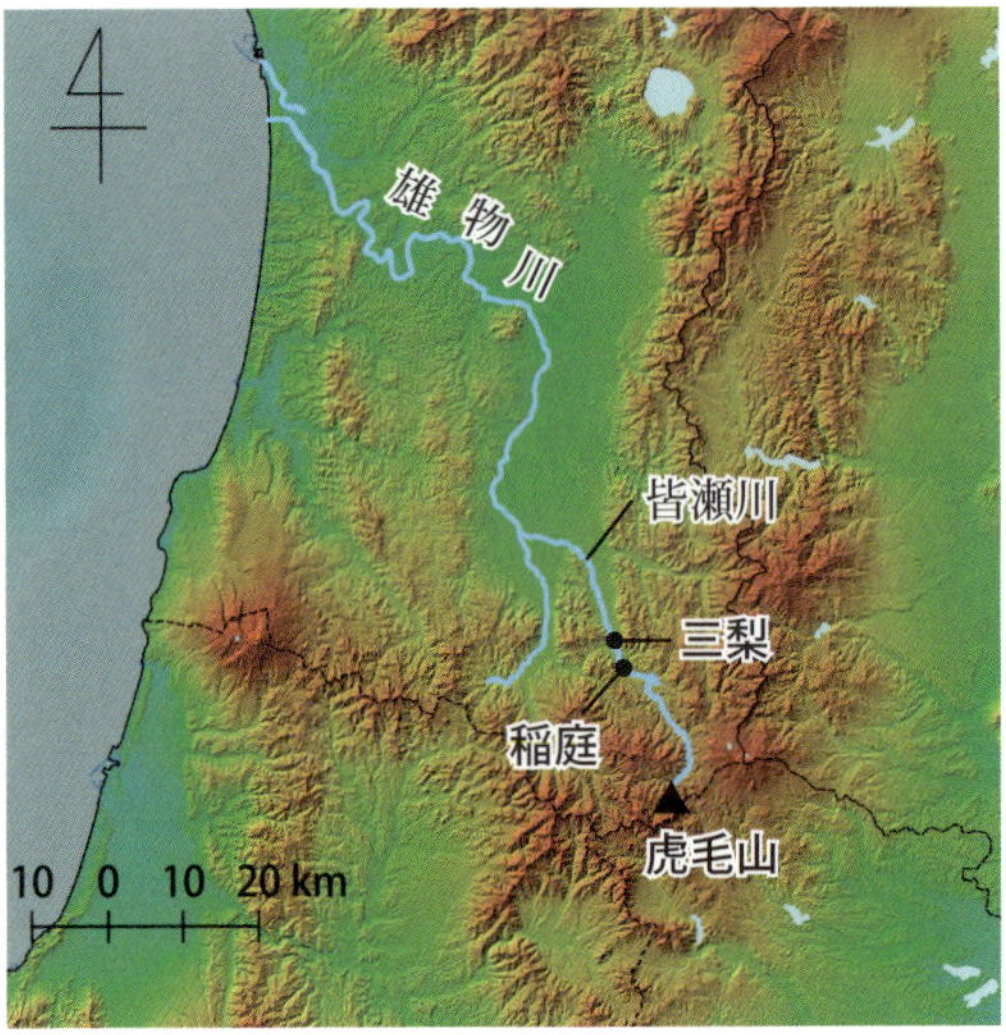

図 8 ● 稲庭うどんの原料の調達
（地理院地図より作成）

昔、ハタハタは大量に獲れたので、さまざまな保存食が生み出されました。米どころならではの良質な米麹や、新鮮なフノリなど、ハタハタ寿司には地元ならではの食材が漬け込まれることもあります。また、ハタハタは「しょっつる（魚醤）」の原料にも用いられます。

石焼き料理（男鹿半島）

料理に使う石は男鹿《おが》半島入道崎の溶結凝灰岩《ようけつぎょうかいがん》です。石を熱すると、金属のように真っ赤に焼けることから「金石《かないし》」と呼ばれます。

その他の産物・グルメ

●いぶりがっこ（おもに県南の内陸部）

冬の訪れが早い秋田県の中でも、山々に囲まれて日照時間も短い内陸地域では、ダイコンなどの農産物を天日だけでは十分に干すことができませんでした。そのため、囲炉裏の上に吊るし、たき火を利用して燻製にしていました。

雪深く、冬が長い地域であるため、保存食としても重宝されてきました。

●あさづけ

砕いた米を煮て甘く味つけする、デザートのような食べものです。秋田県は奥羽山脈などからの水に恵まれ、また、フェーン現象によって昼夜の寒暖差があるなど、稲作に適した環境にあり、古くから米づくりが盛んな地域です。あさづけには、粒の欠けたものや品質の良くないものなど、出荷に適さない米が使われます。

昔は田植えを担う女性たちが仕事の後に食べて、疲れを癒していました。もともとはキュウリやカブなどを入れる程度でしたが、やがて缶詰の果物なども使うようになり、近年はサクランボのような旬の果物を加えるなど、材料も工夫されています。

●きりたんぽ鍋（おもに県北部）

きりたんぽは猟師（マタギ）や木こりが携行した食糧で、米どころ秋田のご飯をつぶして棒に巻き、焼いたものです。

山仕事を生業《なりわい》としていた人たちが、山中で得た獲物や山菜などときりたんぽを煮て食べていたものが、きりたんぽ鍋の起源といわれています。

多くの場合セリと比内地鶏《ひないじどり》を入れて食べます。この鍋の材料から、あきたこまちの水田が広がり、きれいな水辺にはセリが生え、比内地鶏が放たれている、田園地帯を想像することができます。

●ジュンサイ料理（三種町など）

ジュンサイは水質の良い池沼でなければ自生しませんが、三種《みたね》町は白神山地からの清水に恵まれ、全国有数の産地となっています。水草の芽にゼリー状の独特なぬめりがあります。池沼に生えているので、舟を出して芽を一つひとつ丁寧に摘み取ります。

最近では、コメをつくっていた水田を転用した沼で収穫するケースも見られます。

●ハタハタ寿司

ハタハタは秋田県民にはなじみ深い魚で、初冬の頃、産卵のために秋田沿岸に集まります。秋田沿岸には浅い海域に藻場があり、ハタハタにとって絶好の産卵場となっています。

山形県

サクランボ

選ばれし山形県

日本にサクランボが持ち込まれたのは明治元年だそうです。そこから全国で試験栽培が試みられましたが、山形県以外ではほとんど成功しませんでした。他の場所ではサクランボに合う自然条件が得られなかったのです。

宝石箱?!

スーパーでよく見かけるサクランボは、プラスチック容器にバラバラと詰め合わせて入っています。しかし、贈答用商品はまるで宝石箱のようにサクランボが並び、食べるのがもったいなくなるほど美しいのです。

佐藤錦

かの有名な佐藤錦は山形県が発祥です。16年もの年月を費やし、佐藤栄助翁が交配をして生み出しました。最高品種ならではの、口いっぱいに広がる甘みがなん

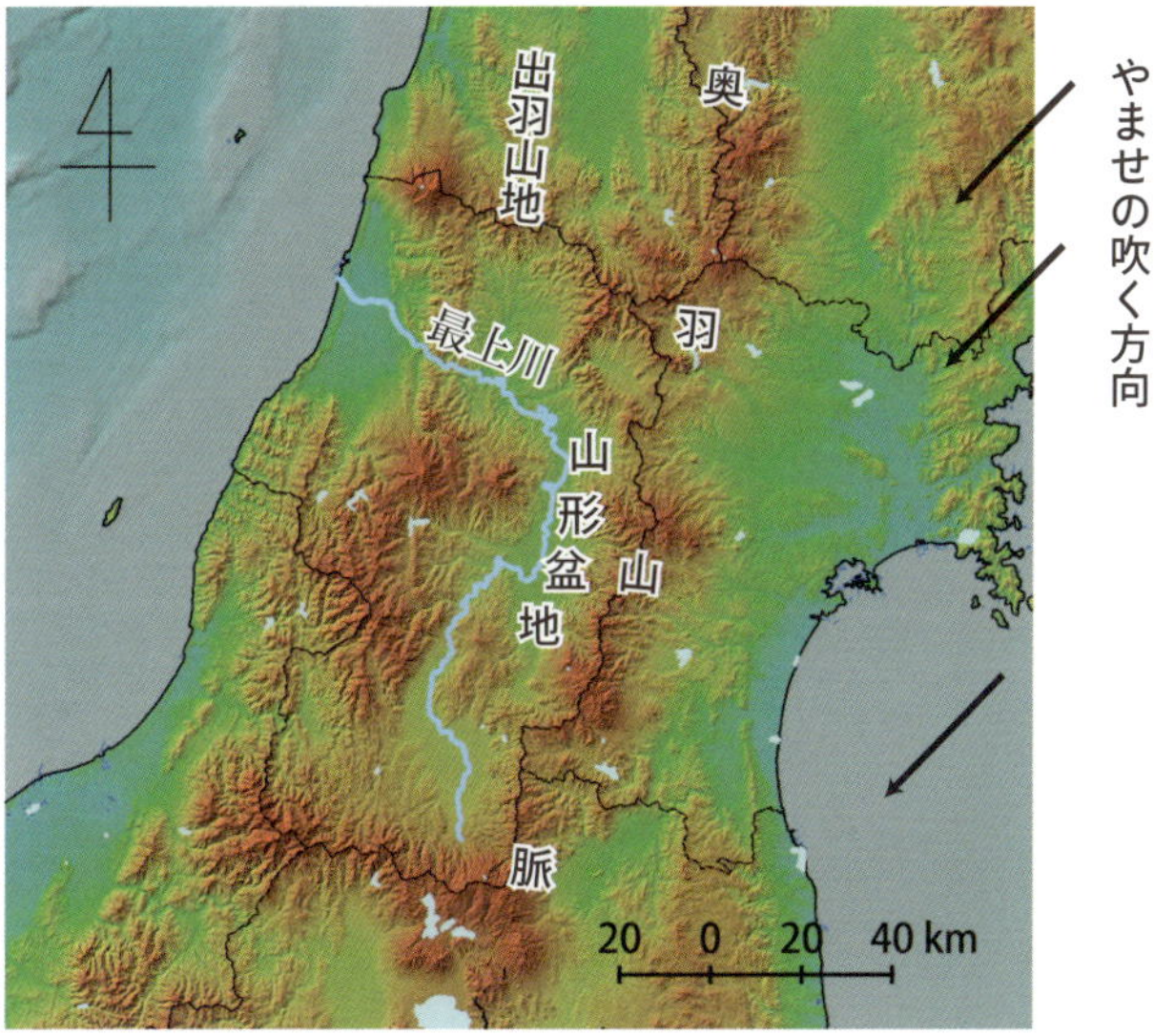

図９● 山形盆地（地理院地図より作成）

ともいえぬ幸福感をもたらします。

栽培の手間

気象条件だけでなく、農家さんの気遣いもサクランボにとっては大事です。収穫まで、１日たりとも目を離せません。収穫するにもコツがあり、一人前のサクランボ農家になるには長い道のりが必要です。

なぜ山形県で生まれた？

山形盆地

サクランボの主要産地は山形盆地に位置しています。山形盆地こそがおいしいサクランボを実らせるカギを握っているため、自然とここに集まりました。

山形盆地は約50万年前に開始した地殻変動によって土地が埋没してできたところです（図９）。これは地質学的にはかなり歴史の浅い盆地であるということができます。

また、山形盆地は奥羽山脈と出羽山地に挟まれており、その中央を最上川《もがみ》が北上しています。最上川とその支流により盆地の周縁には扇状地《せんじょうち》が形成され、水はけの良さを利用した果樹園がつくられました。

自然条件

サクランボは敏感な植物で、味は気候に左右されます。特に①1年を通しての寒暖差が大きいこと、②昼夜の寒暖差が大きいこと、③雨量が少ないことの三つがポイントになるでしょう。まず①は、盆地特有の「夏暑くて冬寒い」という気候が得られます。開花時期は暖かくないといけませんが、冬は冬眠する必要があるため、季節のメリハリがついた盆地の気候がサクランボには適しているのです。

次に②に関して、山形盆地は夏には連日猛暑になることも多いのですが、夜から朝にかけては20℃台になります。常に温度が高いと枝だけが成長してしまい、サクランボが稔れなくなってしまいます。逆に低温続きでも成長を阻害します。東北地方一帯には農家さんの悩みの種、やませが太平洋側から吹き付けますが、山形盆地では奥羽山脈が守ってくれるためその影響もあまり受けません。奥羽山脈は青森県から栃木県まで東北地方を縦断する、日本で一番長い山脈です。東北地方の屋根ですね。

最後に③についてです。ご存知の通りサクランボは皮が非常に薄く、デリケートな果物です。雨にたくさんあたると実割れが発生し、商品にならなくなります。また、水分をたくさん吸収するとさくらんぼ本来の味が薄まってしまいます。そのため梅雨の時期も雨量の比較的少ない山形盆地での栽培が適しているのです。またさくらんぼ畑は盆地の底ではなく斜面につくられています。斜面は水はけが良いため、さくらんぼ栽培に向いています。

盆地は夏暑く冬寒いため住むのには好まれませんが、そんな盆地だからこそおいしいサクランボを生み出しているといえるでしょう。

その他の産物・グルメ

●いも煮

山形県の特に最上川沿いでは、肥えた土地と朝霧が多い気候を活かしてベニバナ（染料として利用していました）の栽培が古くから盛んで、日本海を通って最上川の舟運によって京都との交易がありました。その交易の中で京都料理に接したことをきっかけに、京料理の芋棒（サトイモと棒たらを一緒に煮たもの）をアレンジする形で、いも煮誕生につながった、という説があります。

かつてサトイモは冬を越して保存するのが難しかったため、冬の寒さが厳しい山形では秋のうちに食べきらねばなりませんでした。

●月山筍の料理（月山周辺）

月山《がっさん》の麓で採れるタケノコは「月山筍」と呼ばれます。雪深い地域が産地として知られるのは、雪解けとともに急成長するため、瑞々しく柔らかいものが採れるからです。

出羽《でわ》三山には修験の山という一面があります。月山筍は修験者の食べる精進料理にとって大事な食材です。

●だだちゃ豆の味噌汁（庄内地方）

だだちゃ豆は枝豆のことです。鶴岡地域は赤川の扇状地が広がっているため水はけの良い砂土壌が多く、また、四季がはっきりしていて気候的にも枝豆栽培に向いています。

庄内では、だだちゃ豆やとうもろこしを味噌汁の具として食べます。

●むきそば（酒田市）

もともとは京都の精進料理でしたが、江戸時代、北前船（日本海を行き来して各地の産品を交易していた船 P.120 参照）を通じて港町である酒田へ入ってきたと伝えられています。

涼しげな食感が、夏の暑い庄内地方に向いています。

●塩納豆（庄内地方）

昔、厳冬のこの地域では冬の保存食の確保が必須でした。もともと、塩納豆は納豆を塩漬けにした保存食だったといわれています。山形県全域でも納豆汁や納豆餅など、納豆にはさまざまな食べ方があり、納豆そのものが県民にはずっと親しまれてきました。

塩納豆には米麹が使われますが、最上川流域に広がる庄内平野は東北でも指折りの米どころです。

酒田は北前船の寄港地であり、北海道のコンブなど多彩な交易品を積んだ船が行き交いました。塩納豆はその改良が重ねられる中で、切り昆布を入れることがいつしか定着していったといわれています。

福島県

こづゆ

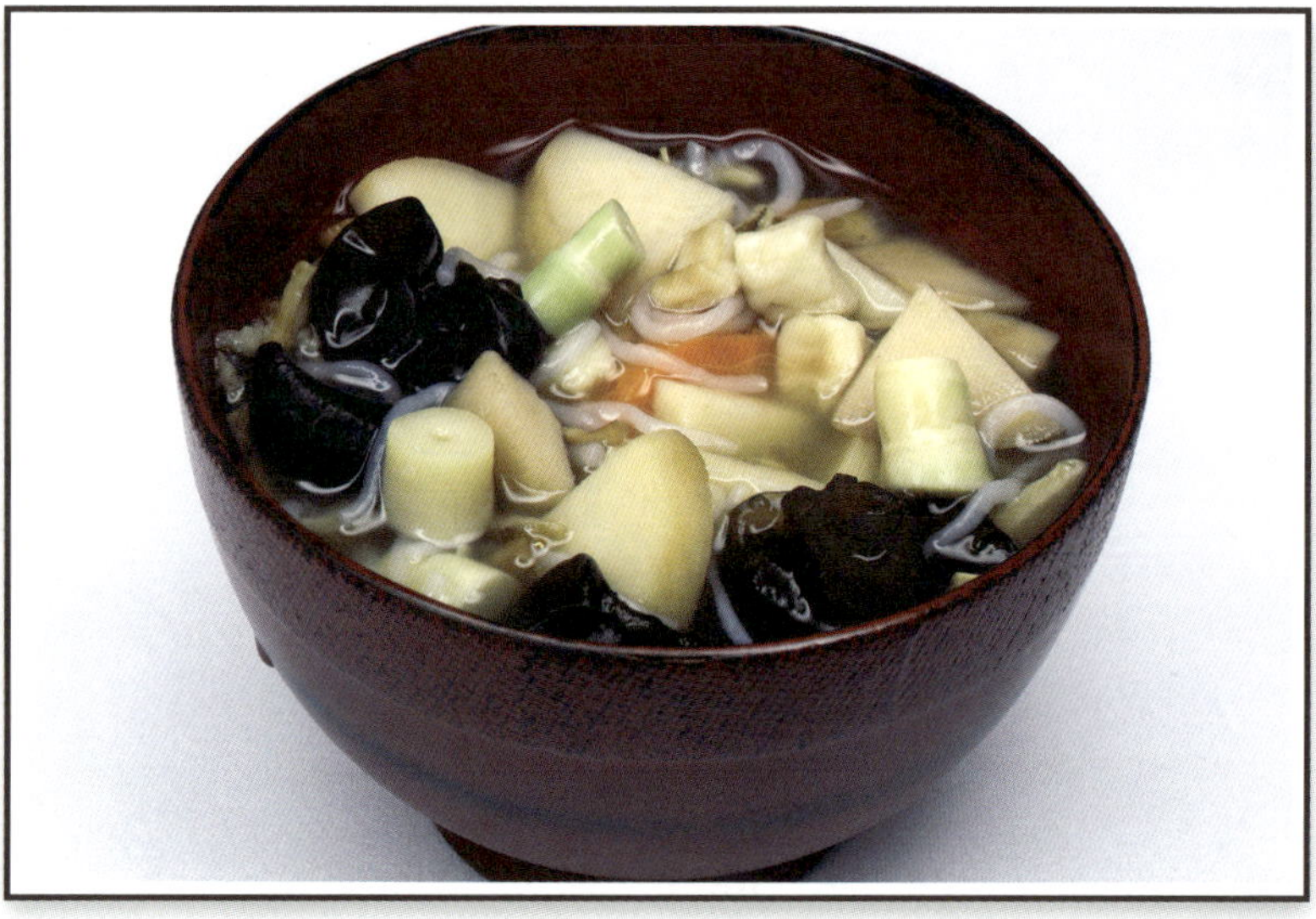

おもてなし料理

こづゆは江戸時代後期から明治時代初期にかけて武家料理や庶民のごちそうとして広まり、次第に祝いの席では欠かせない郷土料理となりました。今でも冠婚葬祭には不可欠な料理です。「重のつゆ」「煮肴」とも呼ばれています。

お代わりが当然

こづゆは「手塩皿」という小さなお皿に盛ります。昔は贅沢品だったにもかかわらずお代わりが失礼に当たらなかったのは、お腹いっぱい食べてもらいたいというおもてなしの心があったからです。

上品な味わい

たくさんの食材が入っているため、一口ごとに違う味を楽しめます。すまし汁はとても上品な味わいです。おかあさんの味噌汁とはよくいいますが、おかあさん

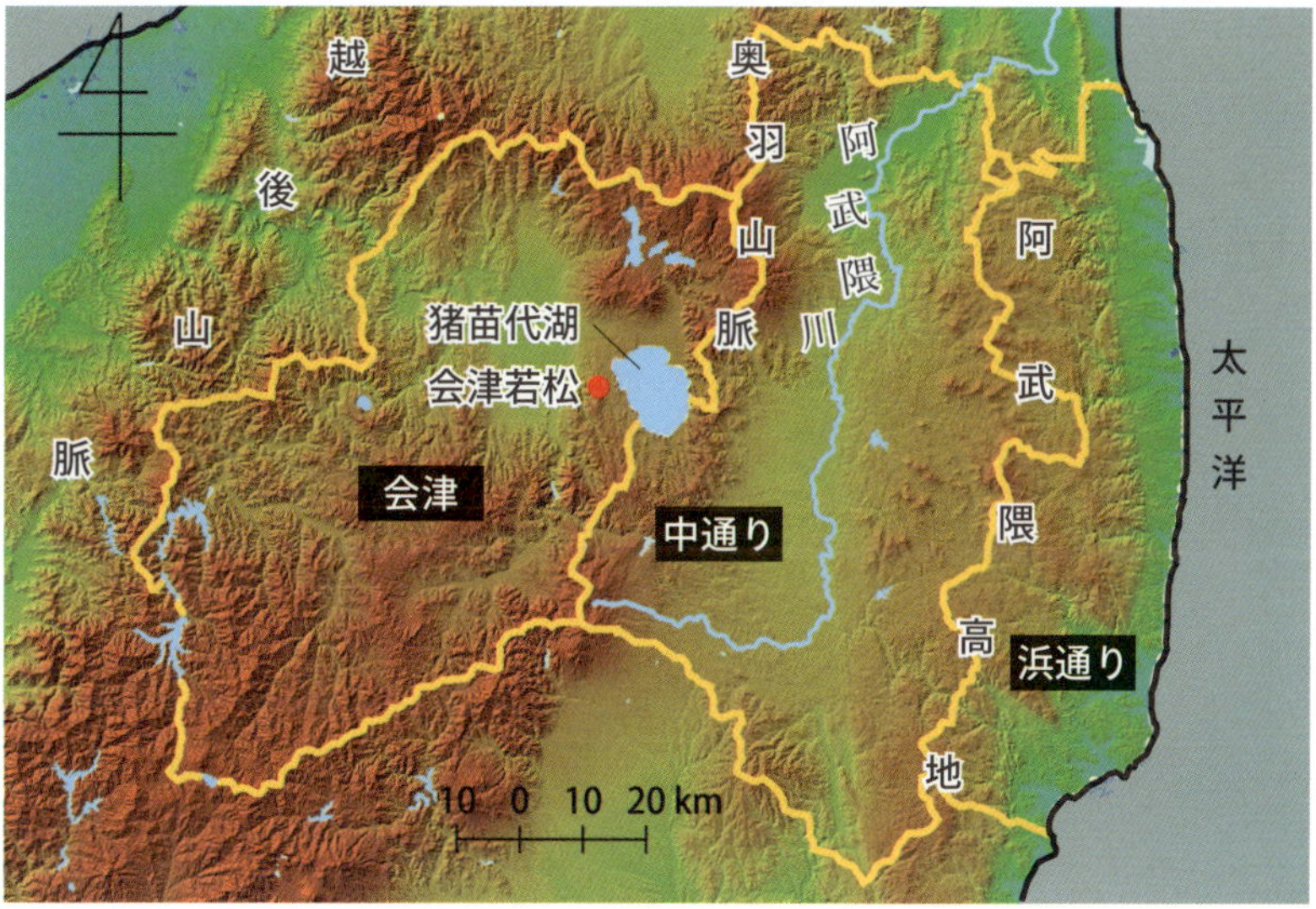

図10 ● 福島県の地方区分（地理院地図より作成）

のこづゆというものも存在しそうです。

アレンジ自在

最近ではこづゆのアレンジレシピも出ていて、各家庭による工夫が見られます。歴史ある伝統料理だからこそ進化し、こづゆの良さを生かした新たな味が生まれています。

なぜ福島県で生まれた?

会津の位置と気候

福島県内でも会津地方は海から離れた西側にあり、会津若松市などは周りを山に囲まれた盆地にあります（図10）。図10のような三つの地方区分になった理由は、地形的な要因によります。西から見ると、越後山脈と奥羽山脈に挟まれた会津地方、奥羽山脈と阿武隈高地に挟まれた中通り、阿武隈高地と太平洋に挟まれた浜通りとなっています。今のように道路やトンネルが発達していない時代、山を越えるのは大変な労力でした。そのため、山によって交流が途絶え、それぞれの生活文化圏が形成されているとが多いのです。このような地形による生活文化圏の形成は福島に限らず多くの地域にあり、交通の発達した現在でもその名残が見られます。

さて、会津地方では交通手段が発達していない時代、雪が積もれば簡単に外に出ることはできませんでした。そのため冬は厳しい寒さに耐える必要がありました。そんな雪と寒さに閉ざされた地域では、食料も豊富にありません。そこで、冬を越すのにぴったりなご馳走、こづゆが誕生したのです。たくさんの具材が入ったこづゆは栄養満点。何度もお代わりをしてもいい理由は、厳しい寒さを乗り越える体力をつけるためでもあったのでしょう。

こづゆの材料

家庭ごとに材料は異なりますが、基本的なものとしては干し貝柱・きくらげ・干しシイタケ・里芋・ニンジン・糸こんにゃく・豆麩の7種類となっています。これを見てわかるのは、乾物が多いということです。これには二つの理由があります。まず一つ目は、乾物は生よりもうまみ成分が増幅し、あっさりながらも深い味わいになるからです。事前に水で戻す必要があるので手間はかかりますが、その分コクのある料理ができあがります。二つ目の理由は干し貝柱に関してですが、海から会津地方に運んでくる過程で腐るのを防ぐためです。海から遠いのに加え、到達するには山を越える必要がある会津地方では、海から新鮮な貝を運ぶのは簡単ではありませんでした。そのため乾燥したものを使用していたのです。とはいえ、乾物でも海から遠ければなかなか手に入るものではなく、こづゆが高級品として扱われていた理由はここにも見てとれます。逆に、わざわざ手に入りにくい干し貝柱を使っていたからこそ、お祝いの席での料理として確立したということもできますね。

その他の産物・グルメ

福島県

喜多方ラーメン（喜多方市）

喜多方は飯豊《いいで》山系からの豊富できれいな伏流水に恵まれています。そのため、藩により市場が開かれた江戸時代の喜多方では、味噌やしょうゆなどの醸造業が発達しました。また、水は麺づくりにも活用されています。喜多方ラーメンのスープも麺も、この水に支えられているといえます。山に囲まれた内陸地方の喜多方ではラーメンがご馳走だったそうです。いわゆる「ご当地グルメ」のさきがけが、この喜多方ラーメンといわれています。朝からラーメンを食べる朝ラーでも有名です。

ニシンの山椒漬け・いかにんじん・棒タラ煮

喜多方ラーメン屋などの食堂ではニシンの山椒漬けが置かれていることもあります。これは、海から離れた喜多方などの内陸部へ、身欠きニシン（ニシンを乾燥させたもの）として運搬し、山椒で漬け込んだ保存食です。スルメをにんじんと漬け込んだいかにんじん。棒タラを煮たもの。こづゆに必ず入る干し貝柱。いずれも，海産物を乾燥させて内陸ま

で運び、戻して調理したものです。

凍み餅（中通り）

だんごにしたり餅にしたりして、くず米は昔から全国各地で活用されてきました。中通りでは冬の寒くて乾燥する気候を利用して干して乾燥させる、保存食としての凍み餅が伝統的につくられてきました。寒い内陸地方（特に東北から信越地方）ではこのようなフリーズドライの保存食品がよく見られます。氷らせた餅は干し餅、氷餅、凍み餅など地方によって呼び名が違います。この豆腐版が高野豆腐や凍り豆腐、凍み豆腐です。

モモ（福島市周辺）

福島市周辺は福島盆地に位置しています。モモは気温差の大きい環境では糖度を増す性質がありますが、夏季の昼夜の寒暖差が大きいという盆地特有の気候が、モモの栽培に適しています。

メヒカリ料理（浜通り）

メヒカリは本州から九州にかけての太平洋沿岸に生息しますが、中でも、黒潮と親潮がぶつかる福島沖が特に好漁場です。福島では昔からなじみのある魚で、いわき市では市の魚に制定されています。

茨城県

ほしいも

茨城県産

ほしいもは、全国の9割以上が茨城県産のものとなっています。サツマイモの生産量も、鹿児島に次いで第2位。茨城県の中でも、最初にほしいもの生産を始めたのは、ひたちなか市那珂《なか》湊《みなと》という地域です。ここには当時から続く老舗「大丸屋」があります。

静岡から茨城へ

ほしいもは江戸時代、現在の静岡県で誕生したとされています。それが茨城県に伝播したのは、明治時代後半のことです。農業や漁業関係者の副業として定着し、日清・日露戦争時には軍部へ食糧として売り込まれたりもしました。

丸ほしいも

スーパーなどでよく見かけるほしいもは、「平ほしいも」「切ほしいも」です。一方、「丸ほしいも」は、

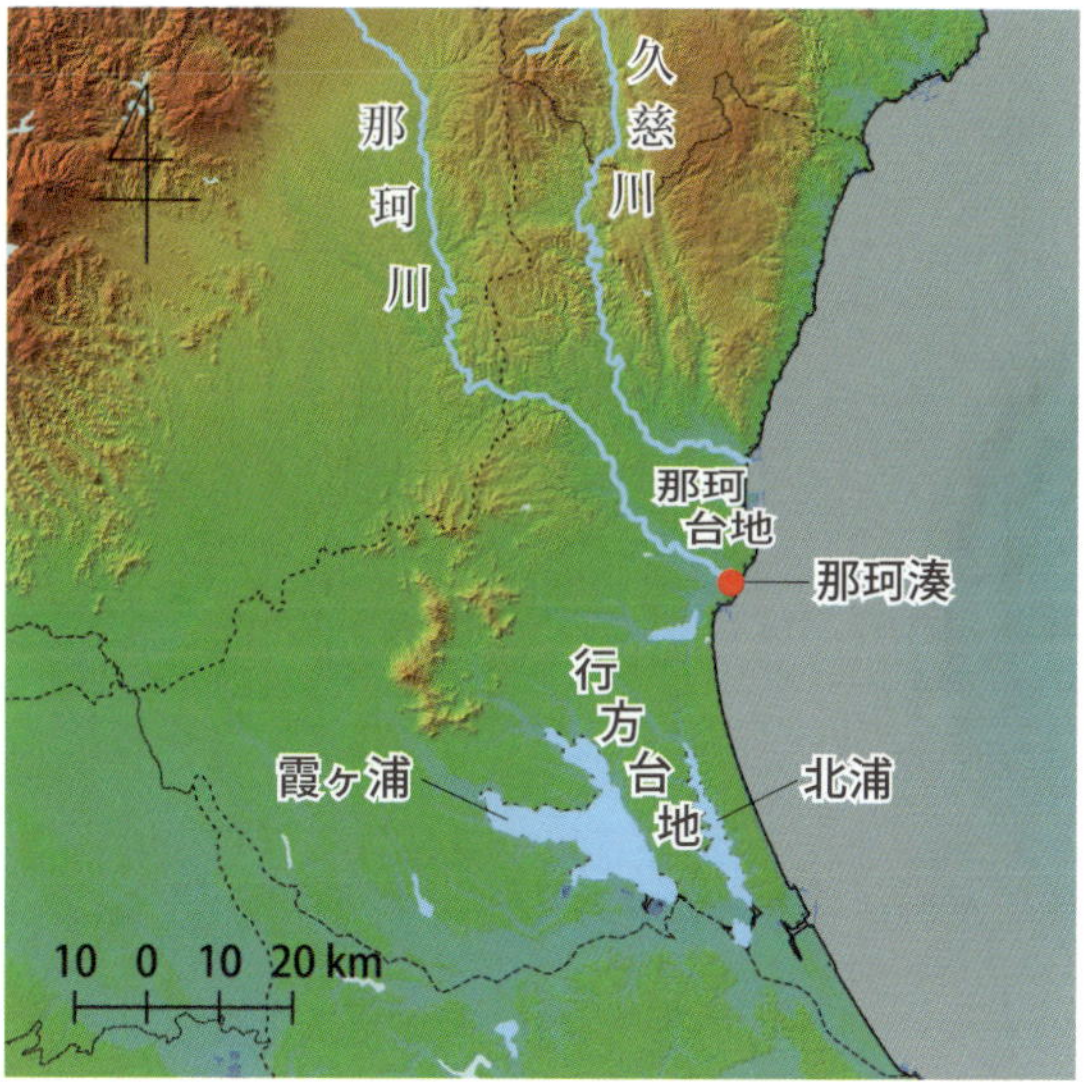

図11 ● ほしいもに関する地形（地理院地図より作成）

さつまいもを切らずに丸ごと干したもので、ねっとりと甘く、一度食べたら魅了されてしまいます。手間がかかり、希少なものなので少し高価です。

三ツ星生産者

安全・安心に配慮してほしいもを生産している農家に対し、ほしいも協議会が三ツ星認定をしています。こうすることでほしいものブランドが確立します。認定基準としては、生産履歴の記帳・衛生加工の実施・適正品質表示の実施があります。

なぜ茨城県で生まれた?

サツマイモ

茨城県でほしいもがつくられるようになったのは、サツマイモが穫れる環境だったからでしょう。交通の便が良くなかった時代に、わざわざサツマイモを取り寄せてまでほしいもをつくったとは思えないからです。では、茨城県におけるどのような環境が、サツマイモ栽培に適していたのでしょうか。県内のどの地域にも共通していえる特徴は、火山灰からなる赤土（関東ローム層）で水はけが良いことです。サツマイモの原産は中央アメリカであるため、その辺りの地域と似た土壌を好みます。

　また、台地上であることも特徴です（図11）。地域ごとに見ていくと、ほしいもを最初につくったひたちなか市那珂湊は久慈川と那珂川に挟まれた那珂台地の上にあります。また、県内最大のサツマイモ生産量を誇る行方《なめがた》市も、霞ケ浦と北浦という二つの湖に囲まれた行方台地の上にあります。

　このようなことから、赤土・台地という水はけの良さを利用し、茨城県ではサツマイモづくりが盛んになったことがわかります。

ほしいも

　サツマイモの生産ができるからといって、ほしいもをつくれるとは限りません。現代ならば乾燥機を使って干すことはできるかもしれませんが、昔は自然との闘いです。ほしいもをつくるのに重要なのは、雨があまり降らず、乾燥していることです。茨城県には「からっ風」（P.49参照）が吹くため、天候が良く、乾燥しているという条件を満たしています。冬の乾燥具合についてはP.69の湿度の分布図を参照してください。ここからも茨城県がほしいもの乾燥に向いていることがわかります。ほしいも発祥の地である那珂湊は海のそばで、海風がほしいもをおいしくさせる、などともいわれています。

　ほしいもをつくるのにぴったりな茨城県だからこそ、全国の人々の心をわしづかみにする、甘くておいしい品をつくれるのですね。

　ほしいもはそのまま食べてもおいしいですが、あぶって食べるとまた格別です。ほしいもが出回る冬、ストーブの上でちょっとあぶって食べてみてはいかがでしょう。

その他の産物・グルメ

●アンコウ鍋（太平洋沿岸地域、おもに北茨城市や大洗町）

アンコウは日本各地で水揚げされますが、水温が低い北の海で獲れるアンコウは身が引き締まって美味だとされ、中でも茨城のアンコウは人気を博しています。

二ツ島観光ホテルの「どぶ汁」

北茨城市の平潟は底引き網漁の盛んな港町で、アンコウでも有名な町です。アンコウは深海魚であるため、底引き網にかかることが多いのです。

肝が溶けたスープはその見た目から、「どぶ汁」とも呼ばれます。

●納豆

水戸納豆の特徴として小粒の大豆でつくられていることが挙げられます。小粒だと大粒に比べて早く収穫できるため、台風に伴う洪水に襲われるリスクを減らせます。そのため、水害に見舞われやすい那珂川流域では小粒の大豆が栽培されてきました。

●レンコン料理（霞ヶ浦周辺）

霞ヶ浦周辺地域は日本一のレンコン産地です。養分をたっぷり含んだ泥湿地に恵まれ、水温が高めな自然環境がレンコン栽培に合っているのです。

茨城にはさまざまなレンコン料理がありますが、同じく霞ヶ浦特産のワカサギと組み合わせたつみれなど、地元色あふれる料理もつくられています。蓮の実を使ったどら焼きなどもあります。

●栗スイーツ（笠間市）

茨城では県中央部を中心にクリが盛んに栽培されています。関東ローム層が広がることから保水性と通気性に優れ、また、温暖で荒天の比較的少ない穏やかな気候であることも、クリ栽培が好相性な理由です。

県内有数のクリ生産地である笠間市では、観光のコンテンツとして栗スイーツを PR しています。

●しもつかれ（茨城県、栃木県一帯）

しもつかれはどちらかというと栃木県で知られていますが、茨城でも食べられています。那珂川や鬼怒川を遡上する鮭の頭、節分で使った大豆、大根おろしなどを混ぜ、甘酢風に味付けした健康食です。名称の由来は定かではありませんが、「下野（しもつけ）ばかり」が転じて「しもつかれ」となった、という説もあります。下野は栃木県一帯の旧称です。

栃木県

かんぴょう

かんぴょうの正体

お寿司屋さんに行くと必ずといっていいほどあるかんぴょう巻きですが、その正体はユウガオの実です。実を削って乾燥させます。栃木県はかんぴょうの国内生産量の９割以上を占めており、７～８月が最盛期となっています。

かんぴょうの歴史

県内でのユウガオ栽培は、江戸時代中頃が始まりとされています。かんぴょうにはカルシウム・リン・食物繊維・鉄分などの栄養素が含まれているため、昔から貴重な栄養源として利用されていたのかもしれません。

かんぴょう祭り

かんぴょう祭りは毎年１月の最終土曜日に開催されており、かんぴょうみそ汁・かんぴょうレシピグラン

図12 ● 雷発生の模式図

プリ料理の試食などが行われています。家庭での消費量が減少していることから、消費拡大の意も込められています。

かんぴょうレシピ

寿司はもちろんのこと、サラダや炊き込みご飯、煮物など、多くの食品との相性が抜群です。独特な食感で料理にアクセントが加わります。幅広で太さが均一なものがおいしいかんぴょう選びの基準となるようです。

なぜ栃木県で生まれた？

土壌

栃木県内のかんぴょう産地は、保水性と排水性を兼ね備えた関東ローム層に覆われており、ユウガオの生育に適した土壌となっています。というのも、ユウガオは浅根性《せんこんせい》植物に属するからです。浅根性植物は地表近くに浅く横に根を張る植物で、排水性の良い軽い土を好みます。関東ローム層は、この条件に当てはまるのです。

しかし、関東ローム層は栃木県だけに存在するものではありません。栃木県でかんぴょうづくりが盛んなことには、もう一つ理由があります。

夏の風物詩

栃木県の夏の風物詩の一つに雷が挙げられ、夕立も多く降ります。ユウガオは暑さに弱いのですが、雨で地表が冷まされることで根が成長し、実も大きくなるのです。

ここで、栃木県における夕立のメカニズムを紹介しましょう。栃木県北部には高い山々が連なり、南東方向に山の斜面が開けています。ここに強い陽光を受けます。そして夏にはそこへ南から湿った風が吹き込んで来て、温められた空気は上昇気流となって上空に向かいます。上空で湿った空気が冷やされると、雲の誕生です。冬場に曇った窓ガラスに落書きをした覚えはないでしょうか。窓ガラスが曇るのは、室内の暖かい空気が外の冷たい空気に冷やされて、空気中の水蒸気が水となってガラスに付くからです。窓ガラスの曇りが、もっと大規模に、上空で起こっているのを想像するとよいかもしれません。

さて、そのようにしてできた雲は雨粒・氷粒からなり、それが大きく成長して重くなると、雨粒がぽつぽつと降ってくることになります。

ちなみに雷は、地上に落ちるほどの重さがない雨粒と氷粒たちがぶつかり合うことで発生する摩擦が原因です。この摩擦で生まれたプラスの電気が雲の上方、マイナスの電気が雲の下方へと集まり、雲が大きくなるにつれて電気の勢力も増します。やがて、下方のマイナス電気が地表のプラス電気と引き合い、落雷が発生するのです（図12）。

栃木県にはユウガオの成長が促進される自然条件がそろっていることがおわかりいただけたでしょうか。雷を伴う夕立はなかなかやっかいなものですが、おいしいかんぴょうの生産には欠かせないものなのですね。

かんぴょう煮

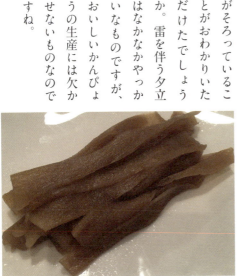

その他の産物・グルメ

●ようかん（日光市）

昔はようかんのような甘い菓子はぜいたく品で、日光においても寺社の神官や僧侶など、一部の限られた人だけが食べられるものでした。江戸時代、庶民にも手の届くものになっていくと、ようかんは各地から訪れる日光参詣客の土産として定着し、知られるようになりました。

奥日光の湿原がラムサール条約登録湿地に選ばれるなど、日光では昔からの自然が守られています。ようかんには、日光のきれいで豊かな水が使われます。

●アユの塩焼き（那珂川流域など）

那珂川は天然アユが多く遡上する川として有名です。那須野原地域では目立つ規模の堰が築かれていない区間が数十キロにも及ぶなど、今でも昔ながらの清流が残されていることが大きな理由です。また、エサとなる水苔の質が良く、川の流れが速いため、身の締まったおいしいアユが育ちます。

支流も含む流域では、那須や日光に端を発する湧水に恵まれていることから、アユの養殖も行われています。

●イチゴ

栃木県は内陸性の気候のため、夏と冬、そして昼と夜の寒暖差が大きくなります。この気候に加え、冬の長い日照時間を活かしたハウス栽培で時間をかけて育てることにより、甘くておいしいイチゴになります。

首都圏と近い距離に位置していることから、多くの消費者へ新鮮なままのイチゴを供給しやすいことは、大きなメリットです。

●餃子（宇都宮市）

夏が暑くて冬が寒い宇都宮で餃子が市民に根づいたのは、体に堪えるその気候を乗り切るためのスタミナ食としての一面があった、ということも一因とみられています。

市役所の職員が宇都宮市の餃子支出金額が全国一ということを知り、広めたことで、ギョウザのまちというイメージが全国に広まりました。

●温泉トラフグ

那珂川町では、地元の温泉水を活用してトラフグが養殖されています。町内ではトラフグ料理を提供する店も増えています。

●佐野ラーメン（佐野市）

栃木県南部の渡良瀬川流域は気候との相性が良いことなどから小麦の産地となっています。中でも佐野では、名水百選にも入っている「出流《いずる》原弁天池湧水《はらべんてんいけゆうすい》」があるように水に恵まれていたこともあって、昭和初期頃からラーメン店が多く、佐野ラーメンは早くからご当地ラーメンとして注目されてきました。

群馬県

おっきりこみ

おっきりこみとは

麺と旬の野菜などの煮込み料理です。麺は下茹でせずに直接入れるため、打ち粉が汁にとけてとろみがつく仕組みです。食べると体がポカポカしてきて、寒い冬にはぴったりです。

地域による違い

群馬県内でも「煮ぼうとう」「ひもかわ」など地域によって呼び方が異なります。また、味については味噌味が主流でしたが、醤油が一般家庭に広まってからは醤油味のおっきりこみも普及しました。

幅広の麺

おっきりこみの麺は幅広で薄いのが特徴です。これはだしのうま味を吸いやすく、火の通りをよくするための工夫です。生地を綿棒に巻いたまま切り込みを入れるのが、名前の由来の一説です。

たてっかえし

夕飯に食べたおっきりこみの残りを翌朝に食べることを「たてっかえし」といいます。一晩たつと麺がやわらかくなり、違ったおいしさを味わえます。ご飯にかけて食べる人もいるそうです。

なぜ群馬県で生まれた?

群馬県の粉食文化

群馬県でおっきりこみが生まれた理由として、まず粉食文化の発達が挙げられます。昔は、夜ご飯が必ず麺類であったほどです。では、なぜそんなにも粉食文化が根付いたのでしょうか。

この疑問を紐解くには、「からっ風」がキーワードになります。からっ風は冬季に北西から吹いてくる乾燥した風です。日本海からやってくる風がそのまま群馬県に到達すればよいのですが、途中で壁にぶち当たります。その壁とは、新潟県との県境にある谷川連峰です。これを越える際に気温が低下し、含んでいた水蒸気が雪となって降ってしまうため、水分が抜けて乾燥した風だけが群馬県側に到達するのです(図13)。しかし、この乾燥した気候こそが群馬県の小麦づくりを促進したといえます。群馬県は乾燥するという条件に加え、比較的冬季の日照時間が長いことから二毛作による小麦栽培が盛んになりました。二毛作とは同じ畑で1年に2回違う作物をつくることです。やがて地元の小麦をさまざまな形で食べるようになり、その一つとしておっきりこみが生まれました。

からっ風を味方につけ、その独特な気候を生かして小麦に目をつけた先人のおかげで、群馬県の粉食文化が発達したといえますね。

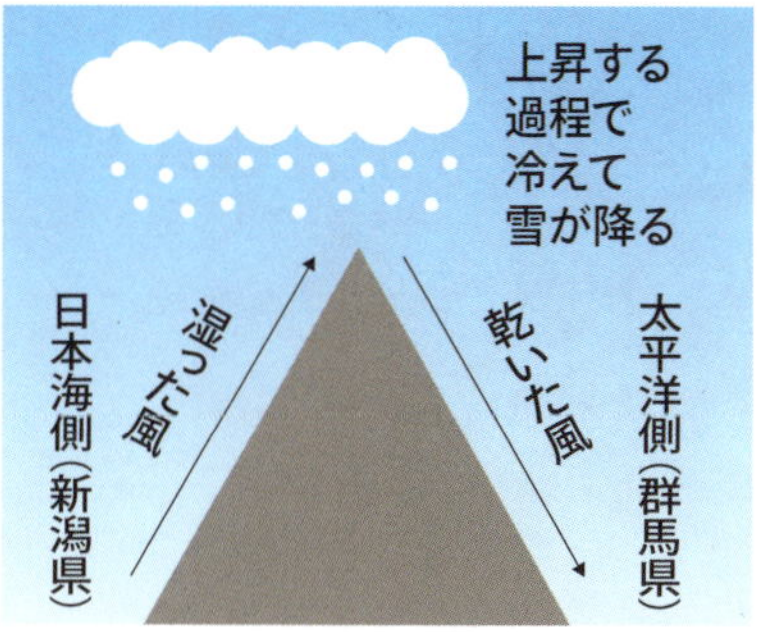

図13 ● 雪が降るプロセス

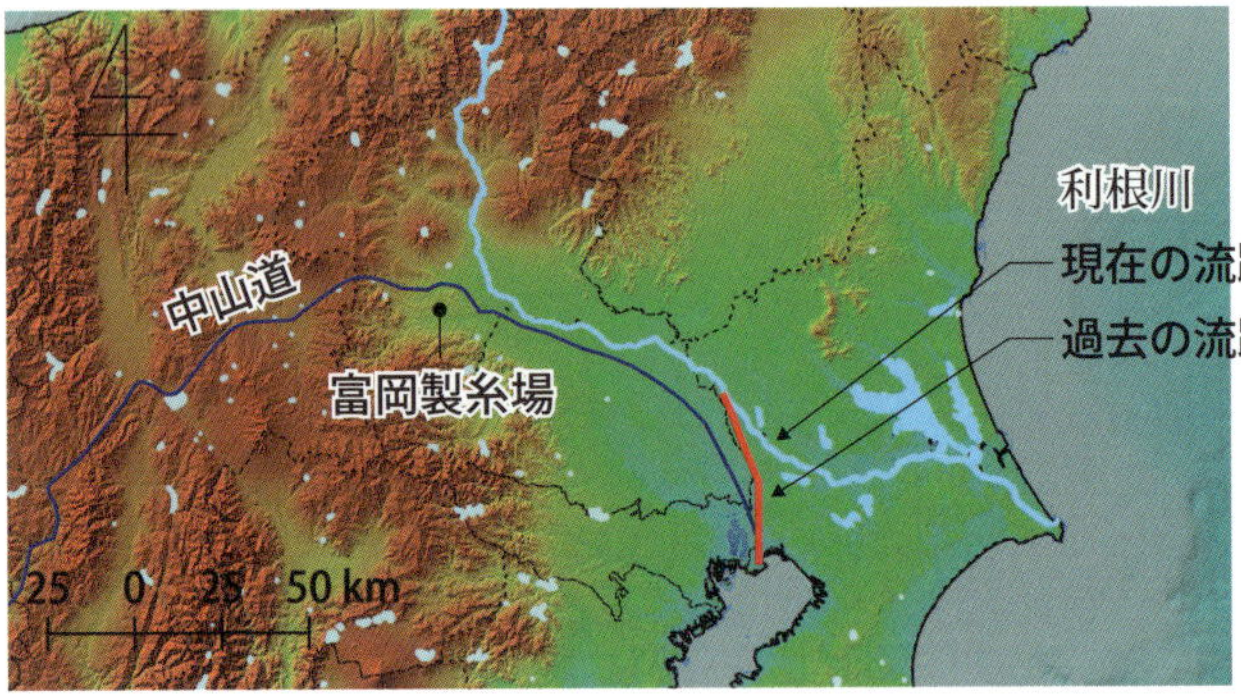

図14 ● 利根川と中山道（地理院地図より作成）

群馬県と養蚕

養蚕が行われたのははるか昔からですが、特に活発になったのは江戸時代末期、開国によって国内産生糸の需要が増してからです。生糸は重要な輸出品で近代産業を支える役割を担っており、女性も養蚕の働き手として駆り出されました。夕方まで働いて家に帰り、それからご飯をつくるとなるとどうしても時間が遅くなってしまいます。そこで生み出されたのが、速く、おいしくできるおっきりこみだったのです。おっきりこみに使う野菜に特に縛りがないのは、その時にあるものでつくれるように、ということです。決まった野菜しか入れてはいけないとなると、季節ものでないものなどは探すのが大変で、そんな暇もないほど忙しい女性のニーズを満たしません。また、おっきりこみは日常食であるため、毎日同じ野菜では食べ飽きてしまいます。季節ごとに違った野菜を組み合わせてつくることでそれが解消され、現在までおっきりこみが受け継がれているのでしょう。麺に関しても、少しでも速くつくれるように塩を入れずに粉を練ってつくります。下茹でしないのも、薄く伸ばすのも、じつは速くつくるための工夫だったのです。

しかし、いくら養蚕に適した自然環境であっても、それを運ぶ術がなければそこまで発達しなかったでしょう。群馬県は陸路・水路が利用しやすい場所に位置していました。陸路としては中山道が通っており、東西方向に絹を運ぶことができました。また、水路としては利根川を利用し、江戸・東京にも運ぶことができました（図14）。このように運路に恵まれていた群馬だからこそ養蚕が発達し、おっきりこ

その他の産物・グルメ

●すき焼き

上州和牛、下仁田《しもにた》ネギ、シイタケ、コンニャクなど、群馬県産品でおもな具材がそろうため、「群馬県はすき焼き自給率 100%の県である」と、県が自らＰＲしています。下仁田では、粘質があり礫を適度に含む土壌という、下仁田ネギの生産に合った地質がみられます。また、群馬県は森林が多いため、シイタケの原木栽培に欠かせない木材（原木）が身近にあります。

●味噌おでん

下仁田町はコンニャクイモの産地としても知られます。コンニャクイモづくりには、水はけの良い土地や日照の抑制が大事な要素です。山の傾斜地を畑にせざるを得ない山間の下仁田でのコンニャクイモ栽培は、その環境がむしろ好都合だったのです。

●峠の釜めし（安中市の JR 横川駅）

「峠の釜めし」は JR 信越本線横川駅の名物駅弁です。信越本線の横川～軽井沢駅間（平成９年廃止）には碓氷《うすい》峠がありますが、急こう配の峠を列車が越えるためには機関車の連結が必要で、その作業は、峠の麓にある横川駅で行われました。その停車時間を利用して乗客が駅弁を買い求めることができたという事情も手伝い、人気駅弁となりました。

おぎのやの「峠の釜めし」

●水沢うどん（渋川市）

群馬県でうどんといえば、水沢山からの良質な湧水でつくられる水沢うどんです。水沢観音で約 400 年前に参拝者に振る舞われたのが始まりといわれています。

みが生まれる条件の一つとなったのです（利根川は東京湾に注いでいましたが、江戸時代、治水の関係などにより東遷されて太平洋に注ぐようになりました）。

おっきりこみはからっ風、そして養蚕という群馬県ならではの特徴から生まれた逸品ですね。世界遺産に登録された富岡製糸場も群馬県にあります。世界遺産を見学しておっきりこみで舌鼓……などはいかがでしょう。

埼玉県

カエデ糖菓子

カエデ糖菓子の誕生

カエデ糖菓子は、秩父にしかない味をつくりだし、「秩父を菓子で盛り上げたい」という思いから開発が始まりました。２００７年４月に販売が開始され、１か月半で売切れという成績を残しました。

「森を育てて、お菓子を創る」

これをスローガンにして、カエデ糖菓子は誕生しました。カエデ糖菓子は林業と商業が組み合わさった地域活性化の取り組みです。荒廃が進む山林を再生しつつ、カエデから恵みをもらい、お菓子づくりをしています。

栄養たっぷり

カエデ糖（メープルシロップ）は、ただ甘いだけではありません。秩父産のカエデ糖にはポリフェノール・カリウム・カルシウムが多く含まれています。普通のお砂糖よりカロリーも低いため、ダイエット中の方にもおすすめです。

カエデ糖菓子の種類

カエデ糖菓子にはタルトやスノーボール、パウンドケーキにマシュマロと、各お菓子屋さんが試行錯誤して編み出した様々な種類のものがあります。メープルウォーターやサイダーなどの飲み物も開発されています。

なぜ埼玉県で生まれた？

秩父に生えるカエデ

カエデ糖はカエデの樹から採取しますが、採取したものをそのまま使えるわけではありません。樹液は透明な色をしていますが、私たちが見知っている茶色がかったシロップにするには、採取してからさらに煮詰める必要があります。カエデの樹液は、幹の中に蓄えられたでんぷん糖と大量の水分が混じっているため、水分を飛ばす必要があるのです。しかし水分を飛ばすと、シロップとして出来上がるのはもともとの樹液量の40分の1程度にしかなりません。そのためカエデ糖を商品にできるのは、カエデがたくさん生えている地域に限られます。もしも秩父にカエデが少ししか生息せず、使えるカエデ糖の量があまりなかったとしたら、カエデ糖菓子は生まれなかったでしょう。地域活性化のためとはいえ、採算が合わなければその話はなかったことになります。

では、なぜ秩父には、カエデ糖を用いたお菓子をつくれるほどのカエデが生息するのでしょうか。それは、カエデが秩父の気候を好んでいるからです。秩父市は周りが山に囲まれた盆地で、内陸性気候下で形成される中間温林帯に当たります。中間温林帯は暖温帯と冷温帯の狭間に位置し、つまりは温かい気候を好む植物と、寒い気候を好む植物が両方生息する地域です。秩父市の約87％が、この暖温帯林と

埼玉県

冷温帯林の入り混じった中間温林帯に覆われています。この森林では多種多様な植物が生息できますが、カエデも例外ではありません。秩父市には、なんと日本全国に生息するカエデのほぼすべての種類が生息しているのです。一般的にメープルシロップといって思い浮かべるのはカナダだと思いますが、カナダのメープルシロップはほんの数種類のカエデからしかつくられていません。しかし、秩父産は20種類以上ものカエデからつくられており、これがあとをひく上品な甘さの要因となっています。

「秩父の奇跡」と呼ばれるほど国内でもまれに見る秩父の植生環境が、カエデ糖菓子を生み出したことがわかります。そしてカエデ糖菓子で得られた資金でカエデの樹を植え、さらにおいしいカエデ糖菓子へとつながる好循環が確立されています。

楓のおくりもの
（江原本店）

●かき氷（長瀞町）

長瀞《ながとろ》町では天然氷でつくるかき氷を食べられます。かつては養蚕が盛んで、蚕の卵を長期保存するために、氷が使われていました。氷は沢沿いにある、専用の池でつくられます。冬に厳しく冷え込む気象条件と、冬の半ばまで日中に太陽の光がほぼ届かないという専用池の立地条件に恵まれ、天然氷づくりが可能になっています。

周囲の山には落葉広葉樹林が広がり、山の養分を豊富に含んだ水を池へ引き込めるため、おいしい氷になります。

その他の産物・グルメ

●川越いも（川越市周辺（三富《さんとめ》地域））

江戸時代、焼きいもは江戸で大人気の食べものでした。江戸から比較的近く、さらに、新河岸川を利用して江戸へ船で運べるという利点もあり、川越周辺ではサツマイモ栽培が広まりました。

三富地域（埼玉県三芳町《みよしまち》）では平地林を活用した循環型農業が江戸時代から続いています。落ち葉を堆肥とすることで、当時から質の良いサツマイモをつくることができたのです。このあたりでは畑の境界にお茶の木を植えていました。すぐ西隣が狭山茶の産地になっており、狭山茶と富のイモを両方扱うお店もあります。イモもお茶も水はけの良い土地でよく育ちます。この場所は武蔵野台地という水はけのいい場所に位置しているため、栽培に適しているのです。

戦時中の食糧難時代、人々は列車を用いて川越いもを買い付けに出向きました。そのため当時、この列車は「イモ列車」と呼ばれていました。現在の東武東上線になります。

●せんべい（草加市）

関東平野に位置して平地が広がり、綾瀬川が流れる草加周辺は古くから米どころでした。また、江戸時代には利根川沿岸の各地で醤油醸造が盛んになりました。こうして、草加ではせんべいづくりの原材料を入手しやすい環境が整っていきました。

草加は日光街道の宿場町だったので、行き交う人々が手軽に食べられることから人気を呼び、せんべいは草加名物として知られるようになりました。

●ナマズ料理（吉川市）

中川や江戸川が流れる吉川は古くから稲作が盛んな地域でした。そのため、川の水を引き込んだ用水路や小川があちこちに見られ、ナマズをはじめ川魚は地域にとってごく普通の食材でした。今ではナマズ養殖の技術も進み、吉川名物として知られるまでになりました。

●フライ（行田市）

フライのおもな原材料は小麦粉です。埼玉県は年間を通じて晴天の日が多いこともあり、特に県北で小麦の栽培が盛んで、うどんなど小麦粉食文化が根づいています。

かつて行田市周辺は木綿の産地であり、近くの中山道を行き交う人々の需要もあったため、足袋工場が多く操業していました。フライはその足袋工場の労働者の間で人気を呼び、行田名物として定着しました。

醤油

左から、キノエネ醤油の「本仕込しょうゆ」、ヤマサ醤油の「味なめらか絹しょうゆ」、千葉醤油の「下総醤油」、キッコーマンの「いつでも新鮮しぼりたて生しょうゆ」、ヒゲタ醤油の「本膳」

醤油の種類

一口に醤油といっても、醤油には多くの種類があります。一般的なのは濃口醤油で、国内生産量の８割以上を占めます。それよりも少し色が薄いものは淡口醤油と呼ばれていますが、色が薄いだけで塩分は淡口の方が２％ほど高い値を示します。

醤油のおいしさ

醤油には、甘味・酸味・苦味・塩味・うま味の５原味が凝集しています。魅力は味だけではありません。香りも食べる際には重要な要素です。果物や花の香りなどを含め、現在醤油には300種類以上もの香りが確認されており、私たちをとりこにしています。

醤油の力

醤油には知られざるさまざまなパワーが潜んでいます。魚などの生臭さを消臭する力・食べ物の保存性を

図 15 ● 醤油の原材料調達地

高める殺菌力・消化吸収を助ける力・塩味を和らげる力などです。こういった面においても、醤油は私たちの生活には欠かせないものとなっています。

4 醤油の保存

醤油の色はもともと黒ではなく、透き通った赤色をしています。しかし、開けてから時間が経つにつれて酸化が進み、風味が落ち、黒ずんでいきます。そのため保存する際は、きちんと蓋を閉めて直射日光の当たらない涼しいところに置いておきましょう。

なぜ千葉県で生まれた?

千葉県への伝来

醤油はもともと、「醤油」として日本に持ち込まれたわけではなく、味噌づくりの失敗から生まれたものとされています。鎌倉時代に覚心《かくしん》という人物が中国から覚えて帰った味噌の仕込みを間違え、たまたまできたのが醤油なのだそうです。そして、これは千葉県ではなく和歌山県での話です。

千葉県で醤油づくりが盛んになったのは、和歌山県から醤油づくりが伝わってきたからです。「勝浦」「白浜」など、両県に共通の地名があることから、その関係性が見てとれます。

では、どうして千葉県なのでしょうか。その答えは、千葉県の風土の中にあります。ここでは醤油の主要な産地である銚子と野田について見ていきましょう。

銚子と野田が醤油づくりに成功したワケ

醤油の原材料は、大豆・小麦・塩です。まずはこれらがそろわないと話になりません。銚子・野田ともにこれらを利用できる場所にありました（図15）。大豆は常陸地方から、小麦は下総《しもうさ》・武蔵地方から、塩は行徳から仕入れることができたのです。群馬のおっきりこみの頁（P.48）でも、乾燥している土地で小麦がつくられるという話をしていますが、ここに出てくる武蔵、下総はどちらも武蔵野台地、下総台地と呼ばれる台地上にあり、比較的乾燥した地域で小麦栽培に向いていました。銚子に関しては黒潮と親潮がぶつかるところで、温暖湿潤であり、醤油づくりに最適な紀州の気候とも似ています。

また、銚子は利根川河口、野田は利根川と江戸川の間に位置する地域であるため、原材料の仕入れ・醤油の輸送に水運を用いることができました。幕府が江戸に移ってしばらくの間は関西の醤油をわざわざ取り寄せて使っていましたが、千葉県の醤油がだんだんと台頭し、今となっては一大産地となっているのです。

原材料がそろい、水運を使って醤油を輸送できる場所にあった二つの町だからこそ、醤油づくりが発展したのですね。また、もしも江戸に幕府が開かれなければ、千葉県で醤油づくりが行われなかったかもしれないと思うと、歴史は単なる過去の出来事ではないような気がしてきます。

その他の産物・グルメ

●**太巻き寿司（房総半島）**

発祥には諸説ありますが、漁をしながら海を渡ってはるばる房総までやって来た紀州の漁師が持っていた「めはりずし」にそのルーツがある、ともいわれています。

木更津など東京湾岸でノリ養殖が盛んになるにつれて海苔が安くなっていったことも、太巻き寿司が広まっていく一因になったと考えられています。

●**なめろう（房総南部、九十九里地域）**

太平洋沖は黒潮が流れる豊かな漁場で、もともとは漁師が船上で手早くつくって食べていた漁師料理です。おもに使うのは１年を通じて獲れるアジですが、時にイワシやサンマも使われます。なめろうを焼いたものは、さんが焼きと呼ばれます。

醤油でなく味噌で味付けするのは、船上は揺れるため、醤油だとこぼれやすいからです。

●**落花生味噌**

火山灰地は落花生の栽培に向いていますが、おもな産地である下総台地は、富士山の火山灰が積もった関東ローム層に覆われていて、条件に適っています。

千葉県では明治時代に落花生栽培が始まりました。落花生から採れる油はイワシの油漬け用として適性があり、沿岸部ではイワシの水揚げも多いことから、千葉でイワシの油漬けを大々的に生産したいという観点からも、熱心に栽培されました。

ピーナッツ最中やピーナッツソフト等のスイーツもあります。

●**すずめ焼（香取市周辺）**

北側に接する茨城県にかけての一帯は河川や湖沼が多く、水産物に恵まれた地域です。すずめ焼は利根川などで獲れるフナを串焼きにしたものですが、スズメの丸焼きに見た目が似ていることから、そう呼ばれるようになったといわれています。

●**クジラ料理（房総南部）**

クジラは肉が食用になるほか鯨油を燃料や農薬に、骨や内臓を肥料にと用途が多いため、昔から利用されてきました。江戸時代になる頃には捕獲技術が進み、また、大消費地・江戸に近いこともあって、房総南部は捕鯨の一大拠点となりました。南房総市では期間限定ながら現在でも捕鯨が行われています。

●**はかりめ丼（木更津～富津）**

江戸前で捕れるアナゴを煮付けて丼にしたものがはかりめ丼です。昔ながらのはかりの目のように、点が規則的に横並びになっているアナゴの模様から、この名前がつきました。

東京都

深大寺そば

深大寺

調布市にある深大寺《じんだいじ》は浅草寺についで2番目に古いお寺で、天平5年（733）にできました。この周辺でつくられているそばを深大寺そばといい、現在20軒以上のお店が軒を連ねています。

江戸時代からの人気食

深大寺そばは江戸時代から人々に愛されてきました。しかし当初は「献上そば」と呼ばれており、高級品であったため上流階級の人しか食べることができなかったそうです。

白いそば

多くのお店で白っぽいそばが提供されています。これはそばの実の中心部分を使っているからです。この部分は一つの実からあまり採れない希少なものなので、高級なそばになります。

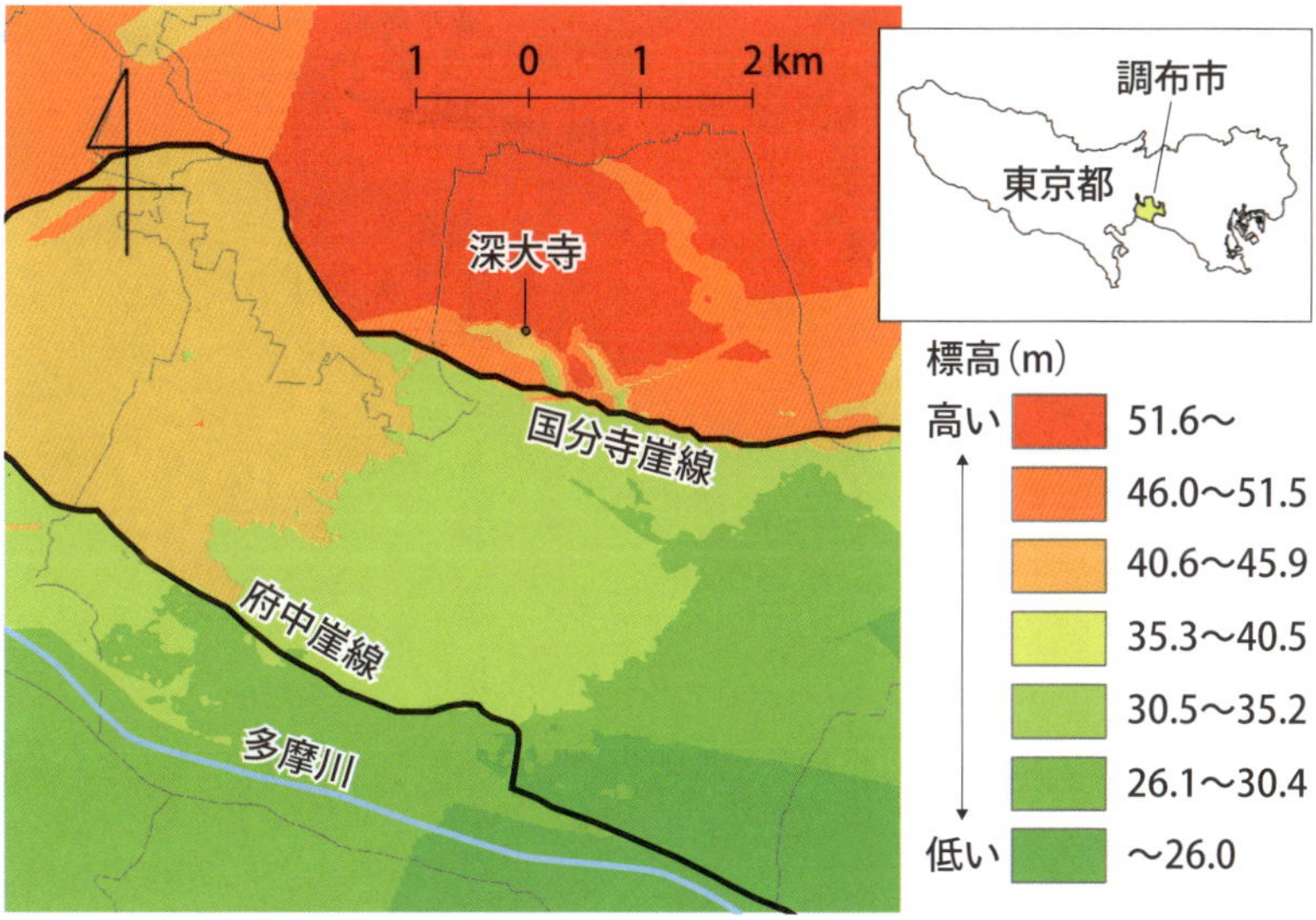

図16 ● 深大寺周辺の地形（地理院地図より作成）

自然豊かな地域

この辺りは緑が多く、東京の他の地域よりも気温が低いところです。ですので、夏の散策にはぴったり。そばを食べに行くついでに、周辺を散策してみてはいかがでしょうか。

なぜ東京都で生まれた？

土壌

深大寺周辺は、そば生産に適した土壌でした。この辺りは黒《くろ》ボク土からなる関東ローム層が広がっています。黒ボク土は火山灰などが風で運ばれてできた土壌ではありますが、植物などの有機物を多く含むため黒っぽい色をしています。さらさらではなく団粒構造なので、保水性と排水性の両方を持つ優れたものです。排水性があるため米の生産には向かず、当時はその代わりにそばをつくってお寺に納めていたそうです。

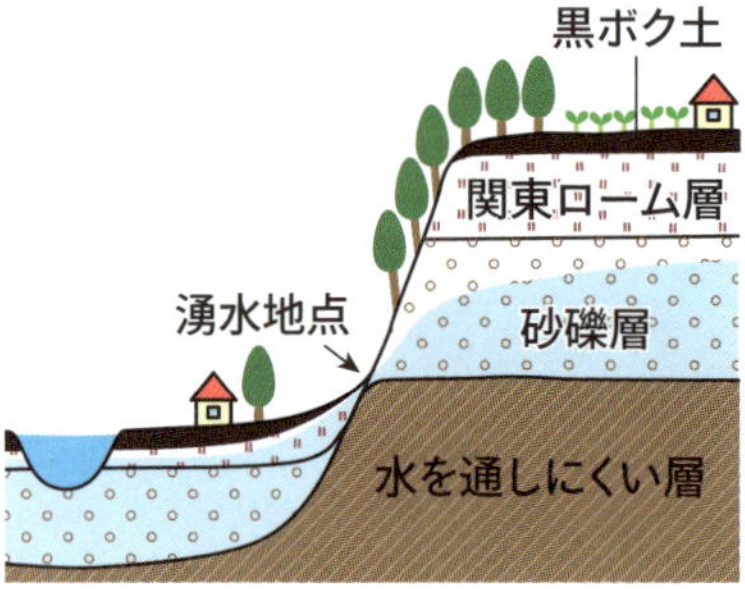

図 17 ● 湧水のしくみ

気候

そばは冷涼な場所でよく育ちます。また、昼と夜の寒暖差が大きいと質の良いでんぷんがつくられるため、おいしいそばができあがります。深大寺周辺は武蔵野台地と呼ばれる台地の上にあり、この二つの条件を見事に満たしていました。残念ながら今は深大寺産のそばを食べることはできませんが、もともとはそば生産に適した地だったため、現在でもそばが有名になっているのです。

湧水

深大寺周辺は、武蔵野台地を逆川《さかさ》という川が削ってできた浅い谷に位置しています。谷であるため、周りは崖です（図16）。先ほど述べたように、この辺りは表面が関東ローム層に覆われていますが、その下には砂礫層が堆積しています。川に削られる過程でその砂礫層が表面に現れると水が湧き出します。これは砂礫層の下に水を通しにくい土が堆積しているため、砂礫層の中に水が多くたまっているからです（図17）。

崖の下という地理的条件を利用し、湧き水をそば打ち、釜茹で、さらし水に使用しました。さらし水はそばを茹で終えた後にさらす水のことで、そばのコシを生むための、重要な作業です。今でもほとんどのお店がさらし水にこの湧き水を使用しています。私たちの口の中に直接入る水が良質であることが、深大寺そばというブランドをつくり上げているといっても過言ではないでしょう。

台地の条件を生かし、崖からの湧水でそばを茹で、しめる。自然がつくり上げた地形が、深大寺そばを誕生させました。

その他の産物・グルメ

●握りずし

江戸時代、食酢が世に広まるにつれて、酢で手っ取り早く酸味をつける「早ずし」というものが考え出されました。政治経済の中心地だった江戸へも食酢が入ってくるようになり、「早ずし」は江戸っ子の短気な気質とも好相性で、大変人気を集めました。この「早ずし」を改良したものが握りずしで、江戸・両国の寿司職人が生みの親だといわれています。江戸の目と鼻の先に広がるのが東京湾。握りずしには、江戸前と呼ばれる東京湾の魚介がおもに使われました。

江戸前には三番瀬などの干潟があり、そこではアサリやハマグリが獲れます。湾内は外海と比べて流れが弱いので、砂地が広がっており、砂地を好むアナゴやシャコが獲れます。これらのネタを使った握りずしは「江戸前寿司」と呼ばれます。ちなみにアサリをご飯と炊いたものが、東京下町名物の深川飯です。

●佃煮（発祥は中央区佃）

佃煮の原材料は江戸前の小魚や雑魚です。江戸では幕府が開かれると人口が増え続け、江戸町民の食の確保が課題となりました。幕府は関西の漁民を江戸へ呼び寄せ、眼前の湾岸地域では人口増加とともに漁業が発展していきました。

佃島は江戸時代に築かれた人工島で、もともとは海でした。江戸の町に近いという利点があり、また、干潟の広がる浅瀬だったため、比較的埋め立てやすかったものと思われます。

●くさや（伊豆諸島）

「くさや液」で漬けた魚（ムロアジ）を干してつくる伝統食です。伊豆諸島は離島なので、昔は塩や水は貴重なものでした。そのため、日持ちさせるために魚を漬けていた塩水は、継ぎ足すことによって使い続けましたが、やがて微生物が発生して塩水を発酵させ、くさやならではの風味をもたらすようになりました。それが「くさや液」です。

●ウド（立川市周辺）

地中に設けた地下室のような空間の中で育てます。立川周辺は関東ローム層に覆われていますが、崩れにくい地質と、温度や湿度条件が適しているという特性があるため、この地域での栽培が普及しました。

冬から春にかけてが旬の時期。江戸時代は、距離が比較的近いため江戸へ運ばれることが多く、春を告げる食材として、初物を好む江戸っ子に親しまれたようです。

●小松菜

鎌倉時代に江戸に入ってきたといわれる青菜です。その名の由来は江戸川区の小松川という地名にあり、8代将軍徳川吉宗によって名づけられたと伝わります。

神奈川県

崎陽軒のシウマイ

崎陽軒「昔ながらのシウマイ」

「シュウマイ」ではなく「シウマイ」

この表記には理由があります。それは、初代社長の訛りです。初代社長は栃木県出身で、シュウマイのことをシーマイといっていました。これが中国の発音と似ていたため、本場の発音に近づけようと「シウマイ」という表記にしました。

昔ながらのシウマイ

崎陽軒のシウマイは開発当時の昭和3年からずっと変わらぬレシピでつくり続けています。そのおいしさの秘訣は干帆立貝柱。これと豚肉をうまくマッチさせることで、冷めてもおいしいシウマイができあがりました。

隠れた人気者「ひょうちゃん」

ひょうちゃんは醤油の入れ物です。ひょうたんの形をした入れものにさまざまな表情が描かれています。

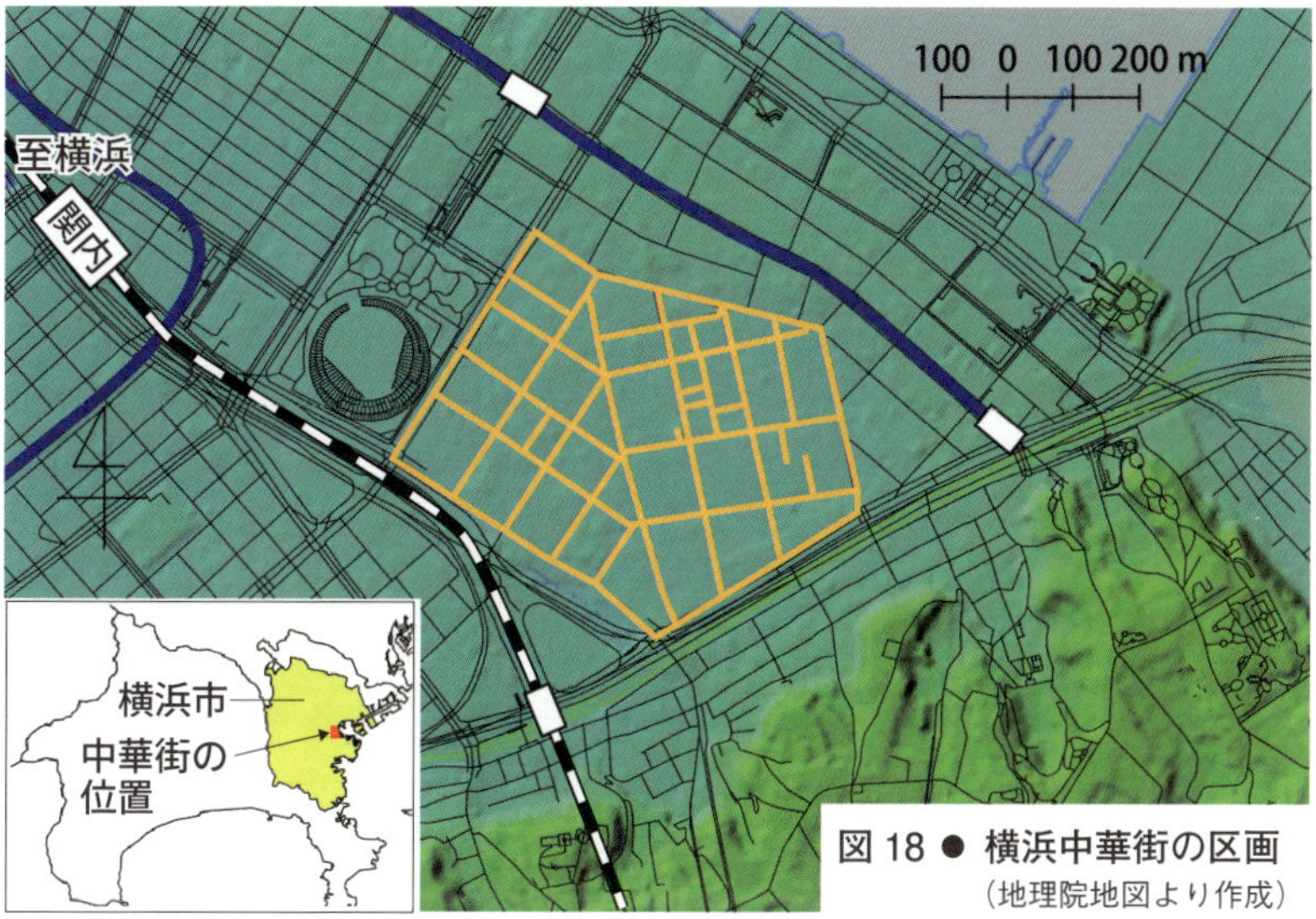

図18 ● 横浜中華街の区画
（地理院地図より作成）

箱を開けるまで、どんな顔のひょうちゃんが入っているかはお楽しみです。とても可愛らしいので、全部集めてみたくなりますね。

もともとは無名の売店

崎陽軒は当初、横浜駅構内にある普通の売店で、弁当も売っていました。しかし、東京駅から電車で30分という立地上、弁当は思うようには売れません。そこで新たな横浜名物としてシウマイに目を付けました。当時、シウマイが南京街（現中華街）のお店で突き出しとして出されていたからです。

なぜ神奈川県で生まれた？

横浜と中華街

シウマイが横浜の名物になったのは、横浜に中華街があったからです。では、そもそもなぜ横浜に中華街ができたのでしょうか。大きな原因の一つは、横浜開港です。じつは、1858年に日米修好通商条約が締結された時点では、神奈川港を開港することになっていました。しかし、神奈川は東海道が通っていて神奈川宿として栄えており、また江戸幕府に近いことから適切でないと判断し、横浜村を開港することにしたのです。横浜村は街道から離れていて交通の便が悪く、治安対策がしやすかったことに加え、大型船が入るのに適した水深がありました。

条約の締結を受けて、幕府は各開港場に居留地を建設することにしました。横浜港では、居留地は砂州の上につくられ、どんどん商館が建てられていきました。しかし、いきなり開港したため西洋人も日本人もお互いの言葉がわかりません。そこで活躍したのが華僑です。華僑とは海外に移住した中国人およびその子孫のことで、中国の西洋商館で働いていた彼らは西洋の言葉を理解でき、日本人とは漢字でやり取りをすることができました。そのため、西洋人が日本に中国人を連れてやってきたのです。このように、仲買人となった中国人のことを買弁《ばいべん》と呼びます。彼らの多くは広東出身で、今でも横浜中華街に広東料理が多いことと関係があるかもしれません。

1871年の日清修好条規締結後は、中国との貿易が盛んになり、中国人が居留地の一地区に集中して住むようになりました。中華街の基礎はその地区を中心に築かれていったのです。

中国人はなぜこの一画に集まったのか

中華街周辺の地図を見てみましょう。中華街だけ周りの区画と違います（図18）。この辺り一帯は横浜新田と呼ばれていた場所で、埋め立てにより形成されました。図19に示す砂州と新田の間には高低差があり、それゆえに田んぼの畦道がそのまま残されたという説があります。しかし、埋め立てというくらいですから、そこはじめじめとしていてあまり住みやすい場所ではありません。現在の「山下町」という地名からも標高が低いことが予測できます。

では、中国人が「山手」に住まなかったのはなぜでしょうか。これは、中華街一帯の道路が正確な東西南北の方向に伸びていることに関係があります。風水思想を持つ中国人にとっては方角が重要なため、生活環境のあまりよくないこの地に好んで住んだということもできます。

また、山手側（図19の南側）の一部は幕府によってイギリスなどに貸与されており、洋館や教会が建てられました。こちらは高台で水はけが良い良好な住環境でもあるため、イギリス人たちは山手に住むようになったのです。このように、山手と山下で住み分けがなされていきました。さらに、海岸沿いの砂州の部分は水はけがよく、海も見える一等地でホテルや貿易会社などが建ち並びました。

以上より、中国人がこの地を選んだのは風水、そして中国人以外の人々が砂州や高台に住居を構えていたからであると考えることができます。

崎陽軒から横浜を理解する

シウマイが横浜名物となった背景として、横浜が中華街を形成するのにふさわしい地形を持っていたことが挙げられますね。もしここに砂州がなければ、「横」に長い「浜」、つまり横浜という地名も存在しなかったかもしれません。

✤用語解説

砂州……沿岸流（図19の矢印）で運搬されてきた土砂の堆積地形のうち、まっすぐ伸びて湾を閉ざすように堆積したもののこと。沿岸流によって土砂が堆積し、湾の中に入ると沿岸流の速度が遅くなるためさらに土砂の堆積が進み、砂州が伸びていく。

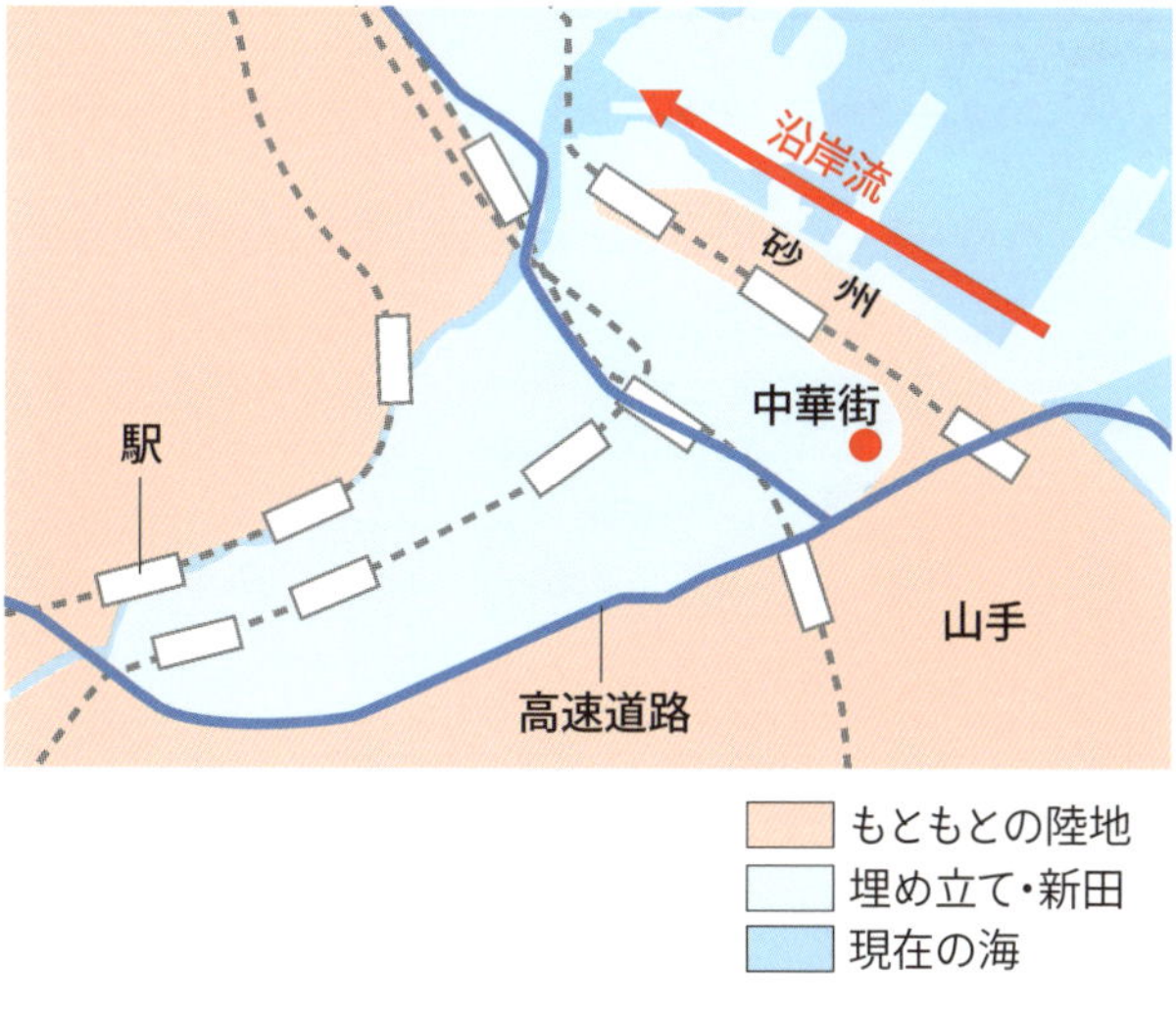

図19● 砂州の形成と山手・中華街

その他の産物・グルメ

●かまぼこ（小田原市）

この地域でかまぼこ生産が盛んになったのは、相模湾で獲れるたくさんの魚と、丹沢山系の酒匂川と箱根山系の早川に由来するミネラルの豊富な水という、必要な原材料に恵まれていたことが大きな理由です。江戸時代、東海道の箱根宿では鮮魚に比べて日持ちすることから、かまぼこが重宝されました。やがて道中を行き交う大名など旅人から評判を呼ぶようになり、地域の名産品として知れ渡っていきました。小田原には、かまぼこについて学んだりかまぼこ作りを体験したりできる「鈴廣のかまぼこ博物館（写真）」もあります。

●マグロ料理（三浦市）

目の前にある城ヶ島が防波堤の役割を備える三崎港は、古くからの天然の良港です。かつて、江戸に出入りする船は、悪天候時にはここで待機して天候の回復を待つことがありました。

日本屈指のマグロ水揚げ港である三崎港では、さまざまなマグロ料理を食べられます。たとえばマグロのソースかつ丼がありますが、これには希少な尾の肉を使っています。あまり一般には出回らない部位の肉を食べられるのは、水揚げ地ならではといえます。

●カレー（よこすか海軍カレー）（横須賀市）

軍港の町としての横須賀の歴史は幕末に始まります。米国など世界各国の船が江戸近くまでやってくるようになると、幕府は軍艦を建造するために造船所の開設を決め、選ばれたのが横須賀でした。その理由として、海岸線が入り組んでいるため波や風が比較的少なく、また、湾内が広くて水深も深いことなどが挙げられます。地域活性化のために登場したカレーは、横須賀になじみ深い旧日本海軍のレシピをもとに復元したものです。

●豚ホルモン焼（厚木シロコロ・ホルモン）（厚木市）

内陸の相模原台地を中心に、明治の開国とともに養豚が本格化しました。肉を食べる外国人が暮らす横浜に近いことや、火山灰土の相模原台地で栽培していたサツマイモなどの野菜から出るくずを飼料に活かせることが、おもな理由です。厚木市内では豚肉の処理施設が開かれ新鮮なホルモンが入手しやすく、ボイル加工されていない生ホルモン焼の店が増えていきました。

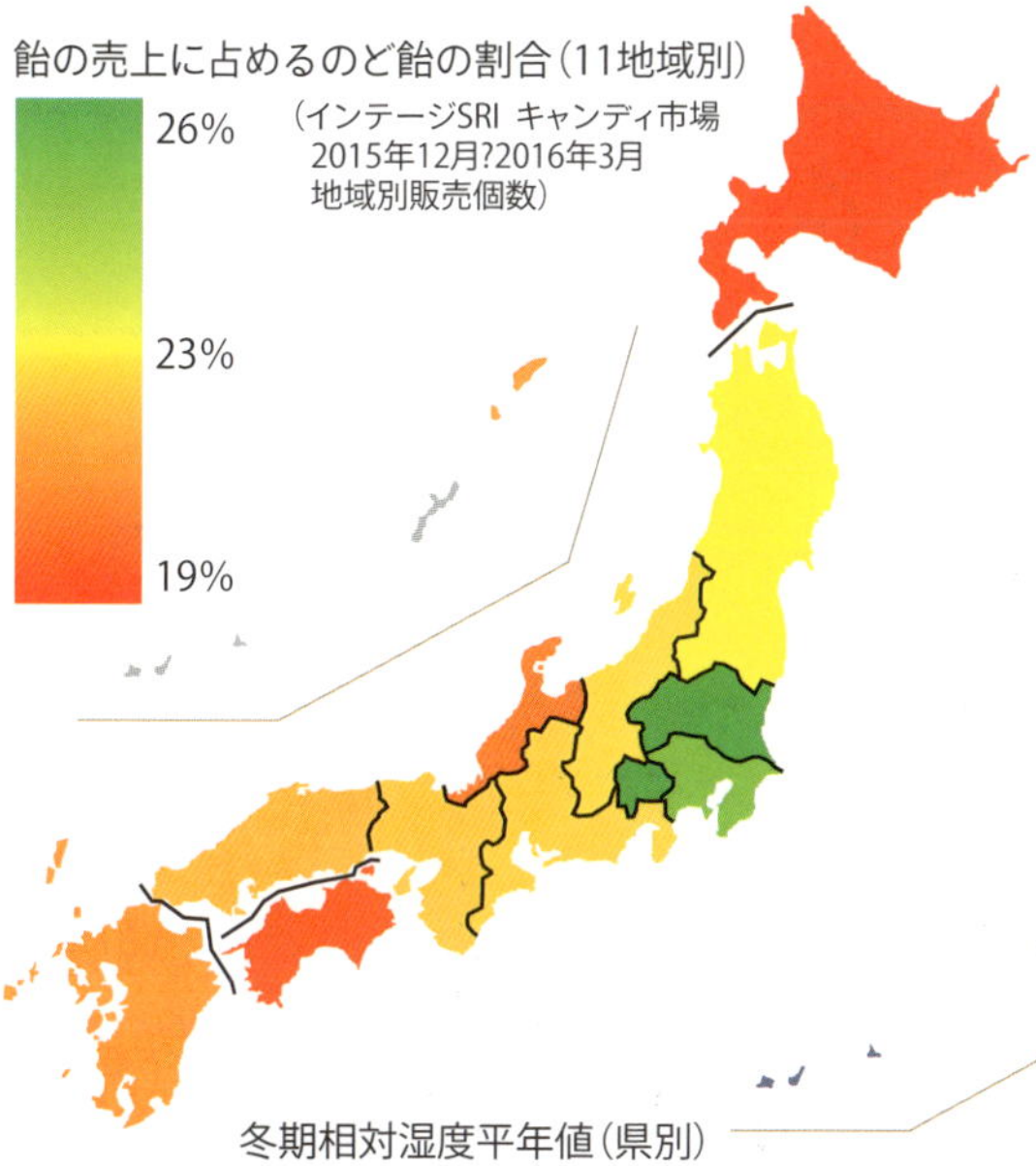

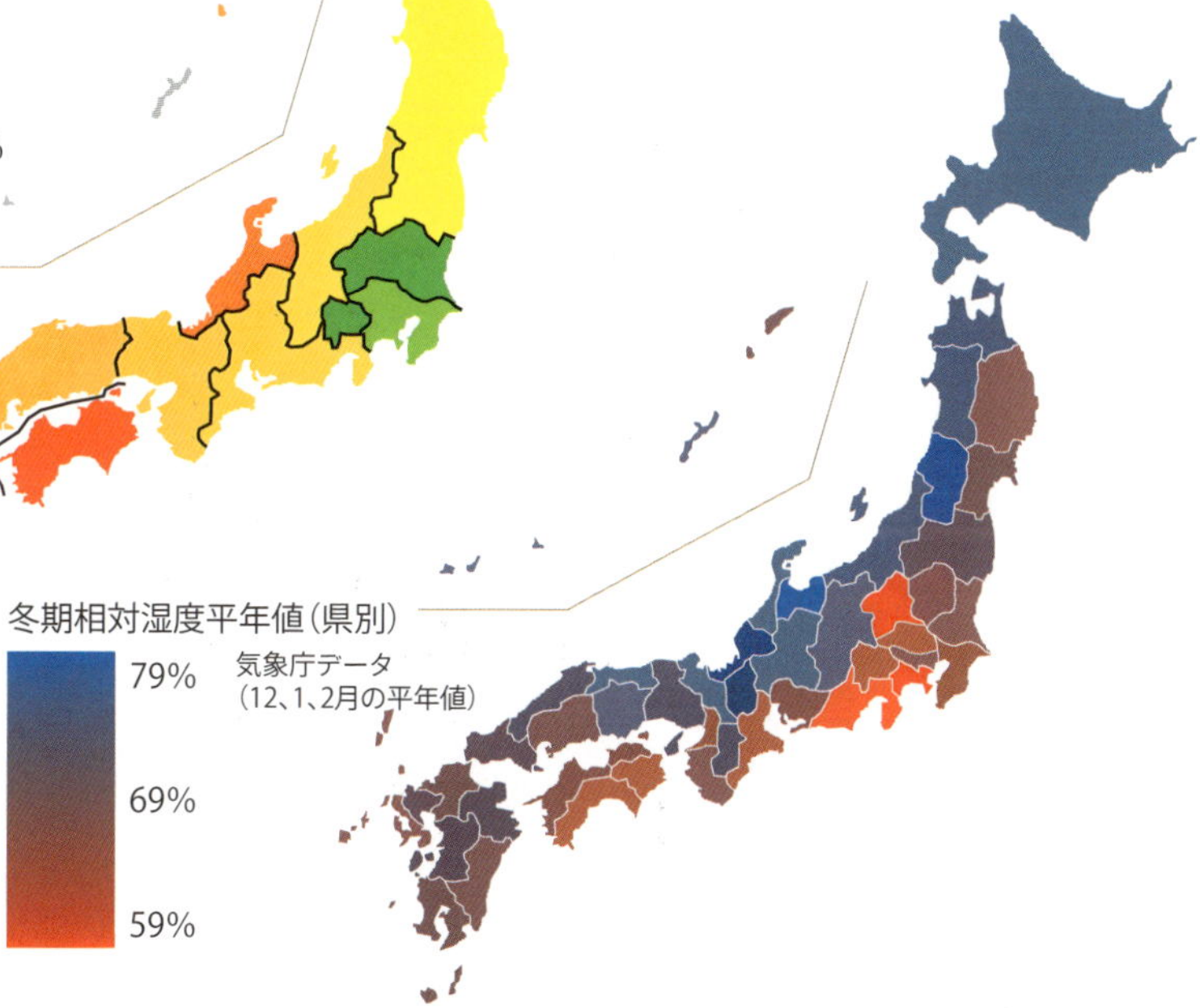

コラム

気候がのど飴の売行きを決める!?

飴の売上に占めるのど飴の売上の割合の地図（左上）を見ると、関東圏が緑色系で一番のど飴の割合が高く、北海道、北陸、四国、九州が赤色系でその割合が低いことがわかります。

冬の湿度の地図（右下）からは、全体的に太平洋側で赤系の乾燥、日本海側で青系の湿潤ということがわかります。これは、冬にシベリア大陸に高気圧ができ、そこから吹き出す風が日本へ来るときに、日本海上で湿り気を含み、日本海側の地域に湿った空気をもたらす（大雪の原因にもなる）ことによります。

つぎに、のど飴の売上データと湿度のデータを比べてみます。のど飴の売上が少ない北海道や北陸は湿度が高い地域にあたります。逆に、のど飴が一番売れている関東地方は日本の中でも一番湿度が低い地域（赤色系）になっています。*

これらのことから、のど飴が売れる地域は気候的に乾燥している地域である可能性が高いことが示唆されます。

* ただし四国や九州はのど飴の売上が低いですが比較的乾燥していますので、これは別の要因が考えられます。たとえば気温が比較的高いため空気中に含み得る水蒸気の量が多く、それほど喉が痛くならないのかもしれません。

新潟県

笹団子

笹の殺菌効果

笹団子は、その名の通り笹でくるまれたお団子です。冷蔵技術がなかった時代は、自然に存在する保存法を用いるしかありませんでした。昔の人々は、笹に防腐効果があることを知っていたため、団子を笹にくるんで長持ちさせようとしたのです。

紐をほどくと……

イグサという紐をほどいて笹を開くと、俵型で緑色のお団子が現れます。緑色の正体はヨモギです。口に入れた瞬間、ほのかに香る笹の匂いとヨモギが見事にマッチした味わいが生まれます。ヨモギは高血圧やがん抑制に効果があるそうです。

笹団子の由来

笹団子の誕生には上杉謙信が関わったという説、農民が考え出した郷土料理のような位置づけであるという説、中国のちまきが転化した行事食であるという説などさまざまな説があります。しかし、どれも定かではありません。

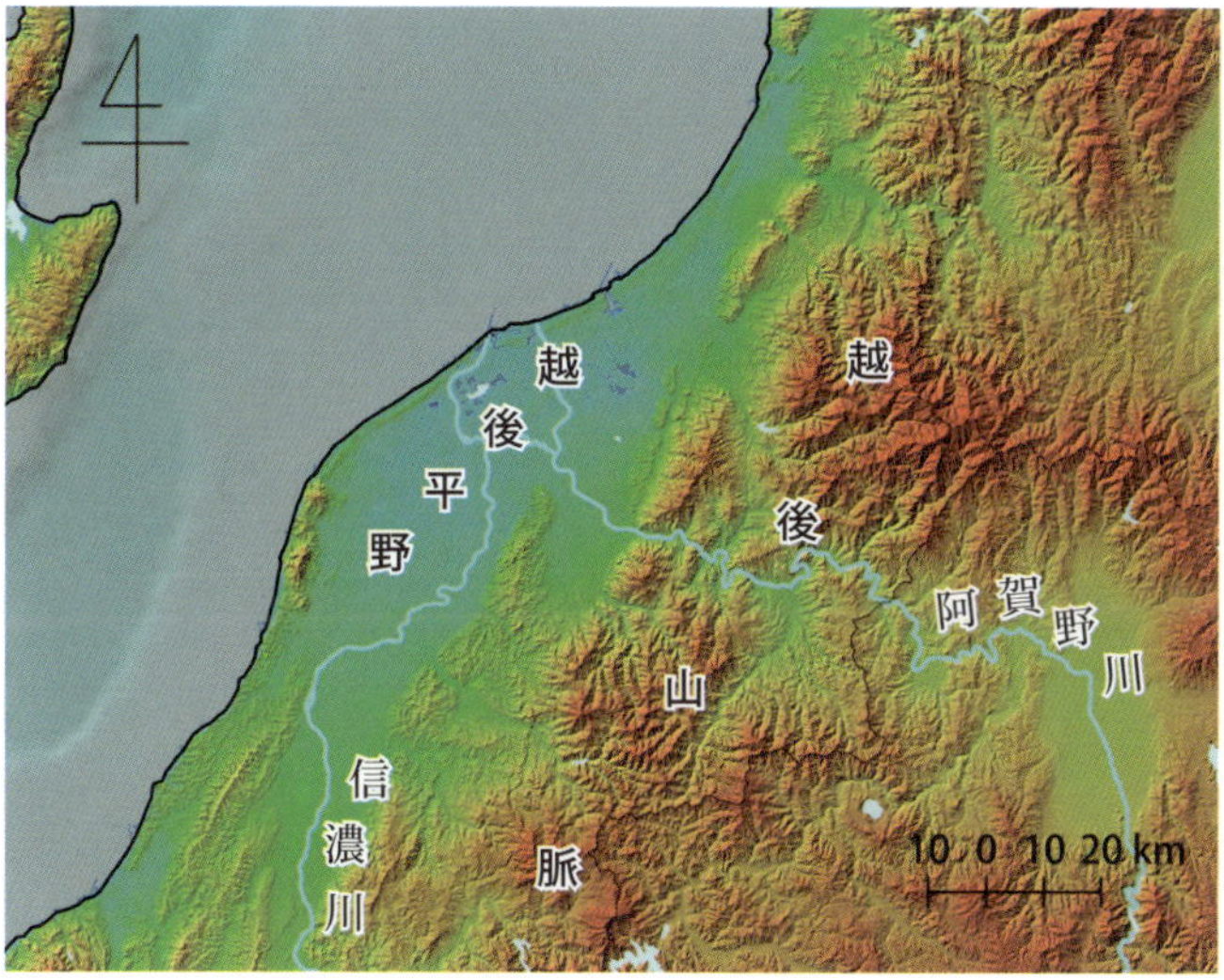

図20 ● 越後平野（地理院地図より作成）

笹団子の性別

笹団子に性別があるのはご存知でしたか？　一般に知られている餡入りの笹団子は、じつは女団子と呼ばれています。逆に男団子は、団子の中に野菜きんぴらが入っているものを指すのです。これは砂糖が貴重な時代に野菜を入れていた名残かもしれません。

なぜ新潟県で生まれた？

米どころ・新潟

新潟県は昔から米どころとして有名です。しかし、昔は今のように質の良いお米をたくさん食べられたわけではありません。なぜなら、上等米は売り出し用に回してお金を稼ぐ必要があったからです。そのため、生産者たちのもとに残るのはあまりおいしくないお米ばかりでした。そこで、おいしくないお米をいかにおいしく食べるかを考えた結果、笹団子がつくられたのです。

そんな背景のある笹団子ですが、お米が主原料であることには変わりがありません。そこで、新潟県はなぜ米どころであり続けているのかを探ってみましょう。

その理由としては、大きく分けて大地・気候・水の三つ挙げることができます。まずは一つ目、大地についてです。越後平野（図20）には信濃川や阿賀野川が通っており、上流からたっぷりと養分を運んできます。そのため平野にある水田の土壌が肥沃になり、肥料を使わなくてもおいしいお米が穫れるのです。また、平野自体が広大であることも重要です。それなりの量を収穫できなければ、米どころにはなり得ません。

次に二つ目、気候についてです。新潟県は、お米の穂が実ってから成熟する期間である登熟期《とうじゅくき》において、最適な気温になります。その気温は平均約24・5℃であり、高すぎても低すぎてもお米の品質に影響するようです。また、お米が実る頃の昼夜の寒暖差も重要です。お米は暖かい昼間に光合成ででんぷんを蓄えますが、夜も気温が高いとせっかく蓄えたでんぷんを消費してしまいます。しかし、夜の気温が低ければでんぷんを消費せずに済むため、米粒に栄養が回ることになるのです。新潟県は、この寒暖差の条件もクリアしています。

最後に三つ目、水についてです。越後平野と越後山脈の間の中山間《ちゅうさんかん》地域は豪雪地帯であり、春になると雪解け水が平野部に流れ込んできます。この水には腐葉土《ふようど》の養分が含まれており、ちょうど苗が根付き始めた頃に大量の水を供給する役目を果たしています。

以上より、新潟県にはおいしいお米が穫れる三つの条件がそろっていたことがわかります。そのおいしさこそが、新潟県が米どころとなった所以なのです。今や人気のコシヒカリも、新潟県だからこそ開発することができました。

その他の産物・グルメ

鮭の酒びたし（村上市）

村上市を流れる三面川《みおもて》は鮭が遡上する川で、村上では古くから多彩な鮭の食文化が育まれ、100種類を超える伝統の鮭料理が家庭で伝えられてきました。

12月になると、村上の家々では軒先に塩引き鮭が吊るされます。日本海から吹きつける湿り気を含んだ寒風を活かして、およそ半年かけてゆっくり乾燥させていきます。

その名のとおり、干した鮭をお酒にひたして食べます。米どころ・新潟は日本酒の産地としても名高く、新潟ならではの食べ物です。

かんずり（妙高市）

妙高産の唐辛子と糀《こうじ》、柚子《ゆず》、塩を用いて3年かけてつくられる発酵調味料です。冬の3～4日間、塩漬けした唐辛子を雪にさらすのですが、塩を抜くだけでなく唐辛子のアクを雪が吸い取る効果もあるため、やわらかい辛味になります。食べると体が熱くなるので、冬の妙高では重宝します。

白銀の雪上に真っ赤な唐辛子がさらされる様子は妙高の冬ならではの光景です。

きりざい（魚沼地方）

古くから魚沼地方に伝わる料理です。「きり」は切ること、「ざい」は野菜の「菜」を意味しています。細かく切った野菜や漬け物を納豆と混ぜ合わせて、特産の魚沼産コシヒカリにかけて食べます。

雪国であるうえに内陸に位置する魚沼地方では、冬になると肉や魚をはじめ、食べ物が手に入りにくくなりました。貴重なたんぱく源である納豆を少しでも大事に食べようと、野菜や漬け物を混ぜてかさを増して食べたのです。

笹寿司（上越地方）

戦国武将の上杉謙信が合戦の際の食事において、抗菌作用のある笹の葉を器にして食べたことに由来しています。笹の葉の上に寿司飯とワラビやタケノコ、ゼンマイなどの地元の山菜をはじめとする具をのせて、包みます。

笹寿司は隣の長野県北部にも伝えられていて、長野では「謙信寿司」とも呼ばれています。

富山県

ぶり大根

氷見の寒ブリ

全国的に有名な氷見《ひみ》の寒ブリ。名前は聞いたことがあるかと思います。氷見市は富山県の北西部に位置し、富山湾に面しています。寒い時期に獲れるため「寒」ブリといわれています。

定置の氷見

氷見は定置網の発祥地でもあり、400年以上もの歴史があります。昔は季節ごとに網の種類や位置を変えていたそうですが、現在は1年を通して同種・同位置です。伝統を受け継ぎながらも発展していく様子がうかがえます。

みんな大好きぶり大根

今や全国的に有名なぶり大根。1度は食べたことがあるのではないでしょうか。じつは、これは富山が発祥なのです。ブリの切り身だけでなく、アラを使って煮込むのが定番です。心も体もほっと温まる料理です。

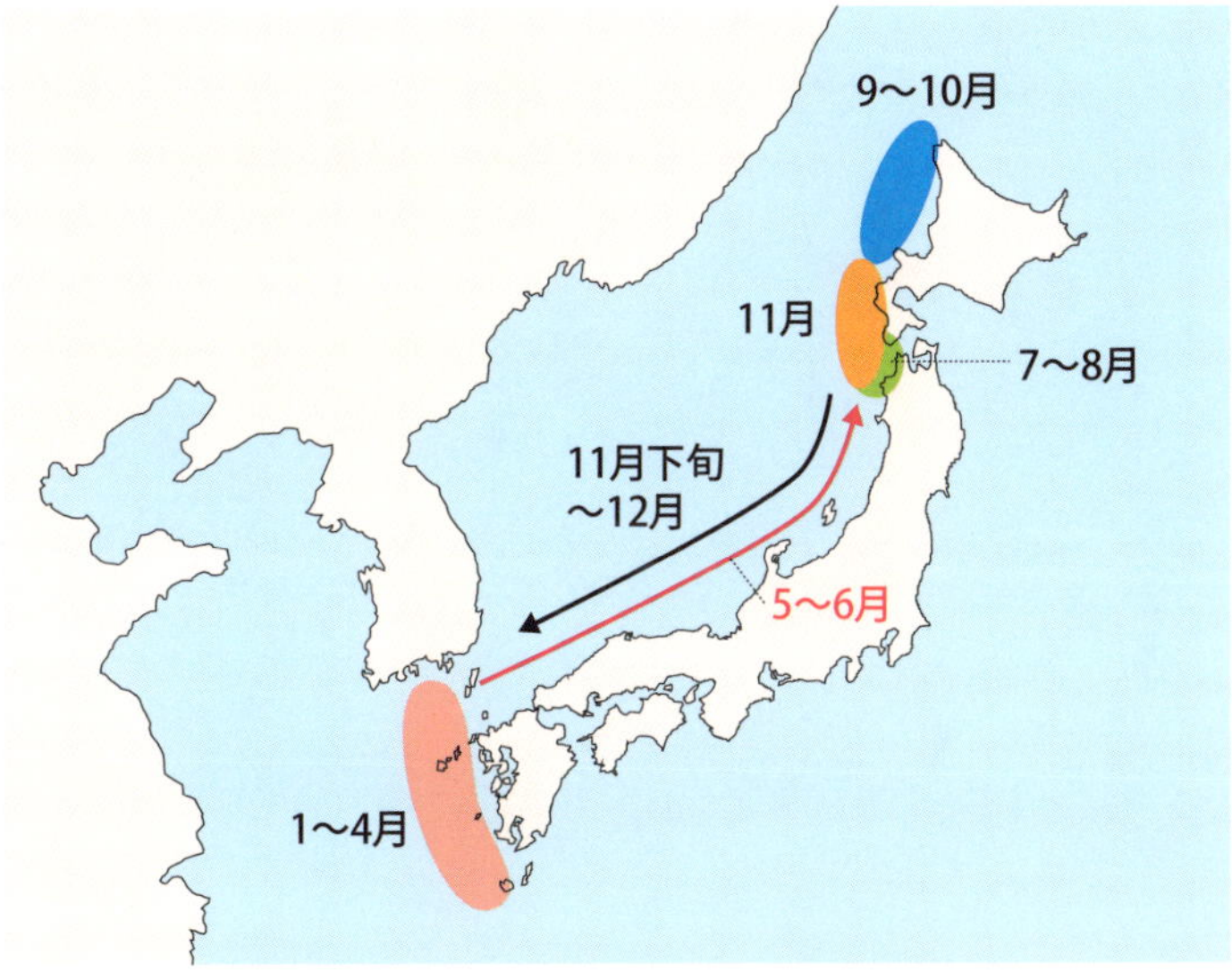

図21 ● ブリの回遊ルートと生息域

県境を越えて

昔は富山湾で獲れたブリを腐らないよう塩ブリにして、飛騨の高山、さらには信州まで運んでいました。内陸の県にとって、ブリはかなりのご馳走です。飛騨地方では今でもお正月の縁起物としてブリが食べられています。

なぜ富山県で生まれた？

なぜ氷見でブリが獲れるのか

これには二つの理由があります。一つは富山湾の構造、もう一つは日本における富山湾の位置です。まず一つ目から説明しましょう。富山湾の海底は起伏に富んでおり、沿岸から離れると一気に深さが増します（巻末地図参照）。この深くなる急な斜面を「ふけ」と呼びます。地上における急な坂と同じようなものです。そして、坂の上から何かを転がせば下に落ちていくように、沿岸部から深いところに向かって栄養分が流れます。この栄養分はプランクトンの餌となり、プランクトンが増殖し、そしてプランクトンを餌とする魚がたくさん集まってきます。氷見は富山湾の中でも沿岸部＝浅い部分が多く、流れ出る栄養分が多いため絶好の漁獲場なのです。生きていく上で必要不可欠な栄養分がたくさんあるのが氷見ということになります。

ちなみに富山湾の急峻な地形は、ブリ以外の生き物にとっても魅力的な場所です。「富山湾の宝石」といわれる淡いピンク色をした白エビや、発光により幻想的な夜の海をつくり出すホタルイカなど、珍しい生き物が集まってきます。

富山湾の位置

二つ目の理由についてては、ブリが回遊魚であることが重要です。回遊魚とは、ほぼ一定の経路で広範囲に移動する魚のことで、マグロなどもこの種に属しています。回遊ルートはさまざまありますが、今回は富山に焦点を当てるため日本海側の回遊ルートを取り上げます。ブリはある程度成長した後、春になると九州付近からオホーツク海まで北上します。北海道付近でたくさん餌を食べることで産卵に備え、秋から冬にかけて南下し、再び九州付近に戻ってきます（図21）。この南下の途中、ちょうど氷見沖で能登半島にぶつかり、氷見の定置網に引っかかったものが寒ブリとして捕獲されているのです。能登半島を越えてしまうと、せっかく北海道でつけた脂が少なくなります。逆にそれよりも前だと、太っていて脂がのりすぎています。北海道と九州のちょうど中間地点である氷見だからこそ、ちょうどよく脂がのったブリが獲れるのです。

「天然のいけす」といわれるほど栄養分が豊富な富山湾。そして回遊するブリを最も良い状態で獲れる氷見の位置。この二つが合わさったからこそ、氷見の寒ブリが世に知れ渡ることになったのですね。

その他の産物・グルメ

●昆布

江戸時代、富山は北前船の寄港地として賑わいました。北海道から運ばれてくる海産物が富山に出回るようになる中、富山の食文化にとってコンブは欠かせない存在となっていきました。たとえば、おにぎりといえば一般的には海苔を巻きますが、富山ではとろろ昆布で包むおにぎりもあります。また、さまざまな魚の切り身を昆布締めしたものがずらりと売られています。

●ホタルイカ料理（富山湾沿岸）

富山湾は海岸から離れるとともに水深が急に増していく独特の地形をしています。富山湾名物として知られるホタルイカは産卵期に大群で海岸近くまでやって来ますが、日中は深い海底付近にいて、夜になると産卵のために浮上するという性質があります。富山湾の地形環境にそうした生態が合っていると考えられています。

●鱒寿司（富山市）

神通川《じんずう》で獲れるマスと越中米という、富山名物を掛け合わせた逸品で、江戸時代には将軍にも献上されていました。立山連峰や飛騨山脈などからの豊富な雪解け水に恵まれた富山では良質なコメをつくることができ、富山平野や砺波《となみ》平野など平野部を中心に稲作が古くから盛んです。

●細工かまぼこ

富山では節目の行事や年中行事が今でも大切にされ、結婚の際には縁起物に見立てた細工かまぼこを贈る習慣があります。これには雪に悩まされる地域の特性が関係している、という説があります。厳しい気候により、普段は質素な生活を強いられることから、そうした行事くらいはハレの日として豪華に振る舞おうという気風が育まれてきた、というものです。

●シロエビ

富山湾に形成される深くて険しい海底谷にはシロエビが生息しています。本格的な漁獲があるのは全国でも富山湾だけで、その美しい色合いから「富山湾の宝石」とも呼ばれます。

石川県

俵屋のじろ飴

金沢にある伝統の店

俵屋は創業180年あまりの歴史がある飴屋さんです。江戸時代から人々に愛され、金沢の町とともに歴史を歩んできました。本店の店構えは金沢市指定保存建造物に指定されています。

発祥の理由

なかなか栄養のあるものを食べられなかった時代、子持ちの母親は母乳が出ずに困り果てていました。そんな姿を見た初代次右衛門が、母乳の代わりになる栄養価の高いものを考えたのがきっかけだそうです。

職人技

原材料がシンプルなだけに、職人の腕が問われます。季節の温度・湿度に合わせて糖化時間や飴の堅さなど

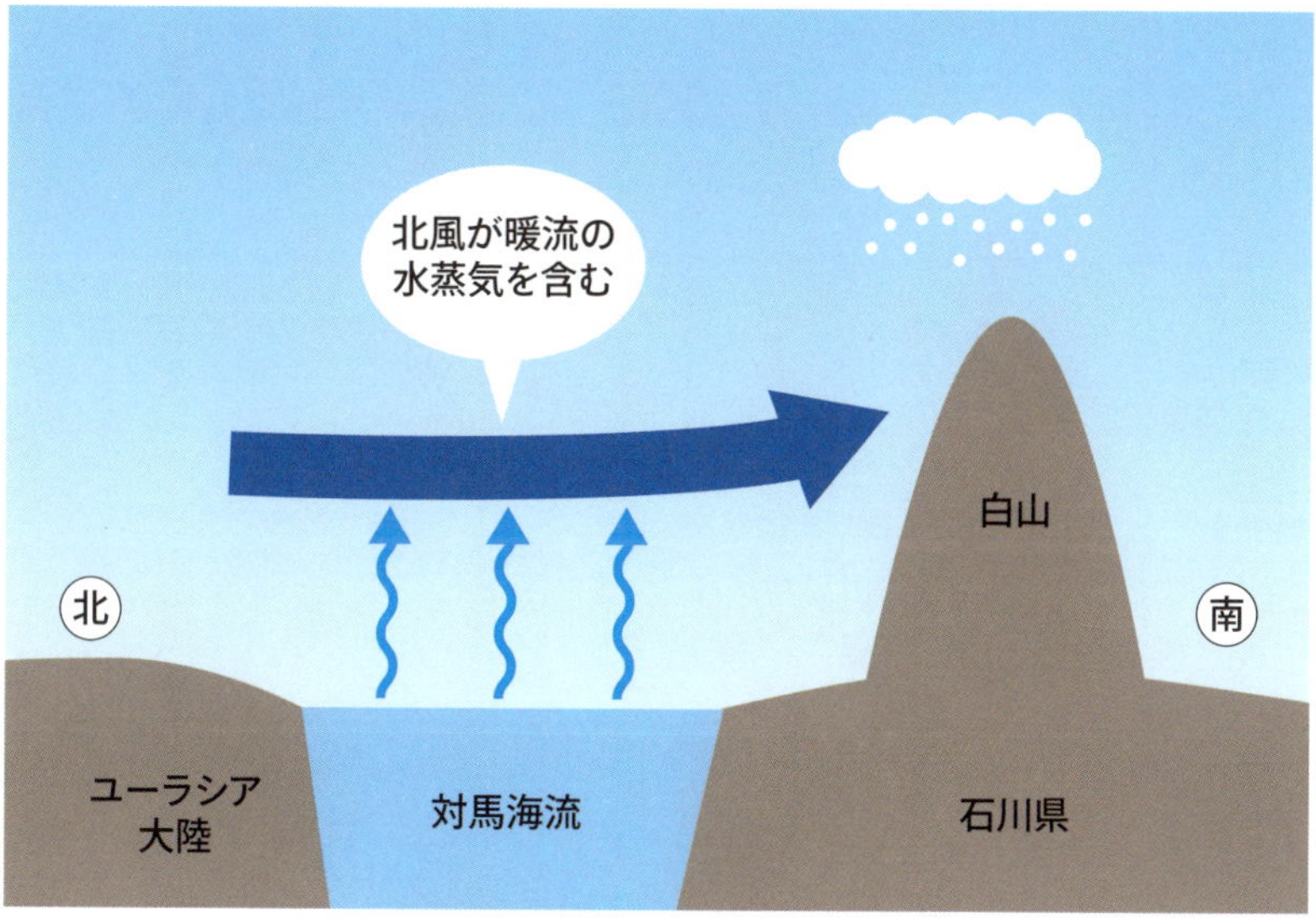

図22 ● 雪が多く降るプロセス

を微調整しています。飴ができあがるまでに約4日かかりますが、1日たりとも気を抜けません。

4 食べ方いろいろ

そのまま食べてももちろんおいしい。しかし、料理の隠し味に使用すればさらにおいしい料理ができあがります。魚の煮物に使用したり、生姜湯に入れてみたり。夏には夏バテ予防にも効果的です。

なぜ石川県で生まれた?

原材料

金沢市は江戸時代から城下町として栄え、「お菓子どころ」として有名な地域です。2014〜2016年平均では、和菓子消費量が全国一となったほどです。俵屋も金沢市に位置し、お菓子文化を支えてきたといえます。

さて、じろ飴の原材料は米・大麦・水の3種類のみで、人工甘味料・保存料は不使用です。甘み成分は当時高級品だった砂糖の代わりに先人が見つけ出した、穀物から得られる甘みだけ。米のでんぷん質を麦芽が分解することによって麦芽糖が生じます。体に優しい自然な甘み。先人の知恵に感謝しなければなりません。

清らかな水の恵み

じろ飴は、水がなければつくることができません。なぜなら水そのものが原材料であり、また米や大麦の品質は水の品質によって左右されるともいえるからです。では、この質の良い水はどこからやってくるのでしょうか。答えは、白山《はくさん》という山です。白山は日本百名山にも登録されていて、古くから信仰の山としても知られています。この山からの豊富な伏流水が不可欠なのです。しかし、山そのものが水を生むわけではありませんよね。なぜ伏流水に恵まれているのでしょうか。

まず、雪が多く、雪解け水を大量に蓄えていることが挙げられます。石川県は日本海側に位置する豪雪地帯です。ここで、雪が降るプロセスを紹介します（図22）。まず、冬になるとシベリア高気圧がユーラシア大陸で発達します。高気圧から風が吹き出すため、日本側に季節風という形で風が吹くことになります。この季節風が日本海を通るとき、対馬海流（暖流）の水蒸気を多く含みます。その風が白山に当たると強制的に上昇するため雲が発生し、大量の雪を降らせることになるのです。

白山の森林も重要です。せっかく雪が解けても、その水をためておく場所がなければ海にどんどん流れ出ていってしまいます。森林土壌が貯水の役割を果たし、少しずつ流れるため、伏流水をしっかりと利用することができます。また、水が森林土壌を通過することによる浄化作用も期待できます。

じろ飴は白山の位置と大きく関係があることがわかります。もし白山がそこになく、水の恵みがなかったら、生まれていなかった商品かもしれません。

料金受取人払郵便

牛込局承認

9258

差出有効期間
2025年11月5日
まで

（切手不要）

郵便はがき

162-8790

東京都新宿区
岩戸町12レベッカビル
ベレ出版
読者カード係　行

お名前	年齢
ご住所　〒	

電話番号	性別	ご職業
メールアドレス		

個人情報は小社の読者サービス向上のために活用させていただきます。

ご購読ありがとうございました。ご意見､ご感想をお聞かせください。

● ご購入された書籍

● ご意見、ご感想

● 図書目録の送付を　☐ 希望する　☐ 希望しない

ご協力ありがとうございました。
小社の新刊などの情報が届くメールマガジンをご希望される方は、
小社ホームページ（https://www.beret.co.jp/）からご登録くださいませ。

その他の産物・グルメ

●いしるの貝焼き（能登地方）

「いしる」はいわゆる魚醤のことで、魚介を塩漬けして発酵させてつくります。地域や材料により「いしり」という言い方もあり、富山湾側の内浦地域ではイカの内臓、日本海側の外浦地域ではイワシやサバなど、それぞれの地域でよく獲れるものを使っています。

海に囲まれた能登では古くから塩づくりも行われ、珠洲《すず》には揚げ浜式製塩という昔ながらの技法が今に伝えられています。珠洲は能登半島の先端に位置し、潮の流れが速く、海に流れ出す河川が少ないため海水がきれいであることもあって、良い塩がつくれるのです。

●かぶら寿司（加賀地方）

塩漬けしたカブでブリの切り身をはさみ、麹で発酵させる「なれずし」です。加賀地方は能登半島沖や富山湾などブリの漁場に近く、また、両白山地から流れ出る豊富な水に恵まれた金沢平野は米どころなので麹も手に入りやすく、かぶら寿司の材料が身近にそろう環境にありました。

冬が寒いため低温環境が自然に保たれ、ある程度の湿気も含む気候条件が、発酵食品づくりには適しています。

●ゴリ料理（金沢市）

ゴリはカジカのことで、金沢周辺ではこう呼ばれています。水のきれいな川などに棲む淡水魚で、昭和の初めまでは市内を流れる犀《さい》川や浅野川でも獲れましたが、もう源流域まで行かないと獲れなくなりました。そのため、近年は県中部の河北潟のウキゴリという魚が代用されるようになってきています。河北潟はかつては汽水湖でしたが干拓が行われ、淡水化されました。

●治部煮（加賀地方）

鶏肉などでつくる場合もありますが、もともと治部煮《じぶに》に使われていたのは鴨肉です。ラムサール条約に登録されている加賀市の片野鴨池をはじめ、加賀地方の池沼はシベリアから渡ってくるカモなどの水鳥の越冬地となっています。片野鴨池では冬になると、江戸時代から続く坂網猟という方法による鴨猟が今も行われています。

●加賀野菜（金沢市）

昭和20年以前から主として金沢で栽培されてきた15品目の野菜が「加賀野菜」としてブランド化されています。そのうちの一つである「加賀れんこん」は江戸時代には金沢城中で栽培されていたとされ、今では、栽培に適した低湿地が見られる河北潟干拓地など金沢市北東部がおもな産地となっています。

福井県

油揚げ

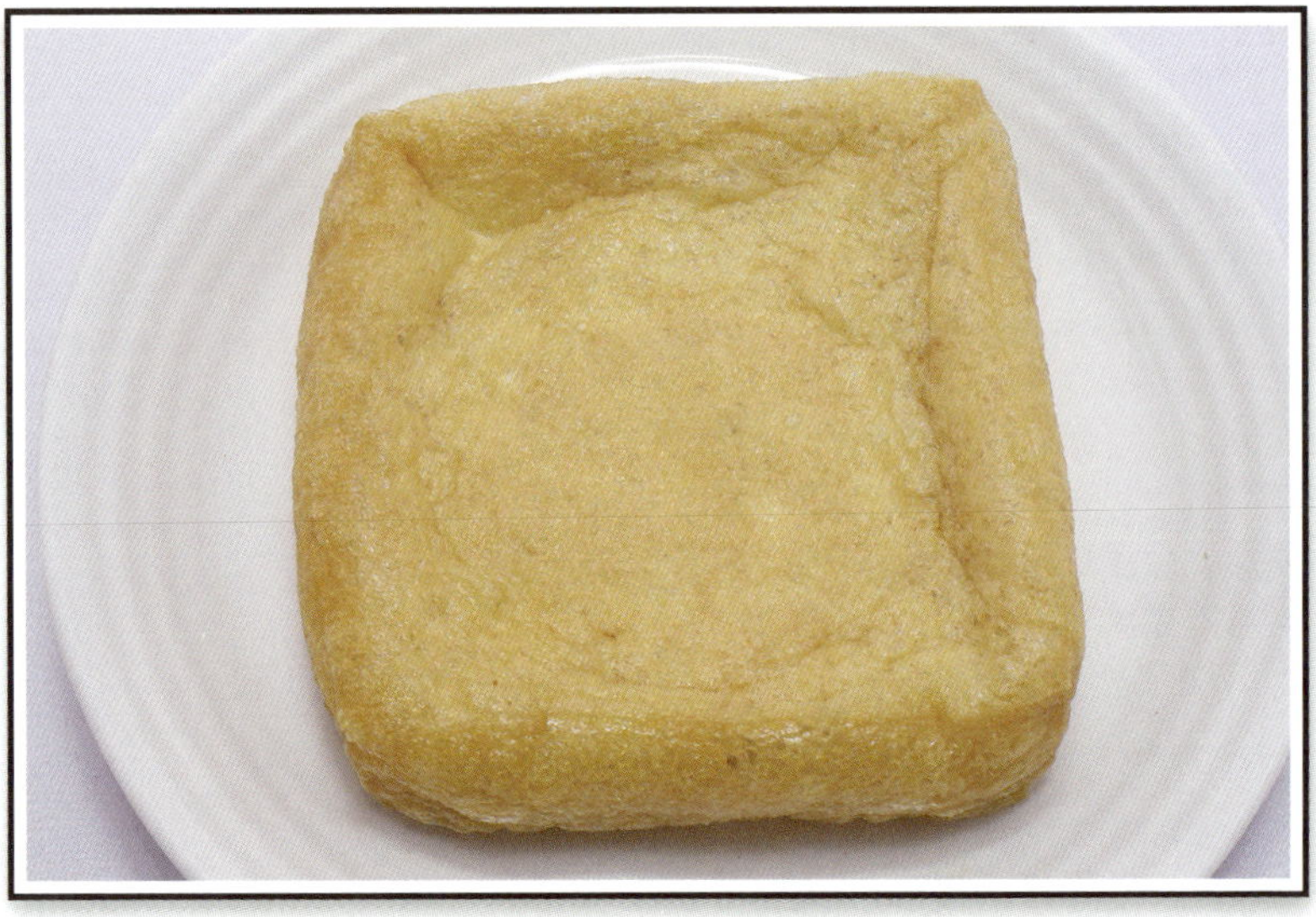

福井の油揚げ

油揚げは、一般的には平べったいものをイメージします。しかし福井の油揚げは厚揚げのように厚く、大きいのです。３㎝くらい厚みがあるため、外はかりっと香ばしく、中はふわふわとした食感を楽しめます。

油揚げの老舗

大正14年から続いている「谷口屋」というお店があります。こだわりの原料を用いた油揚げは、県外のお客さんにも人気です。一枚に一時間を費やして揚げるというこだわりが見られます。揚げる様子は、まさに職人技です。

レストラン

谷口屋にはレストランもあります。できたてアツアツの油揚げを求めて、連日お客さんで賑わっています。油揚げをおかずにご飯を食べるのはとても新鮮で

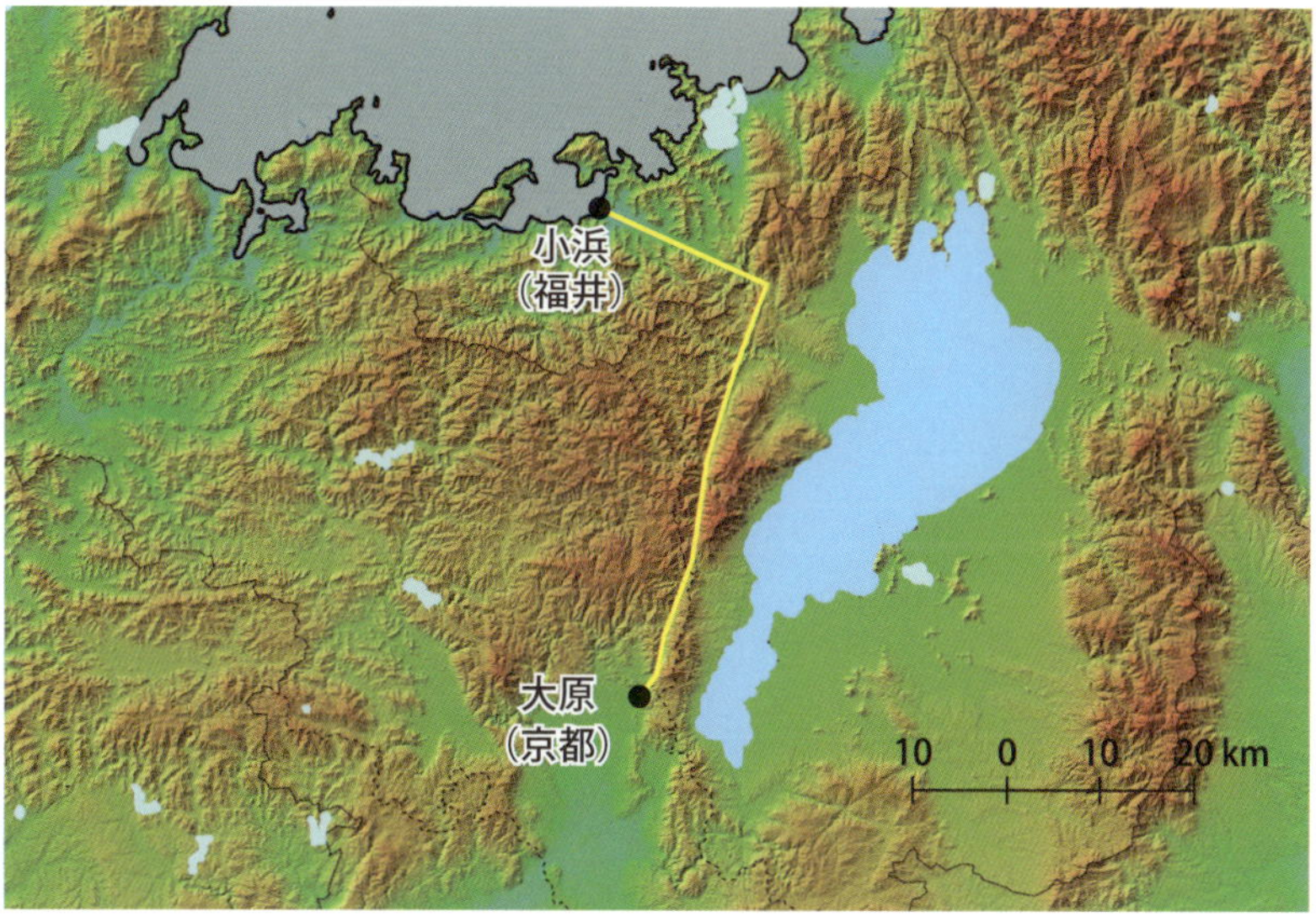

図 23 ● 鯖街道（地理院地図より作成）

すが、その相性の良さには驚きます。

スーパーの油揚げ

（ピアゴ丸岡店）

福井県のスーパーに行くと、他の県には見られない特徴があります。それは、油揚げ専用コーナーが設けられていることです。一般的な薄い油揚げから、福井県民の愛する厚い油揚げまで、ずらっと陳列されています（上写真）。

なぜ福井県で生まれた？

福井県の仏教文化

福井県の1世帯当たり油揚げ購入量は、全国1位を誇ります。京と鯖街道（図23）で結ばれていた福井県は京の影響を受けやすく、仏教文化が根付きました。鯖街道という名は、若狭が京の朝廷に食料を調達する国であり、おもに若狭湾で獲れた鯖を運んでいたことが由来でつけられました。「御食国《みけつくに》若狭と鯖街道」という名で日本遺産に登録されるほど、街道沿いには文化的に重要な遺産群が立ち並んでいます。

そのように鯖街道を通して交流が盛んだったわけですが、若狭から鯖を送り出して京に着く頃には、ちょうどよい塩加減になったということです。「京は遠ても十八里」という言葉から、福井県と京都の近さを感じます。

さて、仏教といえば精進料理で、肉の代わりのたんぱく源として大豆を用いた料理が食べられるようになりました。その一つが油揚げだったのです。古来から京との交流があり、さらに鎌倉時代には曹洞宗の大本山永平寺が建立されたため、仏教が日常に浸透し、精進料理も福井県民にとってはなれ親しい日常食として食べられるようになったのではないでしょうか。永平寺町には精進料理のお店が立ち並び、ゴマ豆腐なども福井県で有名なグルメの一つとなっています。

統計から見た福井県

現在、福井県は共働き率・3世代同居率が高いことから祖母が料理を振る舞うことが多く、昔ながらの料理として油揚げを出すことが多いため、消費量が多くなっているともいわれています。

その他の産物・グルメ

●浜焼き鯖（小浜市）

都（京都）には海がないため、都から比較的近い海である若狭湾で獲れた魚は、都へと盛んに運ばれました。中でもサバが多かったのはかつて若狭湾では豊富に獲れたためであり、若狭と都を結ぶ道は今も「鯖街道」と呼ばれています。都へ到着するまでにサバが傷んでしまうのを防ぐため、焼いてから運ぶ方法が生み出されました。京都で焼き鯖寿司が有名なのは、この鯖街道のおかげなのです。

●越前ガニ（沿岸部）

越前漁港や三国港などで水揚げされるオスのズワイガニを、越前ガニと呼んでブランド化しています。冷凍せずに生きたまま競りへ持ち込めるほど、漁場が港から近いことがおいしさの理由です。カニは水深 250 mを超える水域に生息しますが、越前海岸付近は急激に深さを増すため、陸地に比較的近い海域が漁場になるのです。また、漁場は、段々畑に似た地形になっていて、カニが生息しやすい状態にあります。普段私たちが越前ガニといって食べているものはオスのカニになります。メスのカニはこれよりずっと小さく、セイコガニと呼ばれます。身は小さいのですが、卵になる前の内子が身の中に詰まっており、濃厚なおいしさがあります。セイコガニは産卵期には禁漁となり保護されるため、食べられる期間が限られます。もし見つけたら、ぜひありがたく味わってみてください！

●羽二重餅

福井県の伝統的な特産品である絹織物の「羽二重《はぶたえ》」に見立てた餅菓子です。昼夜の乾湿差が少ない気候が絹織物の製造に向いていたこともあり、福井は江戸時代からその名を知られる絹織物の名産地でした。九頭竜《くずりゅう》川や日野川の流域に広がる平野部は水量と気温の適性に恵まれて稲作が盛んですが、羽二重餅づくりにおいて、県産米を使うというこだわりを貫いているお店もあります。

福井県

山梨県

煮貝

煮アワビ

アワビを醤油で煮つけたものなので、煮貝は煮アワビともいわれます。流通は江戸時代末期からとされており、アワビならではの食感とクセになる醤油味が甲州の人々をとりこにしてきました。

煮アワビの栄養

煮アワビは生のアワビに比べて、アミノ酸成分を多く含みます。特に旨み成分であるグルタミン酸の量が豊富です。薄切りにして、アワビの濃厚な味わいをお楽しみください。

おすすめの食べ方

アワビは野菜類と一緒に食べると、しゃきっとした野菜の食感とこきこきしたアワビの食感が混ざって絶妙です。また、アワビの旨みがにじみでたたまり醤油も、捨てずに料理に活用するとコクが出ます。

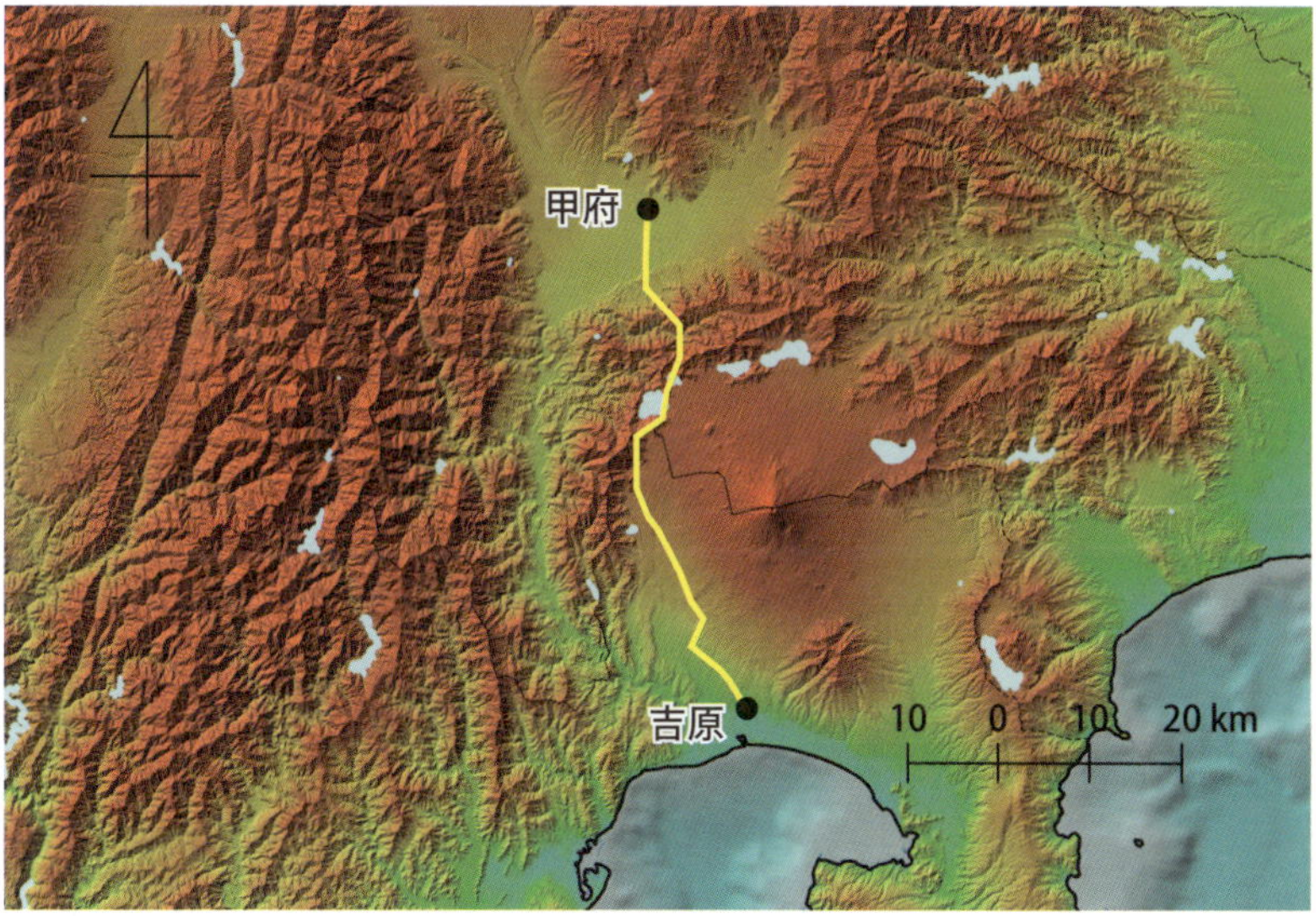

図 24 ● 中道往還（地理院地図より作成）

武田信玄称賛

煮アワビは甲斐の武将であった武田信玄も認めた味です。戦争中の保存食として重宝したり、来客のもてなしに使用したりと、かなりの煮アワビファンであったようです。

なぜ山梨県で生まれた？

海なし県

ご存知の通り、山梨県は「海なし県」です。よって、山梨県ではアワビは獲れません。それに加え、山梨県は四方を山々に囲まれており、新鮮な海産物を運び込むのも大変な地です。しかし、海から離れているからこそ煮アワビが誕生したのです。

こういう物語があります。駿河で獲れたアワビを醤油漬けにし、馬に乗せて甲斐まで運んだところ、馬の体温で温められて甲斐に着く頃にはちょうどいい塩梅で醤油がアワビに染み込んだ、と。平坦な道を速く行くのではなく、山道をゆっくり進むことでできあがった逸品です。

中道往還

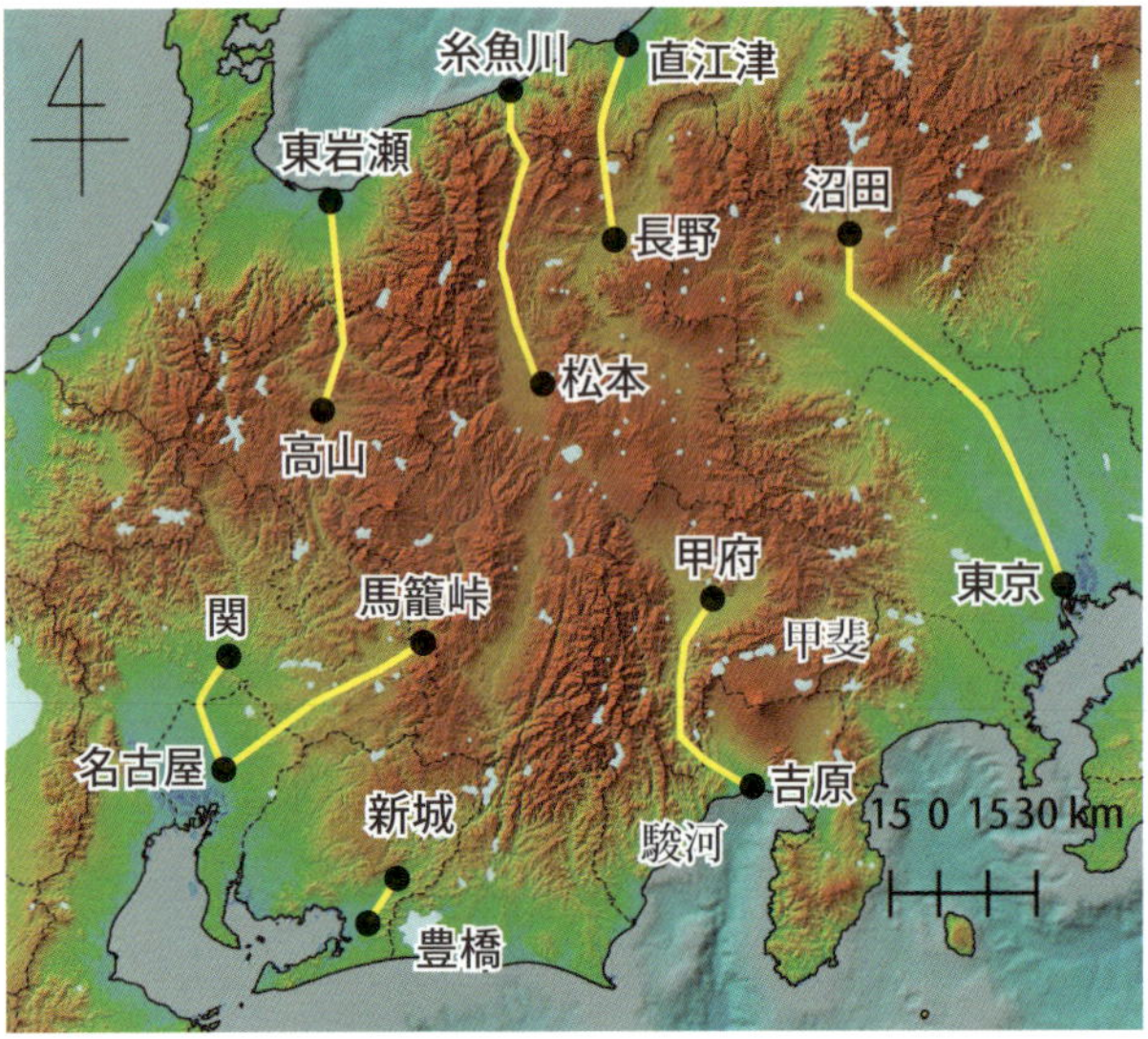

図25 ● 魚尻線（地理院地図より作成、点線は旧国境）

ゆっくりとはいえ、あまりにもゆっくりではさすがに腐ってしまいます。そこで重要になってくるのが中道往還《なかみちおうかん》という道です（図24）。これは甲斐と駿河を結ぶ最短ルートで、馬に乗れば駿河を出て1日半で甲斐に到達することができたそうです。標高が高いところを通るため夏場でも涼しく、生の海産物を運ぶのに適していました。

ところで、山梨県は海産物を好む土地柄であることをご存知でしょうか。1人当たりの寿司屋数が日本一、マグロの消費量が2位になったことがあるくらい、山梨県では海産物が人気です。それは昔から、この中道往還を通して駿河から魚が運ばれたからでしょう。海辺から内陸まで生魚を腐らせることなく運べる限界を「魚尻線《うおじりせん》」といい、甲府はちょうどその線上に位置します（図25）。そのため駿河からたくさんの海産物が運ばれてきました。アワビもその一つで、より鮮度が落ちないように工夫したものが煮アワビであったといえます。

その他の産物・グルメ

●ワイン（甲州市勝沼）

山梨県では甲府盆地を中心に、さまざまな果物が栽培されています。日照時間が長く、昼夜の気温差が大きい盆地特有の気候が、甘くておいしい果実を育てます。

勝沼では特にブドウが盛んに栽培され、日本でも有数のワインの産地です。勝沼には山麓の傾斜地が広がっているため日当たりがよく、また、その多くは扇状地であり、土壌に砂礫を含むことから水はけがよく、ブドウ栽培にとって必要な条件がそろっているのです。

●せいだのたまじ（上野原市棡原）

せいだのたまじは「ジャガイモの特に小粒のもの」というような意味です。上野原市棡原《ゆずりはら》地区は険しい山々に囲まれ、傾斜がきつくて水田に向かない土地ばかりだったため、江戸時代からジャガイモが栽培されてきました。

当時、ジャガイモ栽培を地域に広めたのは中井清太夫という代官です。それによって村人を飢饉から救ったことから、ジャガイモを「清太（せいだ）芋」と呼ぶようになったということです。

●めまき（富士河口湖町）

河口湖で獲れるワカサギなどの小魚をアラメ（海藻）で巻いて煮込んだ料理です。めまきが三角形なのは富士山を模していて、富士山への信仰心と富士登山の安全を祈る思いが込められているからだといわれています。

河口地区は江戸時代から富士山信仰の拠点としてにぎわい、多くの道者が訪れていました。めまきは道者をもてなす料理のひとつで、保存性に長けているため、富士登山者は携行して食べたそうです。

●鳴沢菜料理（鳴沢村）

鳴沢菜はカブナの一種です。富士山麓ならではの水はけの良い火山灰土に澄んだ伏流水、そして冷涼な気候によって育まれます。

干した鳴沢菜は冬を越すための食べ物として重宝され、漬け物にするだけでなく、水で戻して鳴沢の郷土料理「ちちんぴお」（「すいとん」のこと）にも入れて食べました。

●ほうとう

山梨県の山間部は平坦地が少ないなど稲作に向いていない地域であるため、おもに養蚕によって生計を立て、麦などを食べて暮らしていました。麦からつくった麺と季節の野菜などを味噌煮込みにしたものが、ほうとうに発展したと考えられます。

山梨県

長野県

角寒天

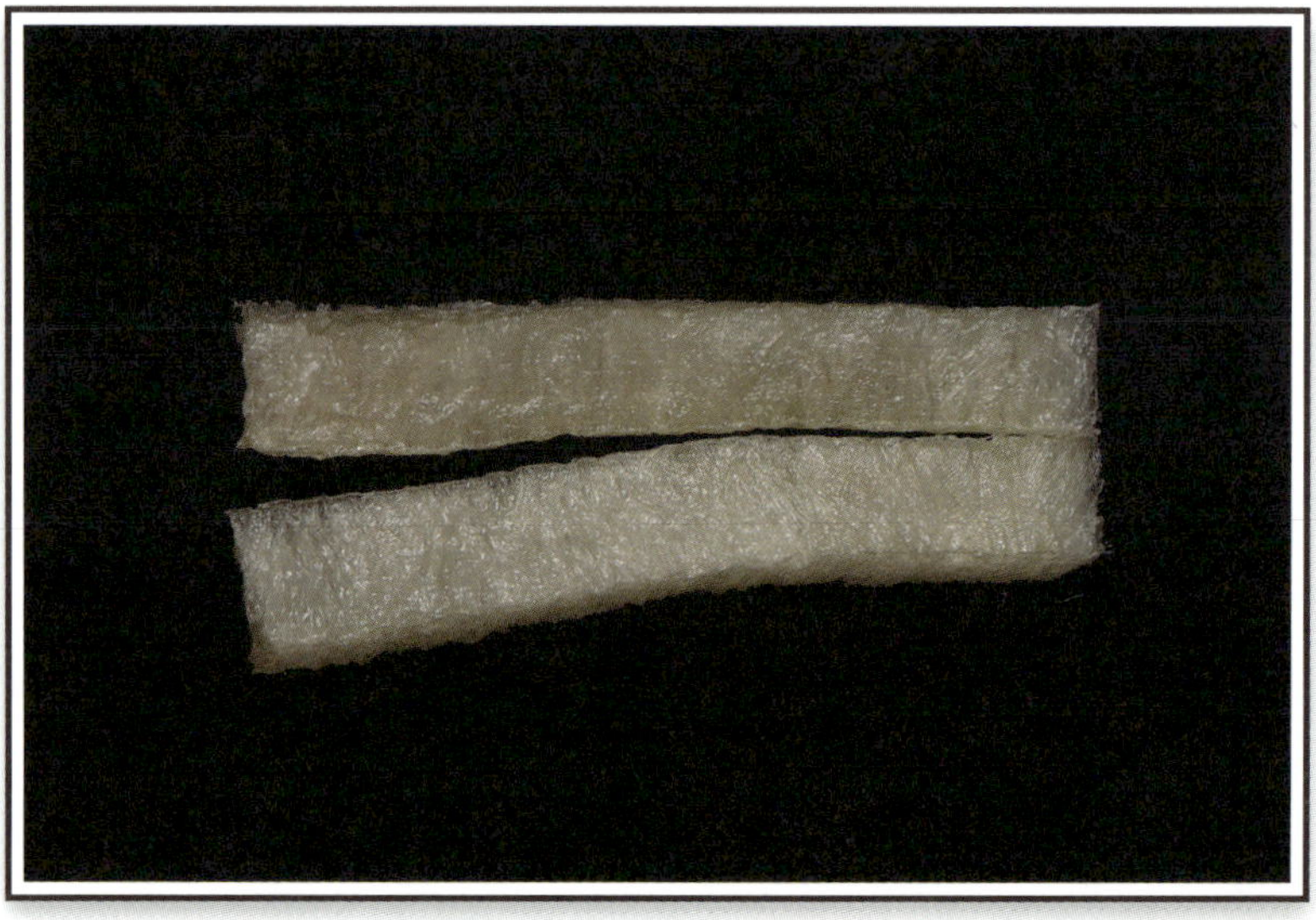

天然の角寒天

天然の角寒天がつくられているのは、世界的に見ても珍しいことです。諏訪地域ではおよそ300年も前から、自然の気候を利用したフリーズドライ製法が用いられています。先人の知恵はすごいものです。

粉寒天

寒天を買う時、多くの方は粉寒天を選択するかと思います。しかし、粉寒天が工業生産されるようになると、角寒天の需要がだんだんと減っていき、角寒天をつくる寒天農家の数はかつての約８分の１になってしまいました。

寒天の栄養

寒天は食物繊維の含有量が食品の中で最も多くなっています。食物繊維は糖尿病・コレステロール値低下に役立ちます。また、添加物が使われていない自然食品なので、安心して食べることができます。

幅広い用途

寒天はさまざまな料理に使えます。たとえば、ハンバーグのつなぎとして活躍します。ちょっとの工夫で普段の料理に寒天をプラスして、健康的な食事を楽しみたいですね。

なぜ長野県で生まれた？

天然角寒天ができるまで

角寒天はテングサとオゴノリという海藻からつくられます。これらは長野では採れないため、馬で伊豆から運んでいました。海藻を煮詰めて固めたものが生天《なまてん》と呼ばれ、日持ちがするように生天を乾燥させたものが角寒天となります。どこが「天然」なのかというと、乾燥させるのに機械を使わず、内陸性盆地気候を利用している点です。諏訪盆地では夜間はかなり冷え込みますが、雪はあまり降らず空気が乾燥しています。また日中は朗らかな天気が多く、日照時間は短めです。この気候を利用し、夜の冷え込みで生天を凍らせ、日中の弱い日差しで氷を解かし、乾燥させます。2週間ほど屋外に干さないと角寒天はできないので、夜の冷え込みと日中の適度な日差しが何日間か継続しないと成り立ちません。

ちなみに、天突きして細くなった生天が、皆さんおなじみのところてんです。それを乾燥させたものが細寒天となります。細寒天の方が水分が抜けるまでの時間が短くて済むため、角寒天に比べて短

寒天干し（写真提供：小池隆夫氏）

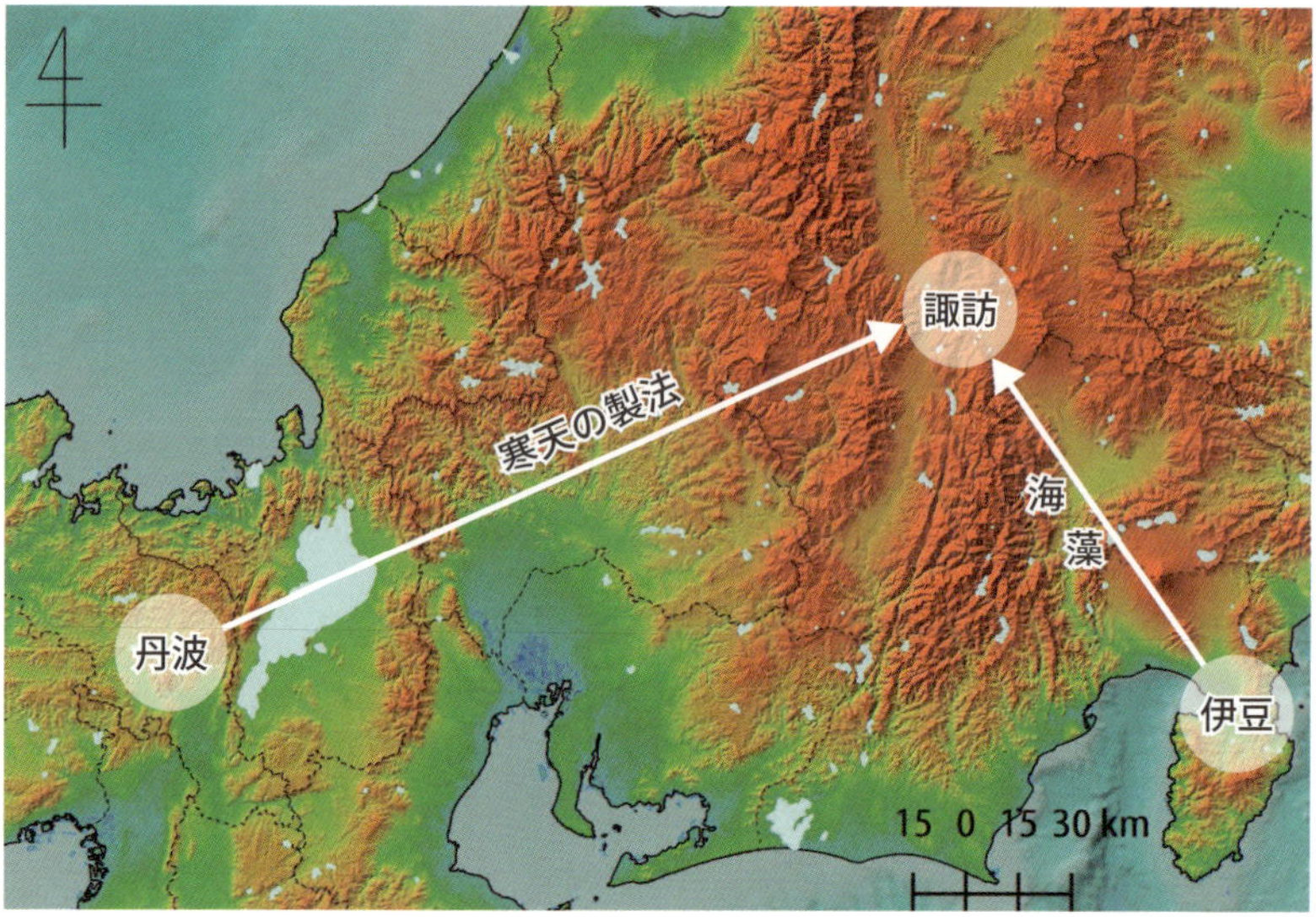

図26 ● 丹波・伊豆から諏訪（地理院地図より作成）

い日数でつくれます。しかし、諏訪地域は生天でも乾燥させられるだけの日数を十分に確保することができたため、細寒天ではなく角寒天なのでしょう。諏訪はそれほど寒天づくりに適しているといえます。

しかし、近年は温暖化の影響で、寒天干しをできる日数が減ってきているようです。また、寒天干しは田んぼで行われるのですが、宅地化により干す場所も限られてきてしまっています。

寒天の発祥

天然寒天の発祥の地は諏訪ではなく、京都伏見で、そこから丹波地方に広まりました。江戸時代、諏訪から丹波に行った人が、諏訪と丹波の気候が似ていることを発見し、諏訪に製法を持ち帰ってきたようです（図26）。

寒天の製法を思いついた人もすごいですが、自分の故郷と気候が似ているところに目をつけた人もすごいですね。

その他の産物・グルメ

●信州そば

「信州そば」は、長野県でつくられるそばの総称です。山地が多く土壌がやせ気味で、気候も寒冷なため、長野県は稲作にはあまり向かない地域ですが、逆に、やせた荒地は水はけがよく、また、昼夜の気温差が大きいことも、ソバの栽培にとっては適した環境といえます。戸隠や乗鞍などの名産地が全国に知られています。

「戸隠そば」や信濃町黒姫山麓一帯に育つソバは「霧下そば」と呼ばれています。霧の発生する高冷地の地形的条件を利用してつくられることに、その名は由来します。

信州そばに欠かせないワサビの生産量は長野県が日本一です。きれいな湧水が豊富に得られる安曇野市がおもな産地となっています。

●おやき（北信地方）

山がちな地形で雪の多いことから稲の収量が十分に望めないため、山間部では小麦が栽培されました。そんな中、おやきなどの小麦粉食文化が形成されていきました。

おやきのつくり方は地域によって違いがあります。たとえば善光寺平では商売人が多い土地柄からか、手間なく簡単にできる「蒸かしおやき」がよくつくられるようです。

●すんき漬け（木曽地方）

赤カブの葉を乳酸発酵させた、木曽地方の伝統的な無塩の漬け物です。山間の木曽では塩は貴重品だったため、塩を使わない独自の漬け物がつくり出されたと考えられます。

発祥の地とされる木曽町の開田高原や王滝村は標高が高く、冷え込みの厳しいところです。赤カブにとってこの寒さが大事で、収穫前に霜にあたった赤カブでつくると、おいしいすんき漬けになるといわれています。

●鯉こく

四方を山に囲まれた長野県ではきれいな水が豊富に得られることもあり、県内各地でコイの養殖が古くから行われています。中でも佐久地域は養殖鯉の産地として有名で、千曲水系の良質な水によって川魚独特の臭みが取れ、身の締まった鯉ができます。

鯉こくには、同じく長野県特産の信州みそが使われることもあります。鯉は貴重なタンパク源のご馳走でした。そのため現在でも法事・慶事の席などで振る舞われています。

●干し柿（伊那地方）

市田柿は下伊那郡高森町の市田地域が発祥とされる渋柿です。「伊那谷」と呼ばれる谷間に位置する伊那地方は１日の寒暖差が大きいため、柿は糖度が高まります。また、晩秋から初冬にかけて天竜川から発生する川霧が適度な湿気を柿に与え、じっくりと干し柿がつくられていくことで、市田柿ならではのもっちりとした食感をもたらすのです。

岐阜県

栗きんとん

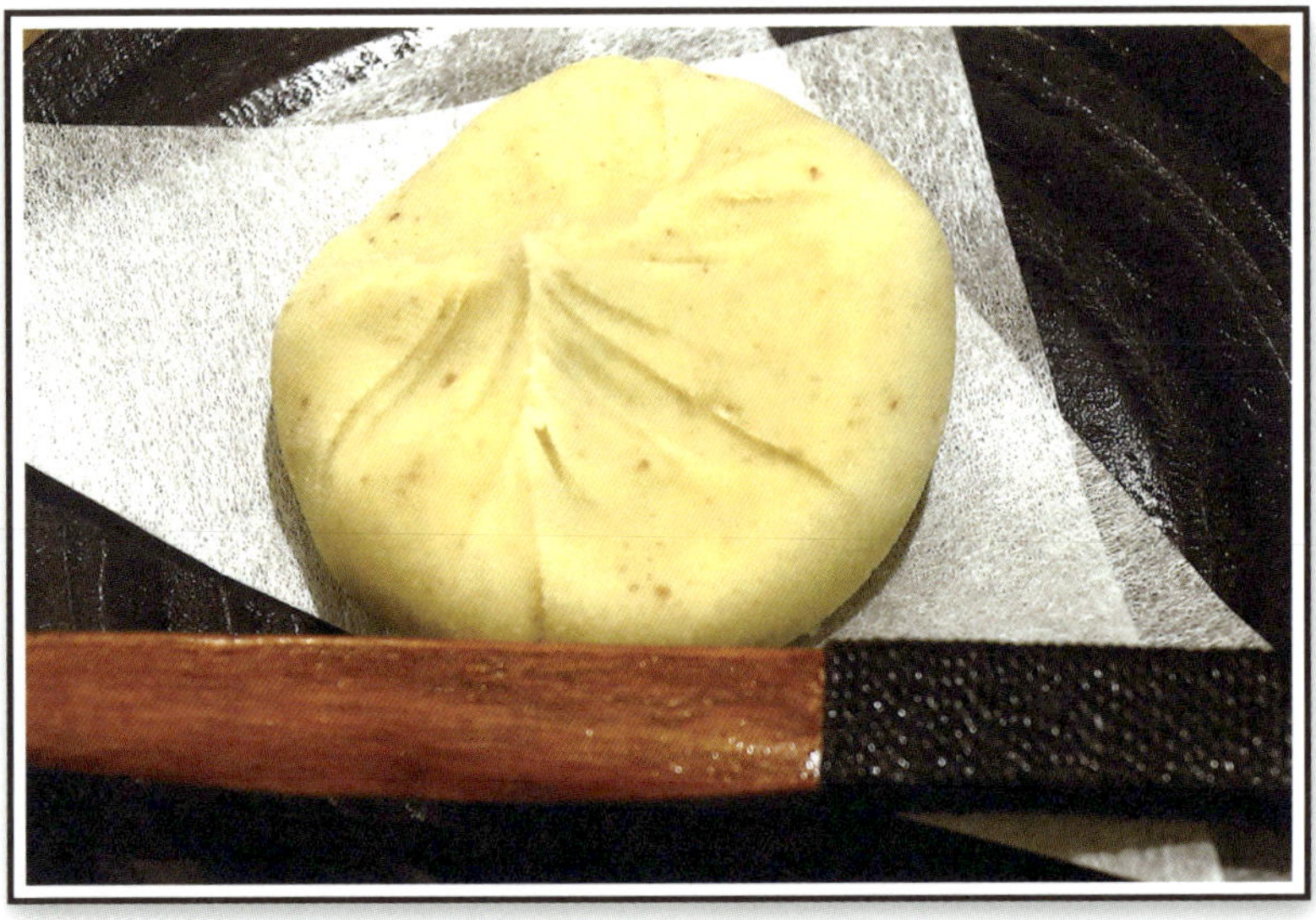

栗きんとん発祥の地

いまや全国的に有名な栗きんとん。その発祥は岐阜県の中津川であるとされています。JR中津川駅前のロータリーには「栗きんとん発祥の地」の碑が置かれており、9月9日にはそこで栗きんとんの無料配布が行われています。

栗きんとんの作り方

鬼皮がついたままの栗を茹で、熱いうちに中身を取り出します。その後マッシャーなどで潰し、お砂糖を加えて茶巾絞りにしたら完成です。おせちの栗きんとんは栗がゴロゴロ入っているものも多いですが、それとは別物です。シンプルな原材料ゆえ、日持ちがしない、繊細なお菓子です。丁寧に裏ごしされているため、滑らかな舌触りがたまりません。

季節商品

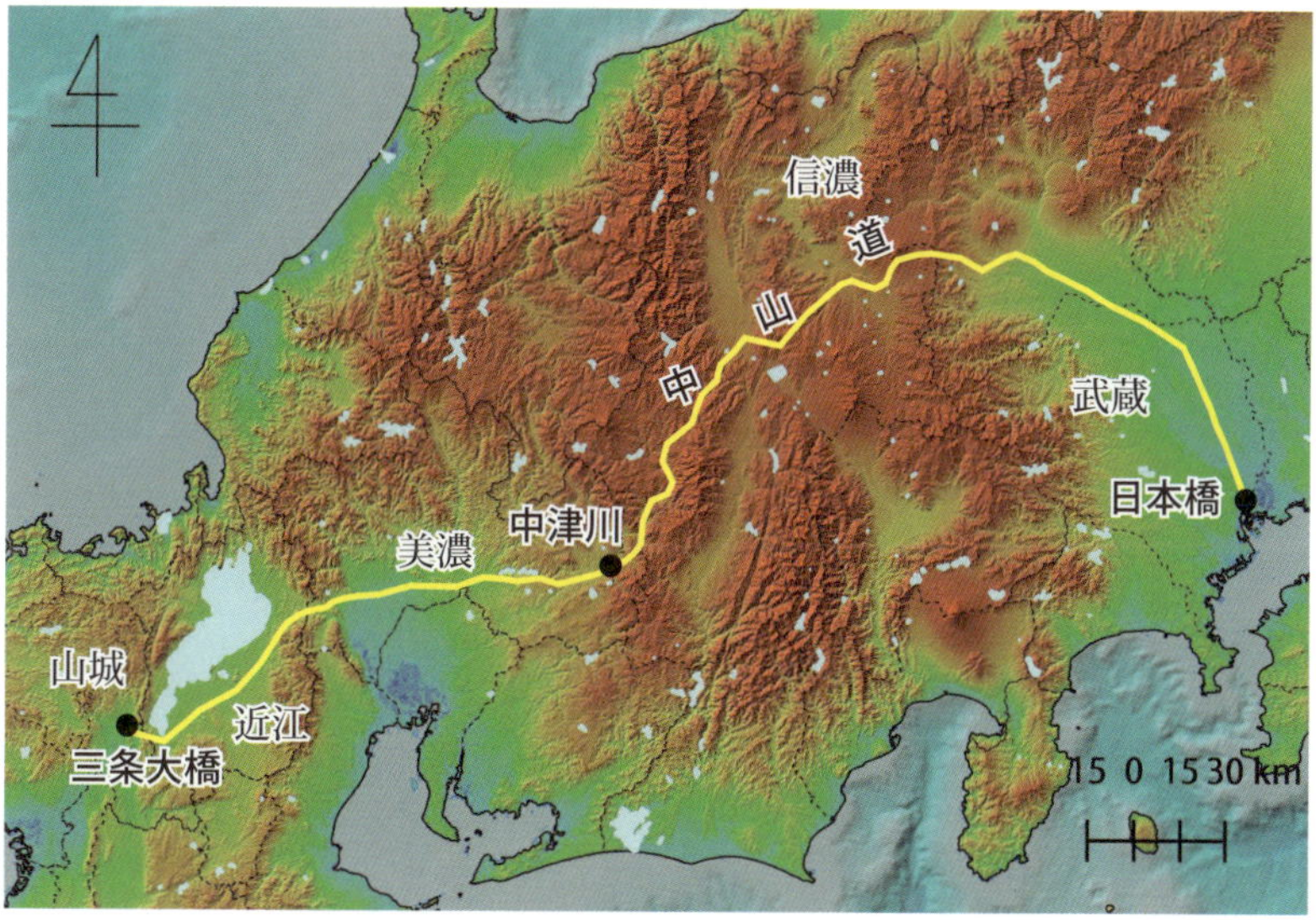

図 27 ● 中津川宿（地理院地図より作成、点線は旧国境）

栗きんとんはいつでも手に入るもの、というイメージが強いかと思いますが、中津川の栗きんとんは９月頃から翌年１月にかけてのみの季節限定販売です。そのため、９月には栗きんとんを待ちわびていた人たちが全国から集まってきます。

干柿とのコラボレーション

毎年11月頃、多くのお店では干柿で包まれた栗きんとんが販売されます。この柿は南信州を代表する「市田柿」という柿で、地域の産品が見事にマッチしたものとなっています。各店舗のネーミングセンスも絶妙です。

なぜ岐阜県で生まれた?

自然の恵み

中津川は日本百名山の一つである恵那山の麓に位置し、山の幸を用いた食文化が発達しました。その幸の一つが栗です。中津川は恵那山から流れるきれいな水が得られ、また栗が生育するのに適した気候でした。そのため、この地域では昔から栗を茹でたり焼いたりして食べており、江戸時代には栗を用いた料理が名物になっていたようです。やがて砂糖が普及して生まれたのが栗きんとん。これが商品化されたのは明治頃だといわれています。

しかし、なぜ栗きんとんなのでしょうか。栗を使った食べ物は他にもたくさんあるはずです。これには、中津川の地理的な位置が関係しています。

東濃随一の宿

中津川には中山道が通っており、中津川宿は文化・経済の中心地として「東濃随一の宿」といわれるほどのにぎわいを見せた交通の要衝でした（図27）。現在の東京と京都のちょうど真ん中あたりに位置するこの宿には、京や江戸の文化が入り込んできました。そのため、東西文化の影響を受けつつも独自の文化が発達し、粋な文人たちが多くいたのです。そんな粋人のたしなみであった茶の湯が、栗きんとんの発祥に大きく関わりました。

茶の湯をするときに欲しくなるのはお茶菓子です。これは今も昔も変わりませんね。茶の湯が発達した中津川では、職人がお茶の味を引き立てるようなお菓子の発明に取り掛かりました。その結果生まれたのが、栗きんとんです。材料は栗と砂糖のみでシンプルながらも存在感があり、かといって自己主張の激しくないお菓子が誕生しました。栗羊羹など、栗を用いたお菓子は他にも存在しますが、栗の味わいを最も感じられるものとしては栗きんとんが一番良いのだと思います。

山との距離が近く、江戸・京とは程よい距離感にあった中津川。栗きんとんの誕生には、この二つの条件が必要だったのですね。

その他の産物・グルメ

●鮎料理（長良川流域）

アユは岐阜では「県の魚」に制定されている魚で、清流・長良川を象徴する存在です。長良川は流れが澄んでいるため川底に良いコケがたくさん育ち、アユが棲みやすい環境が保たれています。伝統のアユ漁「鵜飼」が今なお残り、塩焼きやなれ寿司、鮎ご飯など、さまざまな料理で味わえます。

●へぼ料理（東濃地方）

「へぼ」はクロスズメバチの幼虫のことです。東濃は海が遠いため、魚に代わるタンパク源として、へぼやイナゴなど昆虫を食べる食文化があります。

甘露煮にしたり、ご飯に炊き込んだり、朴葉《ほおば》寿司や箱寿司の具にしたり、味噌だれと混ぜ合わせて五平餅につけたり、へぼの食べ方は実に多彩です。朴葉寿司や箱寿司、五平餅はへぼとの相性の良い、地域の伝統食です。

●漬け物ステーキ（飛騨地方）

高い山々に囲まれた内陸の飛騨の冬は厳しく、冬に食べられる野菜といえば漬け物でした。寒さで凍ってしまった漬け物を朴葉にのせて囲炉裏で解かして食べていたものが、いつしか焼く料理へと発展したといわれます。

飛騨には、漬け物を煮て食べる「煮たくもじ」という料理もあります。

●玉みそ（関市）

関市武儀《むぎ》地域に古くから伝わる保存食です。蒸した大豆をつぶして丸めたら冬の寒風で３カ月ほど乾燥させ、しょうゆと米麹に数カ月以上漬け込んでつくります。岐阜県には朴葉味噌などの名物もあり、東海地方の味噌文化圏の中に入っていることがうかがえます。

●朴葉みそ

ホオノキの葉である朴葉は大きく、抗菌作用があるため、皿として使われたり、食べ物を包むのに使われたりしてきました。飛騨地方の山林にはホオノキが多く自生しています。

静岡県

うなぎ料理

うなぎの養殖

静岡県にある浜名湖地域では、うなぎの養殖が盛んです。浜名湖で養殖しているわけではなく、湖周辺に人工池を造り、養殖をしています。人工池でのうなぎの養殖はここが初めてで、明治24年に造成されたのがきっかけです。昭和になると生産量も安定し、現在に至るまで浜名湖のうなぎは人気を誇っています。

うなぎの蒲焼

うなぎの蒲焼と各店の秘伝ダレのおいしさは、いつ味わっても格別なものです。うなぎの蒲焼には関東風と関西風の2種類があり、食感が違います。浜名湖は東京と大阪の中間に位置するため、両方の蒲焼を味わえます。好みのタレ探しと食べ比べを兼ねて、色々なお店を回ってみてください。

うなぎの旬

至諏訪湖

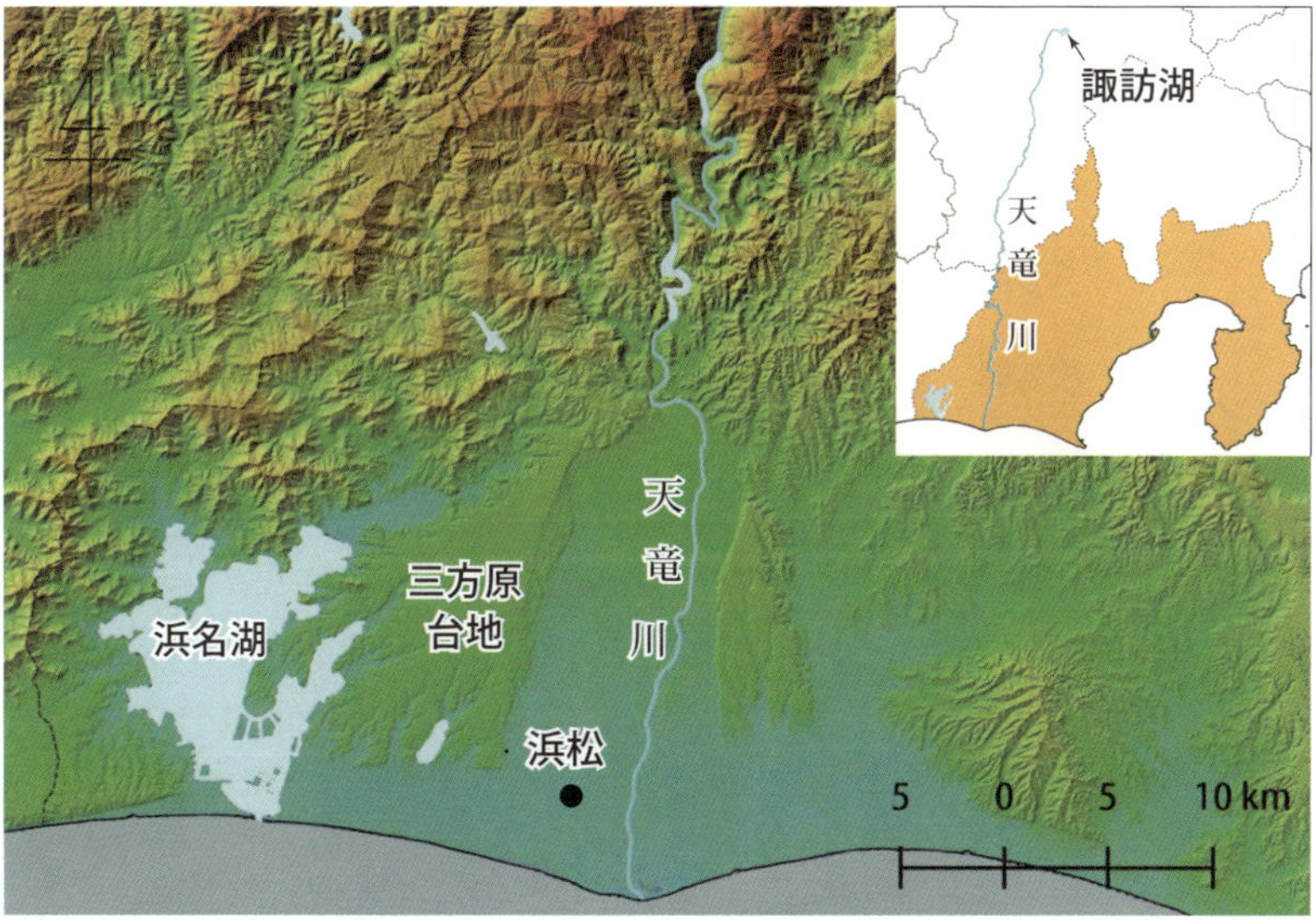

図 28 ● うなぎの養殖に適した浜名湖周辺の地形（地理院地図より作成）

うなぎは土用の丑の日が有名ですね。夏バテしかけているところを、うなぎに助けてもらった人も多いかもしれません。しかし、じつは旬は秋なのです。秋は冬眠に備えた栄養分がたっぷりとあり、脂が一番のっている時期です。

「浜松のうなぎ」

この名前で、環境省の「かおり風景100選」に登録されています。街や地域によって異なるにおいに、人々は印象づけられます。そんなかおり風景を守る人々を応援するためにこの制度がつくられました。

なぜ静岡県で生まれた？

浜名湖での養殖

養殖は養殖池さえつくればどこでもできるというわけではありません。その地域の自然環境や水質など、さまざまな条件がそろってこそ質のいい魚を育てることができるのです。

浜名湖でうなぎの養殖が盛んになった理由の一つ目は、年間平均気温が比較的高いことです。うなぎは水温が10℃以下になると餌を食べなくなってしまうそうです。

二つ目の理由は、浜名湖にシラスウナギがたくさん生息していたことです。シラスウナギはうなぎの稚魚で、12月から4月にかけ、黒潮にのってグアム島辺りの海域から日本にやってきます。自然資源であるシラスウナギに好まれる環境が浜名湖にあったからこそ、うなぎを養殖することができたのです。

三つ目の理由は、地下水に恵まれていたことです。地下400mからくみ上げる地下水にはミネラルが豊富に含まれており、うなぎの養殖に適していました。地下水は三方原《みかたがはら》台地から供給されます。この台地はかつて天竜川の扇状地が隆起して形成されたものです（図28）。

四つ目の理由は、東海道の中間地点であったことです。大消費地である東京や大阪と鉄道でつながっていたことが、「浜名湖のうなぎ」というブランドを獲得できた要因の一つでもあるでしょう。

五つ目の理由は、エサが豊富にあったことです。浜名湖沿岸や奥三河、さらに天竜川上流の諏訪湖周辺などの養蚕が発達していた地域では、サナギの処理に困っていました。そこでサナギをうなぎの餌にし、養蚕地側の処理問題と、養殖地側の大量に必要な餌の問題を解決しました。大量に安く餌を調達できたことが、養殖成功の鍵でした。

このように、浜名湖にはうなぎに適した環境がそろっており、養殖が盛んになったのも納得がいきます。

ちなみに今では有名な静岡のお菓子「うなぎパイ」ですが、浜松といえばうなぎ、という知名度の高さに目をつけて、うなぎに似せた細長い形状、うなぎの蒲焼風にタレを塗ったパイを編み出したそうです。

その他の産物・グルメ

●静岡おでん（静岡市周辺）

清水港や焼津港など大きな漁港が多い静岡県では水産加工業が発達し、おでんの具となる練り物が生産されています。

だしを取ったり、おでんにふりかけたりして、静岡おでんには鰹節が使われます。現在のような鰹節の発祥地は土佐（高知県）で、それが海を渡って伊豆へ伝わり、やがて駿河に入ってきたといわれています。今では焼津が全国屈指の鰹節の生産地となっています。

●魚介の干物（伊豆半島）

三方で海に接する伊豆半島の各港では、黒潮分岐流にのってやってくるさまざまな魚介類が水揚げされます。アジやキンメダイなどの干物はお土産としても人気ですが、港町に吹く潮風と、穏やかな気候のもとでの天日干しにより、旨みの詰まった干物ができあがります。

●サクラエビのかき揚げ
（静岡市清水区由比など駿河湾沿岸）

サクラエビは日中には水深 200 m程度の深海にいますが、夜には数十mまで浮上してくる習性があります。駿河湾はそうした生態に適した地形であり、さらに、富士川や安倍川など多くの河川が流れ込むため、餌となるプランクトンが豊富であることからサクラエビの生息地となっています。なお、国内でサクラエビが水揚げされるのは駿河湾だけです。

●茶

静岡県は日本一の茶どころであり、県内各地に産地が分布しています。温暖な気候と適度な寒暖差、排水性に優れた土壌など、もともと静岡は自然環境に恵まれていました。さらに、明治の開国とともに茶が主要な輸出品となると、横浜港に比較的近い静岡では茶の生産がますます盛んになりました。

●焼きそば（富士宮市）

まだ国中が貧しかった戦後間もない頃から、安くて手軽に食べられる料理として、市内に当時多かった製糸工場で働く女子工員や子どもたちにも親しまれてきました。富士山の湧水や高原キャベツなど地元ゆかりの原材料が使われていて、今ではご当地グルメとして全国から注目を集めるまでになりました。静岡おでんと同様に、仕上げに削り粉をかけるのも、地域の産品を活かしているといえます。

愛知県

味噌煮込みうどん

硬い麺

味噌煮込みうどんの麺は塩を使わずにつくられているため、煮込んでも硬めです。そのため、初めて食べる人の多くはその独特な食感に驚きます。上にのせる具材は特に決まっていませんが、月見卵をのせると味がまろやかになるのでおすすめです。

家庭料理

もともとは家庭料理として定着した味噌煮込みうどんですが、明治時代からはお店でも販売されるようになりました。これは、工場で働いていた人たちが、昼食を給食ではなく外で食べるようになったからだと推測されています。

土鍋で提供

味噌煮込みうどんのほとんどは一人用の土鍋で調理され、そのままお客さんに提供されます。金属製の鍋よりも熱の伝わりは遅いですが、その分アツアツの状態が長く続きます。焦って食べてやけどをしないように気を付けなければなりませんね。

八丁味噌

色の濃いスープには八丁味噌が使われています。八丁味噌は豆味噌の一つで、愛知県にある2軒の老舗でのみつくられています。一般的に味噌は煮込むと風味が逃げるとされていますが、豆味噌は逆に煮込むことで風味が増し、おいしくなるそうです。

図29 ● 風が吹くプロセス（夏）

なぜ愛知県で生まれた？

豆味噌

豆味噌は大豆・食塩・水だけでつくられるお味噌で、愛知県ではこれが主流になっています。お味噌には豆味噌のほかに米味噌や麦味噌がありますが、なぜ愛知県では大豆を原料としたお味噌がつくられるようになったのでしょうか。味噌の原型とみなされるほど歴史のある豆味噌が、今でもこの土地に根付いているということには、何らかの理由があるはずです。

愛知県の気候を考えてみましょう。愛知県はいわゆる太平洋側気候に属し、夏は高温多湿になります。太平洋で高気圧が発生すると、シベリアの低気圧の方へと空気が流れます（図29）。太平洋（高気圧）からの暖かくて湿った風が日本に吹いてきて、太平洋側にある愛知県はその影響を受けやすくなっています。カラッとした晴天ではなく、じめじめとした蒸し暑さが特徴です。

さて、そんな蒸し暑い夏場では、細菌の活動が活発化して食べ物が腐りやすくなります。この時期になると必ずといっていいほど、ニュースでも食中毒について取り上げられますね。味噌にも同じことがいえます。いくら保存食品とはいえ、高温多湿など

図30 ● 矢作川

ころでは味噌に含まれる脂肪類の酸化によりすっぱくなる、「酸敗」という現象が起こります。そこで活躍するのが豆味噌です。豆味噌は他のお味噌に比べて少ない水分量で仕込むことができるため、高温多湿に強く、長期保存ができるお味噌として重宝されてきたのです。夏に蒸し暑くなる地域だからこそ生まれたお味噌です。

八丁味噌

八丁味噌の歴史は江戸時代まで遡り、現在は岡崎市八帖町で製造されています。ここは昔八丁村と呼ばれ、その由来は岡崎城から西へ八丁のところに位置していたことにあります。もしお城との距離が七丁だったら七丁味噌、九丁だったら九丁味噌になっていたかもしれないと考えると面白いですね。

お味噌をつくろうと思っても、原料がなければつくることができません。八丁村には必要な原料がそろっていたのです。まず、矢作《やはぎ》大豆と呼ばれる大豆の生産がここで盛んに行われていました。この大豆は今でも生産されています。そして塩は矢作川の水運を用いて吉良地方から入手が可能でした（図30）。また、この辺りは水が湧き出しており、良質な天然水が得られました。

このように、八丁村が大豆・塩・水の三つを使用できる場であったのに加え、東海道が通る交通の要衝であったことも重要です。舟運・陸運を両方利用できたため、原材料の調達だけではなく味噌の出荷もすることができました。また、人がたくさん通ればそれだけ八丁味噌の名も広まります。現在でいう「口コミ」効果で、八丁味噌はこれだけ有名になったのでしょう。

愛知県の気候から生まれた豆味噌、そしてその一つである八丁味噌は、八丁村に必要な原料がそろっていたからこそつくることができたのですね。

その他の産物・グルメ

菜飯（三河地方）

渥美半島では土壌との相性の良さもあって昔はダイコンが盛んに栽培され、冬には乾いた季節風が吹くため、たくあん用の干し大根がつくられていました。菜飯は、余ってしまうダイコンの葉を有効活用したものです。

豆腐田楽とともに食べる「菜飯田楽」も、豊橋市や蒲郡市一帯の郷土料理です。

タコ料理（日間賀島、篠島など）

三河湾や知多湾、伊勢湾では矢作川や豊川などから流れ込む豊富な養分により、多くの命が育まれます。この海域では小魚や貝などを餌とするさまざまなタコが獲れ、日間賀島や篠島ではタコ料理が名物となっています。

かりもりの漬け物（尾張地方）

かりもりは、シロウリの一種を未熟なうちに収穫したもので、粕漬けをはじめとする漬け物によく利用されています。木曽川・長良川・揖斐《いび》川の木曽三川が流れ、平坦で肥沃な濃尾平野では稲作が盛んでした。水気を蓄えた休耕田はウリと相性が良いことから、昭和 30 年代以降、栽培農家が増えていきました。

喫茶店のモーニングサービス

コメダ珈琲店のモーニングサービス

愛知県や岐阜県でよくある「喫茶店のモーニング」は、一宮市から始まったとされています。一宮は平安時代から続くともいわれる繊維産業で栄えた町です。戦後の最盛期、業者たちは機械音で騒々しい工場ではなく、喫茶店に場所を移して商談や打合せを行っていました。そうした常連客へのサービスとして喫茶店がモーニングサービスを提供するようになり、それが名古屋や隣県の岐阜にも広まっていきました。

ひつまぶし（名古屋市）

名古屋を代表する料理の一つですが、その発祥には諸説あります。愛知県は全国有数のウナギ生産量を誇ります。その要因として、気候が温暖なため稚魚が地元で獲れることのほか、西尾市一色地区では養鰻池の水を矢作川から取るなどしていて、良質な水環境でウナギを養殖できることなどが挙げられます。

三重県

さんまずし

さんまずし

さんまずしは東紀州の郷土料理ですが、東紀州の中でもさまざまなタイプがあります。押しずしタイプや巻きずしタイプ、またさんまの臭みを消すために使われる調味料も、和がらしであったり柑橘酢であったりします。

さんまずしの歴史

さんまずしは酢が用いられているため保存性がよく、もともとは家庭料理としてつくられていました。尾頭つきのものはおめでたいとされ、お正月や結婚式の時などにもつくられたそうです。ハレの日を祝うのにぴったりなお品です。

サンマの栄養

保存食の重要な要素の一つに栄養面が挙げられます。サンマには多種類のビタミンやカルシウム、血液

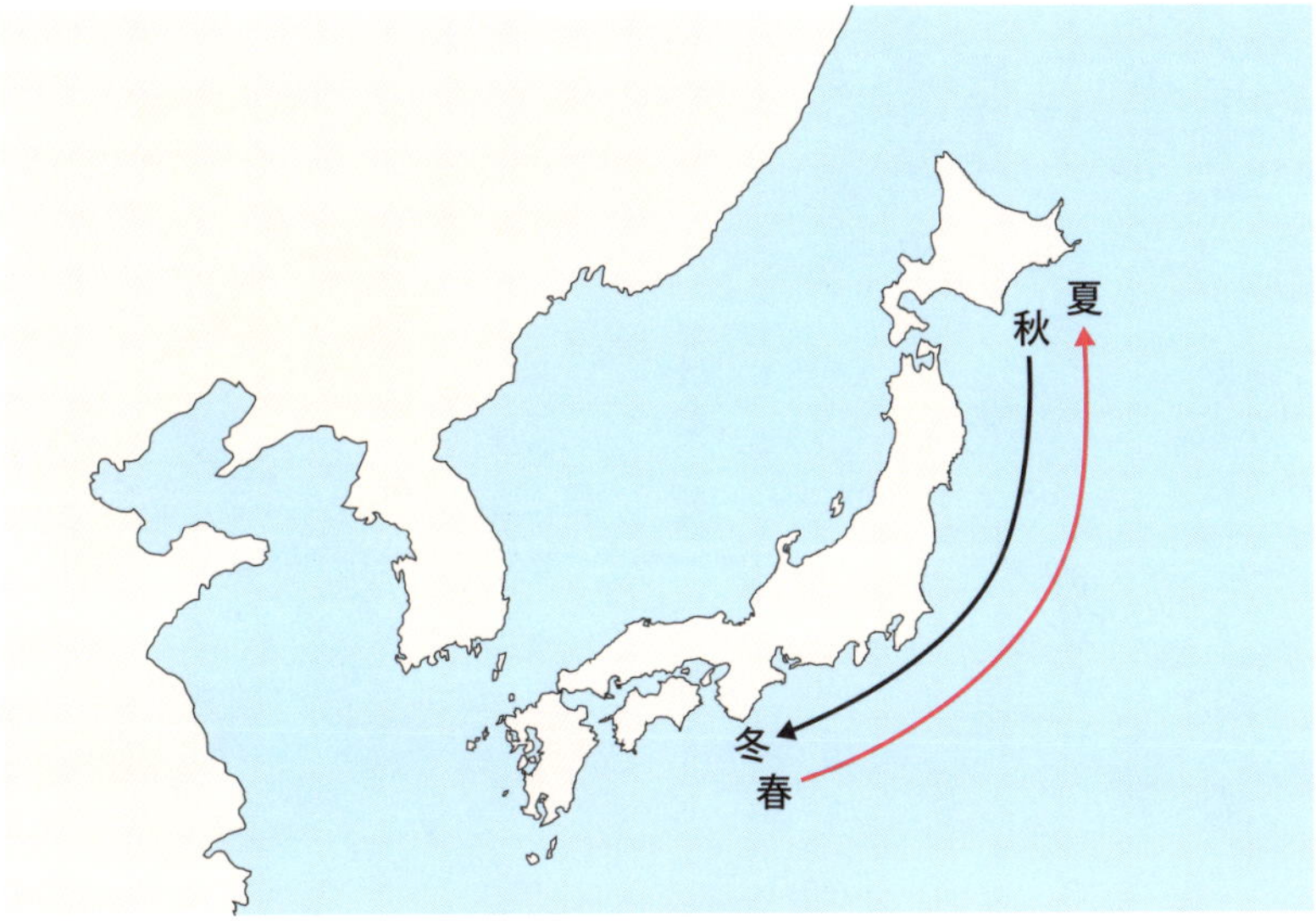

図 31 ● サンマ回遊ルート

がサラサラになるEPAなどが含まれており、保存食としての機能をきちんと果たしているといえます。

サンマの不漁

近年、三重県沖の熊野灘ではサンマの不漁に悩まされています。海流の変化により、沿岸部にサンマが近づきにくくなってしまったそうです。自然が相手ですが、私たちの食生活にも影響するため、他人事として捉えることはできません。

なぜ三重県で生まれた?

熊野灘のサンマ

さんまずしは東紀州の名物で、熊野灘で獲れた新鮮なサンマが使われていることが多いです。サンマというと、秋が旬で焼いているといい匂いがし、身は脂がのってぷりぷりしている……そんなイメージがある方もいらっしゃるかもしれません。しかし、さんまずしに使われるサンマは冬から春にかけて水揚げされるもので、身が引き締まっています。水温が上がるとサンマは水温の低い方へと北上し、北海道沖まで行きますが、夏が終わる頃には南下を始めるという回遊ルートのため、熊野灘に到達するのは冬頃になるのです（図31）。

　熊野灘は昔から黒潮が流れ込む好漁場として知られていました。波が穏やかで水深が深いリアス海岸には漁船が入りやすく、そのことも漁業が盛んになった理由の一つです。身の引き締まったサンマは丸干しにも適しており、こちらもこの地域の特産品の一つとなっています。

図32 ● さんまずしの開き方の境界線

　ただし、最近は温暖化の影響で海流が変化し、サンマの回遊ルートが沖の方へとシフトしたことで不漁が続いています。

さんまずしの謎

　さんまずしはつくられる地域によって形が異なります。全体的な傾向として、尾鷲《おわせ》市以北ではサンマを腹開きにしますが、熊野市以南では背開きにします（図32）。その理由として熊野市にはかつて代官所があり、切腹を連想させる腹開きが不吉であったから、という説がありますが、本当のところはよくわかっていません。単に腹開きの方が楽だから腹開きにしているというところも少なくないでしょう。

　しかし、地域ごとにそういった傾向があるのは事実です。なぜここでは腹開きなのか、なぜあそこでは背開きなのかといったことを考えながらさんまずしを食べるのも面白そうです。

その他の産物・グルメ

焼きハマグリ（桑名市周辺）

木曽三川河口域に干潟が広がっていた桑名周辺はハマグリの産地で、江戸時代には東海道中の名物として、旅人を通じて全国に知られました。木曽三川によって豊富な養分が流れ込むことでプランクトンが増えるため、それを餌とするハマグリも多かったのです。

アワビ（志摩半島）

志摩半島には海岸線が複雑に入り組んだリアス海岸が連なり、岩礁がよく見られます。岩礁は格好の藻場となるため、海藻を食べるアワビなど貝類がよく獲れます。伊勢志摩のアワビ漁はおもに素潜りの海女漁で行われていて、三重県には日本で一番多くの海女がいます。

餅菓子（伊勢神宮付近や参宮街道）

江戸時代、庶民の間で「お伊勢参り」がブームになりました。当時、伊勢神宮参拝といえば一生に一度きりの一大イベントで、庶民は全国各地から遠路はるばるやって来るため、甘くて腹持ちの良い餅菓子が好まれました。

米が食の基本にある日本において、餅は神事や節目の行事にも用いられる特別な食べ物であり、神様と縁が深いものなのです。

かたやき（伊賀市）

伊賀忍者の携行食だったといわれる、硬いせんべいです。伊賀が忍者の里となった理由は諸説ありますが、四方を山に囲まれていて人目を避けやすかったことや、忍者は修験道との関わりがあり、赤目四十八滝や笠置山など修練を積める場に近かったことなどが挙げられます。

ゆでシャコ（三河湾・伊勢湾沿岸）

シャコは湾内で比較的水深が浅く泥底になっている水域を好み、三河湾や伊勢湾で多く漁獲されます。

手こね寿司（志摩半島）

もともとはカツオ漁師が船上で手早くつくって食べていた、いわば「まかない飯」が発祥とされています。また、古くから海女漁が盛んであるなど、働く女性が多い地方だったということも、手間のかからないこの料理が地域に根づいた一因といえます。

伊勢うどん（伊勢市）

お伊勢参りに訪れる人々にも親しまれてきた伊勢うどん。独特のやわらかさは、長旅で疲れた参拝客の体に負担をかけないための気遣いから生まれた、ともいわれています。

滋賀県

ふなずし

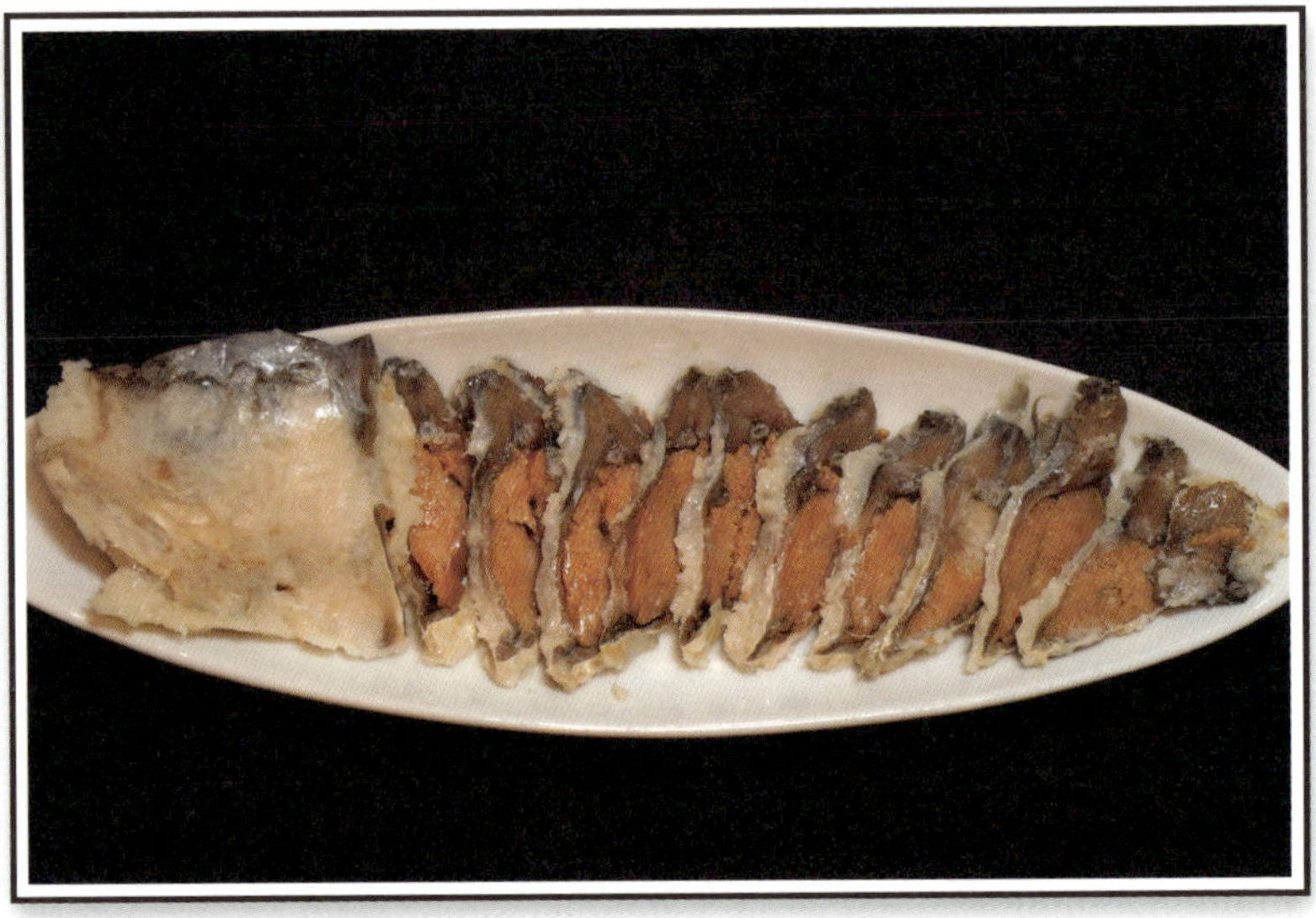

なれずし

ふなずしはなれずしの一種です。なれずしというのは現在お寿司と聞いて思い浮かべる、江戸前寿司や箱ずしの起源となるお寿司です。ニゴロブナを塩漬けにし、さらにごはんに漬けて乳酸菌の力で発酵させます。

ふなずしができるまで

ニゴロブナは2～5月に漁獲され、そこから仕込みが始まります。大きな魚だと、発酵完了には2年ほどかかります。それだけの期間発酵させるため、なかなかの発酵臭がしますが、それがクセになる人もいます。

なれずしの栄養

なれずしはおもにハレの日の食べ物として多くの家庭でつくられていました。しかし、ふなずしには整腸作用や抗菌性などがあるため、ハレの日だけでなく日常の滋養食としても食卓にのぼっていたそうです。

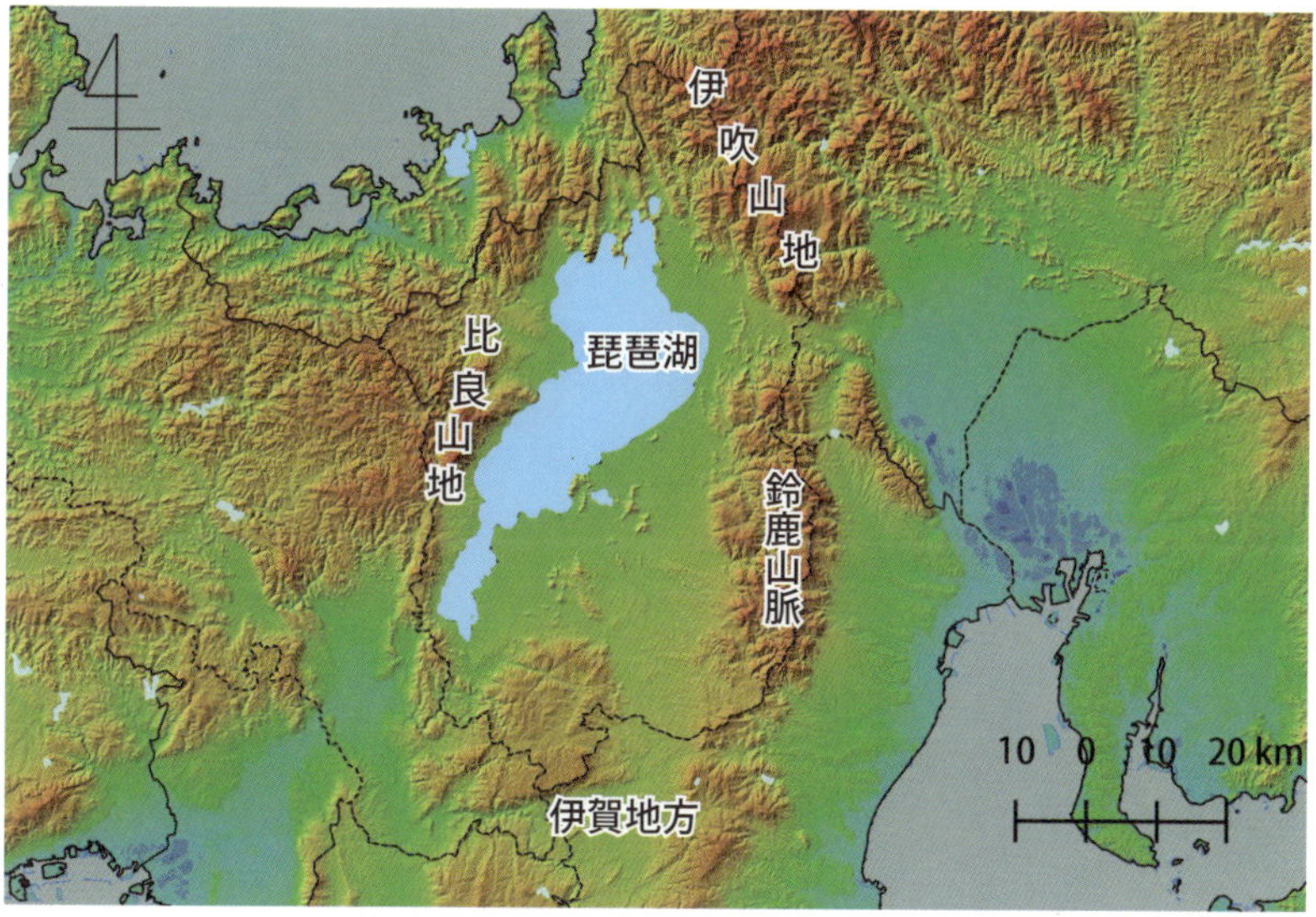

図 33 ● 琵琶湖の形成（地理院地図より作成）

琵琶湖の固有種

ニゴロブナは琵琶湖に生息する固有種の一つです。琵琶湖は古代湖という世界でも稀な長い歴史をもつ湖であるため、多くの固有種を擁しています。近年は環境悪化などにより絶滅危惧種に指定される生物もいます。

なぜ滋賀県で生まれた？

琵琶湖の誕生

日本一大きい湖として、小学校で教わった湖、琵琶湖。ふなずしはこの湖がなければ存在しませんでした。そこで、まずは琵琶湖の形成から見ていくことにします。

琵琶湖は断層によってできたくぼみに水が溜まった構造湖です。もともとは三重県伊賀地方にあった湖ですが（図33）、地殻変動を繰り返して北に移動し、今の位置・大きさになったのは約40万年前のこととされています。琵琶湖周辺は鈴鹿山脈や伊吹山地、比良山地などに囲まれ、たくさんの河川が湖に水を供給できる地形です。南北方向に走るたくさ

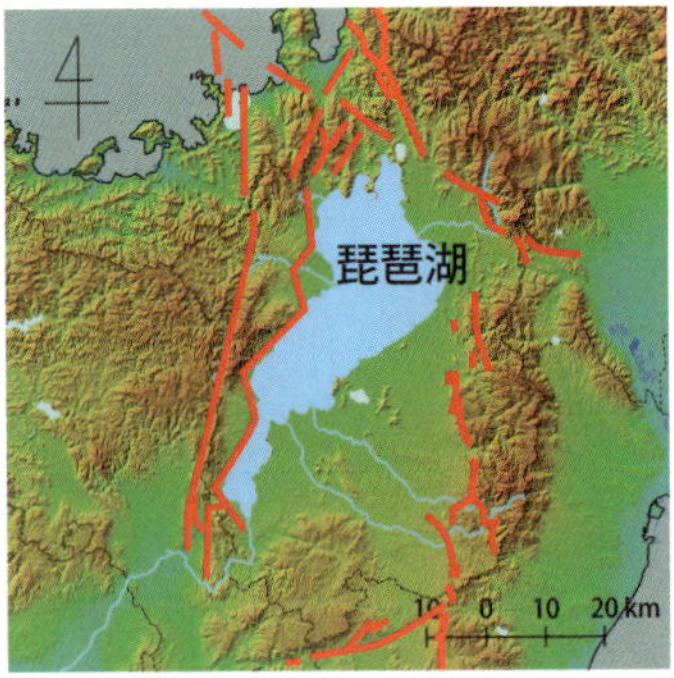

図34 ● 琵琶湖周辺の断層

んの断層の働きによって（図34）、これらの山々が隆起したのに対し、琵琶湖周辺は沈降したため、大きなくぼみができたのです。周囲を山で囲まれた地形により、ふなずしに限らず固有の食文化が発達した地域でもあります。

私たちには見えない地球の力で、琵琶湖は現在の形で存在しています。

なれずしの誕生

なれずしは水田稲作農業の伝播とほぼ同じルートで伝わってきたそうです。高温多湿のモンスーンアジア地帯では、なれずし文化が育まれてきました。この地帯は降水量が多いため、稲作をするのに十分な雨量が得られます。また、高温であることから魚の保存方法に工夫をする必要があったのです。日本もモンスーンアジア圏の一つとして、なれずしを発展させたのでしょう。

琵琶湖は田んぼに囲まれており、整備の行われていなかった時代には大雨が降ると田んぼも水で覆われ、ニゴロブナが田んぼまで遡上して卵を産んだそうです。フナ類は、このように限られた期間のみ水が存在する「一時的水域」で産卵を行うのが特徴です。近年では、「魚のゆりかご」という考えが広まり、田植えが始まる前の冬の間から「冬水田んぼ」といって田んぼに常に水を湛えさせ、魚が産卵や幼魚の時に水田で過ごせるような取り組みが行われています。このような取り組みによって、ニゴロブナだけでなく、50種類もいるといわれる琵琶湖固有種

その他の産物・グルメ

しじみ汁（琵琶湖岸）

セタシジミは琵琶湖水系にしか生息していない固有種のシジミで、その名は大津市を流れる瀬田川に由来します。さほど深くない水域の砂地を好みますが、現在のおもな漁場である彦根市松原の沖合では、湖岸から２km くらいまで湖底に砂地が広がっています。

鯖料理（高島市朽木）

若狭で獲れた魚を京都へと運ぶ道だった鯖街道は、滋賀県内では琵琶湖西側の谷間を通っていました。途中の宿場町・朽木には、焼き鯖やサバの糠漬け「へしこ」を用いた寿司など、鯖料理が今に伝えられています。

鴨鍋（湖北地方）

琵琶湖はシベリアから飛んでくるカモなどの渡り鳥にとって格好の越冬地となっています。湖北地方の冬は寒さが厳しく、また、鳥は寒さに耐えるために脂がのっていておいしいことから、鴨鍋は昔から湖北の冬には欠かせない料理です。

琵琶湖の幸

ビワマスは琵琶湖の固有種で、冷温性（冷たい水に棲む）のサケ・マス類の南限である琵琶湖に住んでいるマスで、大変おいしく高級魚とされています。貴重なビワコオオナマズもいます。他にもニゴロブナ（ふなずしに使われる）をはじめ、琵琶湖固有の魚であるホンモロコ、イサザなども焼いたり佃煮で食べます。琵琶湖でしか食べられない幸はいかがでしょうか。

梅花藻うどん（米原市）

米原市を流れる地蔵川では梅花藻を見ることができます。水の中で花を咲かせる水草ですが、一定の水温を保つ、水のきれいな川でしか生きられない貴重な植物です。伊吹山から涵養された地下水が湧き出して湧水となり、地蔵川の流れになっています。湧水地点では貴重なハリヨという魚も棲息しています。住民の方が梅花藻の刈り取りなどの手入れを行い生育環境が守られています。

がいつまでも存続することを願うばかりです。

なれずしが生まれる気候と、ニゴロブナの産卵場所があったからこそ、ふなずしという形で古くからこの地に根付いているのですね。

京都府

京料理

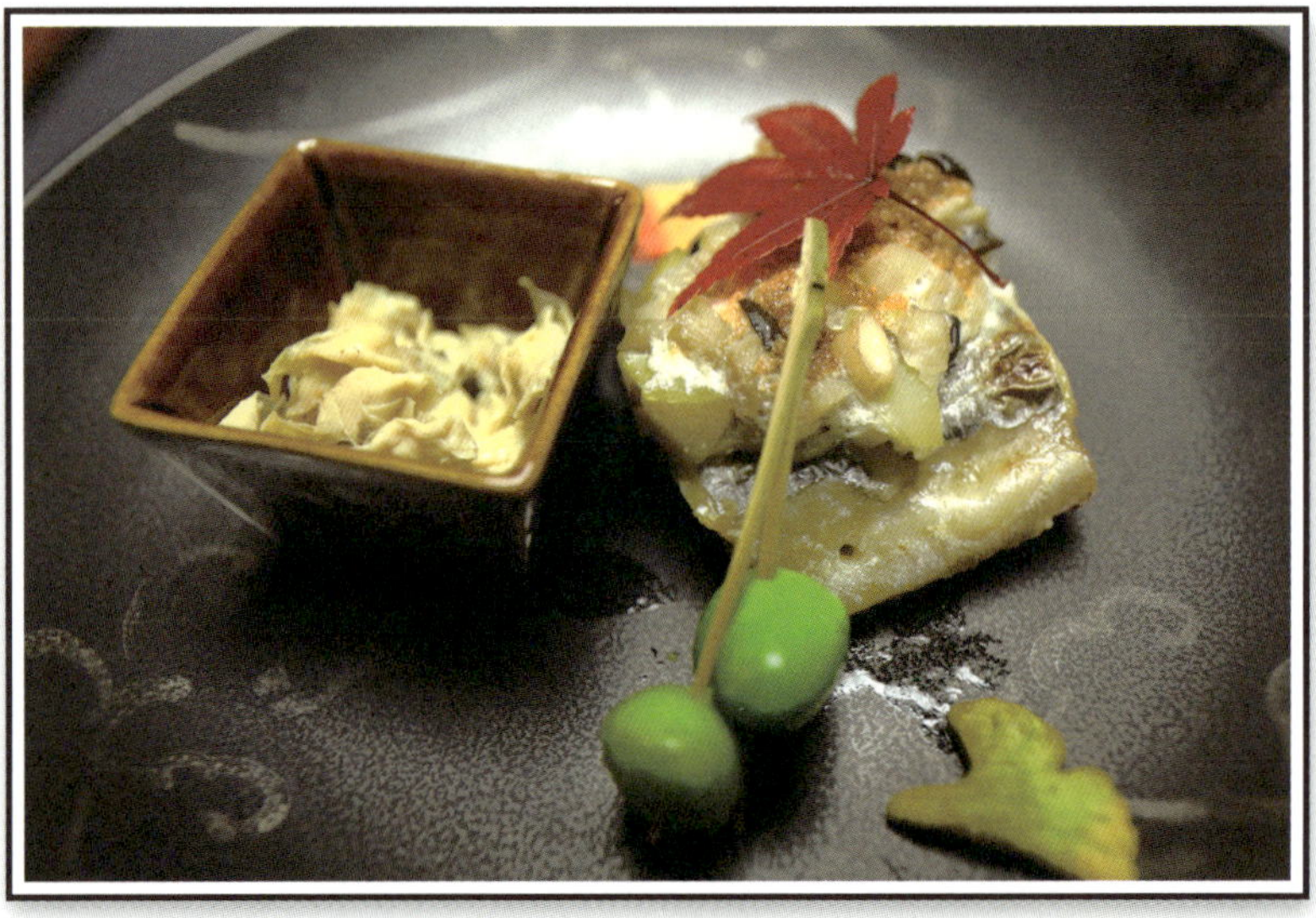

京料理

京料理はざっくりとした言い方です。昔、上流階級が楽しんだ有職料理に始まり、精進料理・おばんざいなどがあります。明確な定義はありませんが、どれも京都独自の食文化であるため、これらを総称して京料理と呼んでいます。

季節感

京料理において重要なのは季節感の創出です。それは料理だけでなく器にも表れます。フランス料理のようにお皿をデコレーションするのではなく、その時季に合った器を選び、料理との一体感を生み出して楽しませてくれます。

京料理の特徴

ご飯がメインの一汁三菜が基本で、だしにより素材の旨みが引き出されています。人々の自然の恵みに対する気持ちや、「もったいない」という精神が料理に反映されており、食に対する感謝を思い出させてくれます。

和食

京料理はもちろん和食です。和食は2013年に、世界無形文化遺産に登録されました。ファストフードもよいですが、たまにはゆっくりと海外に誇る日本文化を堪能してみてはいかがでしょうか。

なぜ京都府で生まれた？

京料理の発展

京都の食文化には、他地域とは違った発展が見られます。京都内の要因として、盆地で季節の変化が大きいことや、京の北側に丹波など自然豊かな地域があること、宇治川・鴨川など京都に流れる清流の恵みがあることなどが挙げられます（図35）。さらに重要なのは、長きにわたり京都に都が置かれたこ

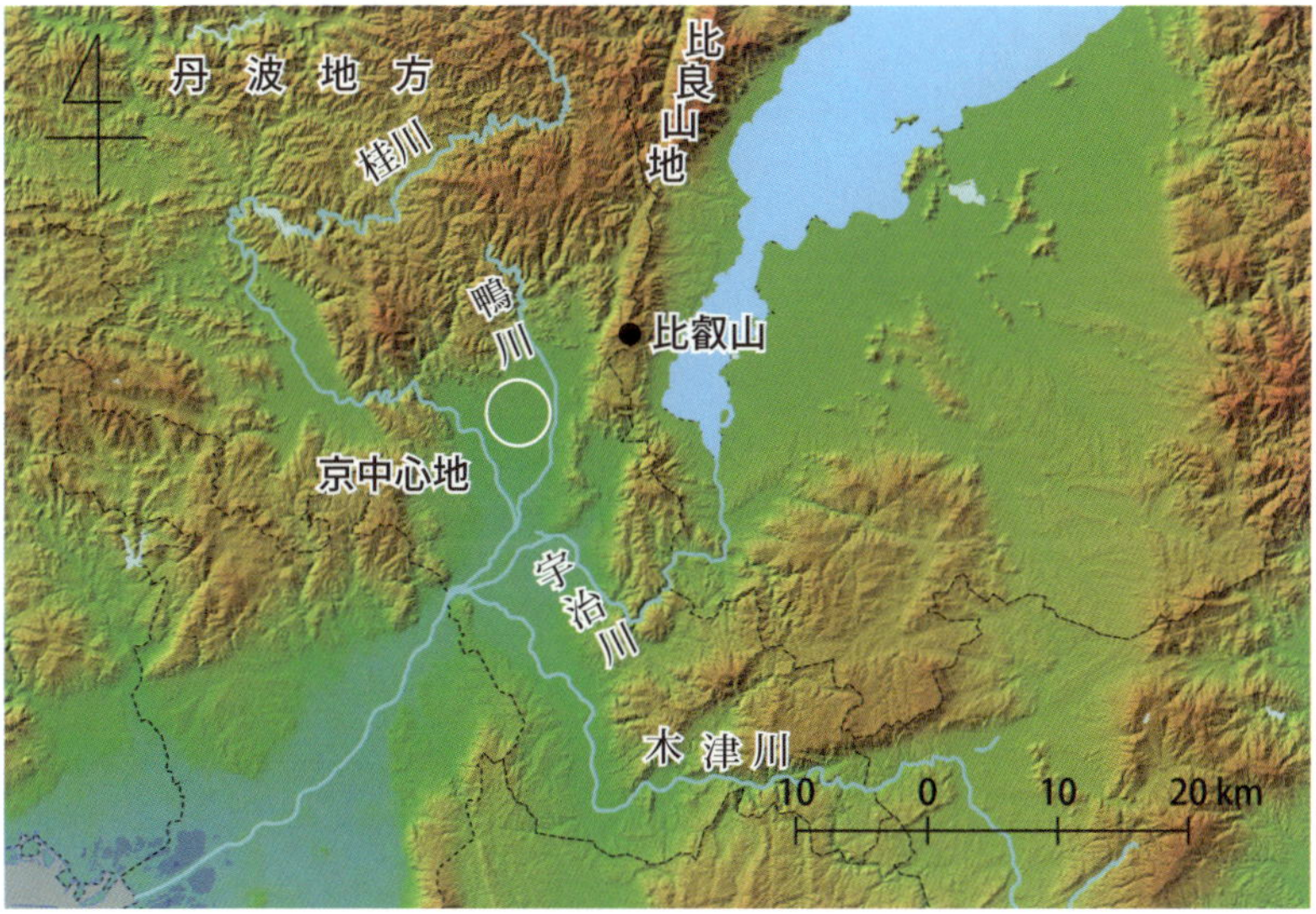

図35 ● 京都の地形（地理院地図より作成）

京都府

とでしょう。日本の政治・宗教の中心となった京都では、さまざまな地方から情報や食料が集まり、それらとともに食文化も発展してきたのです。公家文化や仏教文化が日常に浸透し、それを反映したのが京料理ともいえるでしょう。寺社や都は和菓子・茶文化の発達に影響を与えました。

京都にはすぐ東側にある比良山地、比叡山から涵養された豊富な地下水が存在しています。それを利用し、精進料理とともに豆腐づくりが盛んになりました。また、伏見などで有名なお酒も、地下水があったからこそつくられるようになったのです。

京都の引き寄せ力

都のある京都には、各地方から物資が集まってきました。京料理は他地域の食材で発展したといっても過言ではありません。北の方からは北前船で塩干物・するめ・貝柱・昆布などが運ばれてきて、京料理の発展に大きな影響を及ぼしました。比叡山を挟んだすぐ東側に琵琶湖などの食材調達地もありますが、もし京都近辺からしか物資を調達していなければ、京料理は今とは違う姿だったかもしれません。

また、京料理には欠かせない京野菜も外から入ってきて京都に定着したものです。伏見とうがらしや聖護院かぶ、九条ネギなどが有名です。これらはもともと他府県の野菜ですが、京都の気候に適していたため京都に根付きました。精進料理には野菜は欠かせず、おばんざいなども野菜が中心であるため、京料理を語る上で京野菜は非常に重要な食材です。季節感を大事にする京料理にとって、旬がある野菜は季節を表現する役割も果たしているのでしょう。

もし京都が山に囲まれた地形を持っていなければ、都が置かれなかったかもしれません。都が置かれなければ、独特な食文化が生まれなかったかもしれません。そう考えると、京料理がもっと魅力的に感じられませんか。

その他の産物・グルメ

漬物

「千枚漬け」「すぐき」「しば漬け」など京都伝統の漬物には地元産のブランド野菜をはじめ、さまざまな野菜が使われます。鴨川をはじめ多くの河川がもたらす豊富な水や良質な土壌、盆地ならではの寒暖差の大きい気候など、京都は野菜栽培に適した自然条件に恵まれていました。

京都近郊で野菜栽培が行われてきたのは、収穫した野菜を新鮮なうちに都へ届けられる、という地の利もあったようです。

川床料理（京都市）

盆地の京都は夏の暑さが厳しいため、標高が高くて比較的涼しい貴船《きぶね》地区で、川のせせらぎに涼を感じながら食事を楽しむスタイルが生み出されました。市中の鴨川沿いでも同じような意図の「納涼床」と呼ばれるものがあります。

川床料理に用いる食材として欠かせないのがハモ。暑さの中でも内陸の京都までの輸送に耐えられ、鮮魚として味わえることから、ハモは京都の夏の定番となりました。

にしんそば（京都市）

京都では甘辛く煮たニシンをのせた「にしんそば」がよく食べられます。江戸時代から明治時代にかけて、北海道でたくさん獲れたニシンは乾燥して身欠きニシンとなり、北前船によって京都へ運ばれました。海のない京都では動物性たんぱく源は貴重で、鯖街道から入ってくる魚と同様、ニシンは重宝されました。

松茸の土瓶蒸し（丹波地方）

京都のアカマツ林の起源は平安時代にまでさかのぼると考えられています。京都に平安京が開かれると、人口の増加とともに木材需要も増し、京都周辺の森林では多くの木が切り出されました。その結果禿山となった場所には養分の少ない土地を好むアカマツが林を形成し、京都はマツタケの産地となったのです。

肉じゃが（舞鶴市）

舞鶴港に設置された海軍で供されたのが肉じゃがの始まりだったとして、舞鶴では肉じゃがによって地元を盛り上げる活動が行われています。周囲を山に囲まれ、湾口が狭いため防波堤の築造が不要なこと、湾内が広くて一定の水深があること、潮位差が少ないことなど、自然条件上の利点が多くあったため、舞鶴港は天然の良港として古くから利用されてきました。

抹茶スイーツ

京都で大成した茶の湯文化とともに京菓子は進化を遂げました。近年は伝統的な和菓子だけでなく、南隣に接する宇治の特産である茶を活用したスイーツがさまざま生み出され、注目を集めています。

大阪府

白味噌雑煮

白味噌

お雑煮は日本国内でも種類が豊富にあります。醤油ベースであったり、味噌ベースであったり、その地域に根差した味が伝承されています。大阪では京都の影響を受けた白味噌仕立てのお雑煮が一般的です。

味の変化

元日は白味噌雑煮、翌2日は醤油ベースの澄んだお雑煮になることもあるようです。味が違えば飽きることなく、お雑煮を楽しむことができますね。

具材

お餅は丸い餅を使います。他の具材には里芋や人参、大根などがありますが、丸く切って入れられます。それには「角が立たないように」という縁起の意味が込められているとされています。

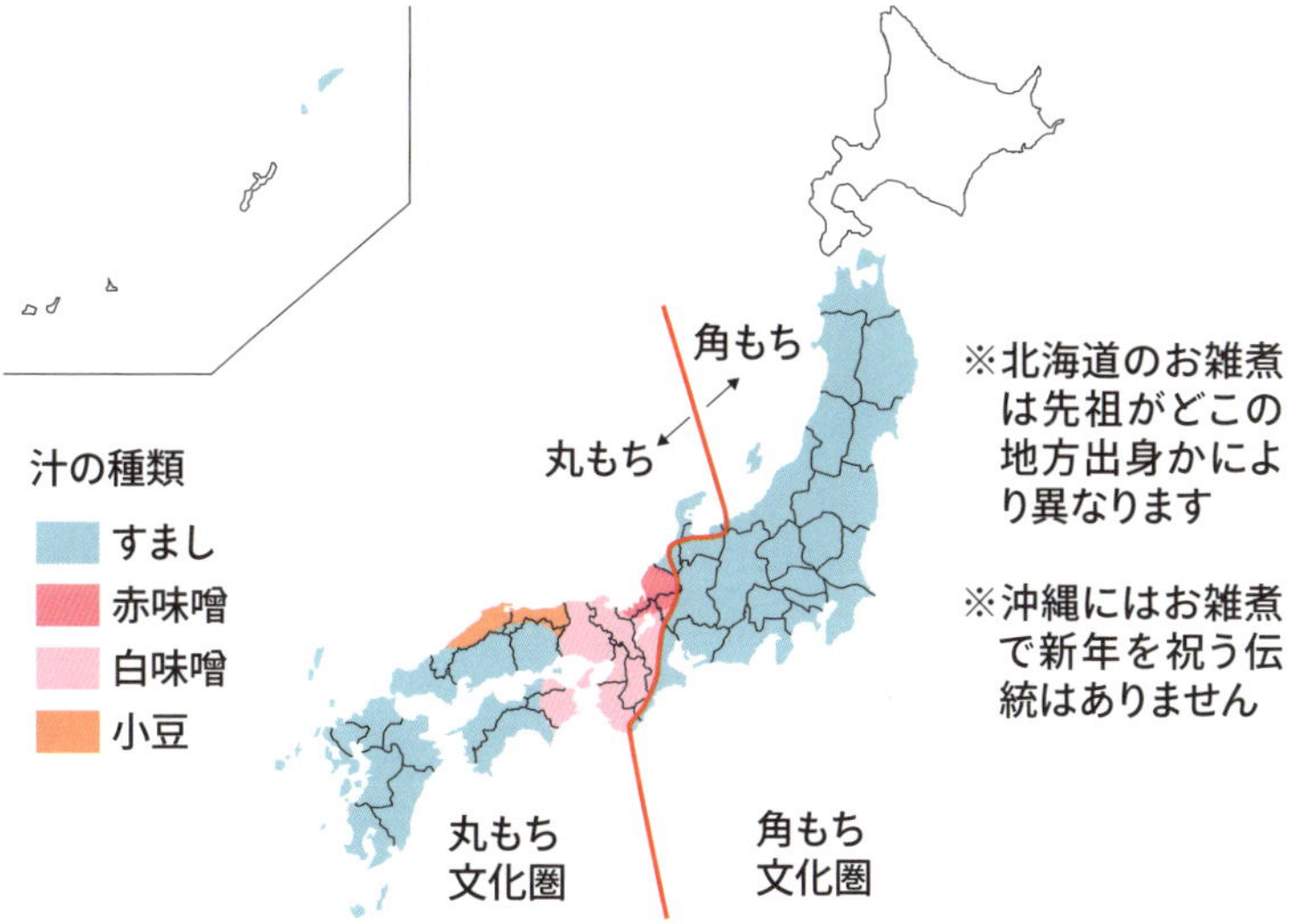

図36 ● お雑煮の文化圏

お雑煮文化

現在のお雑煮文化が確立したのは、明治の後半だとされています。明治後半に行われたお雑煮の調査と、現在のお雑煮マップ（図36）を比較すると、特徴がほとんど変わらないそうです。

なぜ大阪府で生まれた？

昆布の伝来

白味噌雑煮のだしとしては、おもに昆布が使われています。昆布だしは大阪の料理を語る上で非常に重要な位置を占めるものです。しかしよくよく考えてみると、昆布は約9割が北海道産であり、遠く離れた大阪の地で昆布だしが主流というのは少し不思議に思えてきます。では、なぜ鰹ではなく昆布なのか、その理由を探ってみましょう。

理由としては北前船の存在が大きく影響してきます。鎌倉時代、北海道から北陸へと物資を運ぶための西廻りルートが開拓され、北陸に運ばれた昆布は陸路で京都・大坂方面にやってきました。さらに江戸時代に航路が拡大すると、下関を経由して大坂まで船が到達するようになります（図37）。この船のことを北前船といいます。これのおかげもあり、大坂には全国各地から物資が集まってきて、「天下の台所」と呼ばれるほどになったのです。

大阪以外でも、北前船の寄港地には昆布料理が多く見られます。たとえば、富山の昆布締め・昆布かまぼこや、沖縄のクーブイリチーという昆布の炒め物などです。北前船の航路は、このような昆布文化をもたらしたことから「昆布ロード」とも呼ばれています。

鰹だしがまったく使われないというわけではありませんが、大阪で昆布だしが定着したのにはこのような背景があったのですね。大阪で昆布が採れるわけではない、というところに面白みがあります。

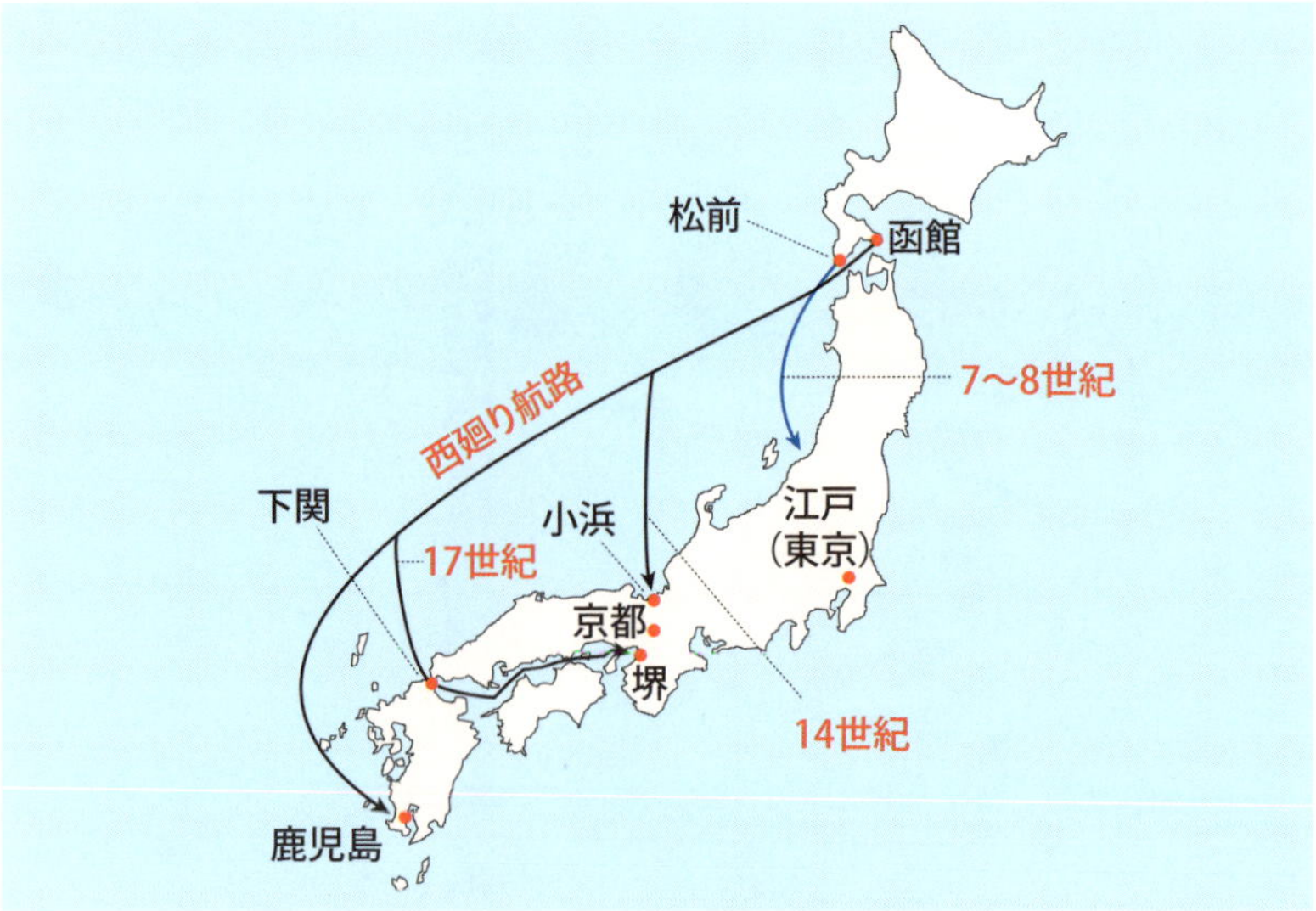

図37 ● 北前船航路

その他の産物・グルメ

たこ焼き

阪神工業地帯の中心都市として発展し、多くの労働者が各地から流入した昭和初期の大阪でたこ焼きは生まれました。大阪はもともと水陸交通の要衝であったことに加え、平坦な大阪平野は工業地化が容易だったこと、工場の操業に必要な大量の水を淀川から確保できたこともあって、工業化が急速に進みました。

当時、労働者や子どもたちに親しまれたたこ焼きは、今では安くておいしい大阪の「粉もん」（小麦粉料理）を代表する存在です。当初はタコが入っておらず、今のたこ焼きとは違う食べ物でしたが、隣県・兵庫の「明石焼き」の評判を受け、タコは当時安く入手できたため、タコを入れて焼くようになったそうです。

ウイスキー（島本町山崎）

京都との境に位置する山崎には、日本初のモルトウイスキー蒸留所が建てられました。天王山の麓にあって質の良い湧水が豊富に得られたことや、狭い谷間で湿潤な気候であったことが、ウイスキーづくりに最適な環境とみなされたのです。

もみじの天ぷら（箕面市）

大阪郊外の箕面《みのお》には豊かな自然があり、紅葉の名所として秋にはたくさんの観光客が訪れます。箕面の山は修験者が修行を積んだ地としての歴史があり、修験道の開祖である役《えんの》行者《ぎょうじゃ》がもみじの天ぷらの生みの親だとする伝説があります。

水なすの漬け物（泉州地域）

泉州では水分をたっぷり蓄える独特な水なすが栽培されています。この地域の砂っぽくて水はけが良い土壌と、暑すぎず寒すぎない穏やかな気候が水なす栽培に適していて、他地域では同じものがうまく育たないことから「泉州水なす」として珍重されています。

うどん

大阪の食文化に欠かせない昆布だしは、江戸時代の交易船・北前船によって北海道のコンブが大阪へ送られるようになったことに端を発します。大阪のうどんはもちろん昆布だしで、定番の「きつねうどん」や、油で揚げた牛ホルモンを使う河内地方の「かすうどん」、肉うどんからうどんを抜いた（つまり、うどんが入っていない）「肉吸い」など、バリエーションも豊富です。

兵庫県

明石焼き

ふわふわとろり

見た目はたこ焼きに似ていますが、まったくの別物です。材料は小麦粉・じん粉・卵・タコで、じん粉とは小麦粉のでんぷんのことです。これは加熱しても硬くならないため、ふわふわでとろりとした食感が生まれます。だしにつけていただきます。

卵焼き

明石焼きは外向けの用語であり、地元では卵焼きといいます。明石焼きになったのは、明石という名を世の中に広めるためです。もともとは大正はじめに向井清太郎という人が卵焼き屋台を始め、それが評判になって卵焼き屋が増えていったそうです。

たこ焼きの生みの親?!

大阪名物のたこ焼き。しかし、タコを入れるようになったのは明石焼きの影響を受けたからともいわれて

図 38 ● 明石海峡

います。大阪ではタコが入る前の具はこんにゃくで、ラジオ焼きという名前だったそうです。たこ焼きのルーツが明石にあるというのは、面白いですね。

重要な脇役

主役は明石焼き、しかしそれを陰で支えているものがあります。それは、銅鍋。絶妙な焼き加減を生み出すには、鍋のくぼみが均一でないとなりません。そのため多くの明石焼き店では、手作りでつくられた手打ち銅鍋を使用しているところが多いのです。

なぜ兵庫県で生まれた？

明石タコのおいしさの秘密

明石焼きを知らなくても、タコの有名な産地として明石を挙げる人は多いのではないでしょうか。それくらい有名な明石のタコですが、もしここでタコが獲れなければ明石焼きは存在しなかったかもしれません。また、獲れたとしてもおいしくないタコであれば商品になりません。明石のタコはおいしいからこそ明石焼きにも使用されたのです。

明石のタコのおいしさは、明石海峡が生み出しています。明石海峡は兵庫県と淡路島の間の狭い海のことで、潮流が速くて複雑な海域として知られています（図38）。明石タコはそんな厳しい環境の中で育つため、たいそう筋肉質なものになります。「明石のタコは立って歩く」といわれるほど身が引き締まっており、なんともいえない歯ごたえのあるものに成長するのです。また、潮流の速さは海底にも影響を及ぼします。潮流が速いと海底に積もっている軽い泥は流され、岩礁や砂礫質の海底が形成されます。明石タコの多くはマダコであり、マダコはまさにそのような岩がゴツゴツとした海底を住処としているのです。

タコがおいしくなるもう一つの理由としては、エサが豊富であることが挙げられます。潮流が回転してぶつかる「潮目」では海の底から栄養塩が持ち上げられるため、プランクトンが発生します。明石のタコは、そのプランクトンを食べに集まってくるエビやカニをエサにして成長します。

兵庫県と淡路島との距離がもう少しでも離れていたら、潮流がゆっくりで、おいしいタコが獲れなかったかもしれませんね。

その他の産物・グルメ

ビーフステーキ

但馬地方では古くから農作業用に牛を飼育していました。雨の多い但馬では牛の餌となる草が豊富に育ちます。牛は山間地を歩くことで筋肉が鍛えられ、冬の寒さに耐えるために脂肪が蓄えられたことで、霜降りの肉質がつくられたといわれています。有名な「神戸ビーフ」は但馬牛からとれるブランド牛肉で、開国後、神戸港から入ってきた外国人にその味を認められたことから人気に火がつきました。

西洋菓子（神戸市）

幕末に開港し、外国人居留地が設けられた神戸ではバウムクーヘンやチョコレートなど西洋菓子の名店が続々と誕生し、その伝統は今に続いています。平清盛が都を築くなど、港町・神戸には長い歴史があります。神戸のすぐ北側に連なる六甲山地が

港への季節風を防ぎ、潮位差が少ないため船を係留しやすく、さらに、大きな川が流入せず土砂が入り込まないため港内の水深保持が容易です。このように、神戸は築港に向いたところだったのです。

日本酒（神戸市、西宮市）

神戸市から西宮市にかけての一帯は「灘五郷」と称される酒造エリアで、多くの酒蔵がしのぎを削っています。この地域は酒米として名高い「山田錦」の主産地である北播磨地域に近く、優れた水質の「宮水」が六甲山地から湧き出ています。そして内海の穏やかな気候や「六甲おろし」と呼ばれる寒風が日本酒づくりに適した環境を地域にもたらしているのです。

黒豆煮（丹波地方）

丹波地方で栽培されている黒豆は大豆の一種です。篠山盆地が夏冬、昼夜ともに気温差が大きい盆地特有の気候であることと、粘土性の強い土質であることは、黒豆の栽培に適しています。

玉ねぎ料理（淡路島）

淡路島には収穫したタマネギを乾燥させながら貯蔵するための小屋がよくあります。小屋に壁がないのは風を通すためで、淡路島には四方を囲む海からの風がいつも流れているため、タマネギを自然乾燥させやすいのです。タマネギはさまざまな形で地域の料理に活用されています。

奈良県

柿の葉寿司

特徴

柿の葉寿司は、酢でしめたお寿司を柿の葉でくるんだものです。そのため、つくり立てよりも少し寝かせてからの方が味に深みが増し、一層おいしくいただけます。一口サイズで取り分けやすく、大人数でも少人数でも楽しめます。

ハレの日

柿の葉寿司の起源は江戸時代まで遡り、当時は日常食ではなくハレの日のご馳走として振る舞われていました。各家庭では夏祭りや秋祭りに間に合うように寿司を仕込み、お祭りの日には互いに味を称賛し合っていたそうです。

お寿司を焼く

お寿司を焼いて食べることはあまりありませんが、オーブントースターなどで柿の葉ごと5分程度焼いて

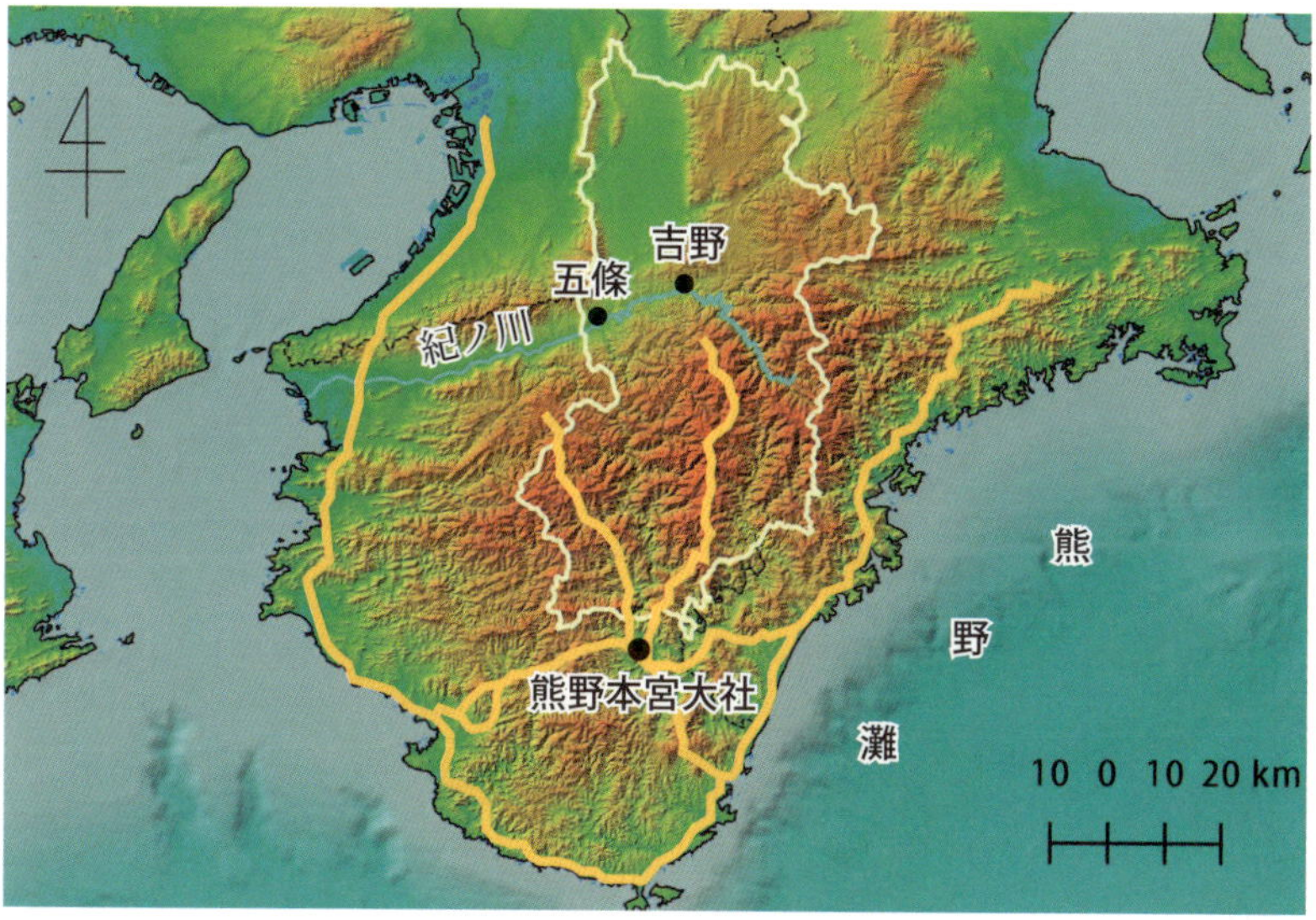

図 39 ● 紀ノ川と熊野街道（地理院地図より作成）

みてください。ご飯がふっくらとして、柿の葉の匂いも漂い、そのまま食べるのとは一味違ったおいしさを味わうことができます。

柿の葉の効果と柿渋の利用

柿の葉にはタンニンが含まれ、抗菌作用などがあります。これにより柿の葉でくるまれたお寿司の保存性が高まり、普通のお寿司に比べて日持ちのするものが出来上がるのです。また、柿の葉の香りには、魚のにおいを消す作用もあります。

柿は葉だけでなく、柿渋としても利用されてきました。柿渋は古い家屋の木材に塗られていたり、柿渋染という草木染めの一種の染料として使われたりします。柿渋に防腐効果があるため、これらの工夫がされてきました。

なぜ奈良県で生まれた?

山の幸

奈良県は全国でも有数の柿の産地で、特に五條市などでの栽培が盛んです。「柿食へば鐘が鳴るなり法隆寺」という有名な句があることから、古くよりそうであったことがわかります。そのため、お寿司を何かでくるむにあたっては、柿の葉をわざわざ探して利用したわけではなく単にそこにあったからお寿司をくるんでみた、という側面もあるのではないかと思います。ここで浮かぶ疑問は、なぜこの地域に柿が多かったのかということです。

奈良の柿は標高100~400mのところで栽培されますが、そこでは、年間平均気温が14~15℃と、柿の生育に適切な気温となっています。また、水はけのよさと保水性を兼ね備えた土壌は柿にとって好条件でした。それゆえに、この辺り一帯は柿の産地として栄えることができたのです。

海の幸

奈良県には海がないため、お寿司が名物であることに違和感を覚える方もいらっしゃるかもしれません。しかし、海がないからこそ魚を食べるための工夫がなされ、柿の葉寿司のような逸品が生まれたのです。その工夫は、浜塩と呼ばれています。熊野灘で獲れた魚は熊野街道や紀ノ川を利用して運ばれていましたが（図39）、普通に運んでは途中で腐ってしまいます。そのため、大量の塩を魚のお腹に詰め込んで魚が傷むのを遅らせる方法をとりました。当初、柿の葉寿司に使われていたのはサバですが、サバを運び終えるころにはいい塩梅の塩サバになっていたということです。

山の幸と海の幸が出合って生まれた柿の葉寿司。紀ノ川が良い役割を担い、その二つを出合わせたともいえるでしょう。

その他の産物・グルメ

葛餅（吉野地方）

吉野地方には古くからクズが自生していて、葛粉《くずこ》が特産品になっています。吉野には、良質な葛粉づくりに欠かせない冬の寒さときれいな水があります。
隣県・和歌山の高野山の精進料理の一つであるごま豆腐にも葛粉が用いられます。

そうめん（桜井市）

大神神社にゆかりがあると伝わり、約1200年前からつくられているという歴史ある食品です。桜井では三輪山の湧水や良質な小麦が育つ土壌に恵まれ、また、冬に乾燥した晴天が続いて寒さが厳しいことから、そうめんづくりの本場となりました。

江戸時代から明治時代にかけて桜井を流れる川や水路には水車が数多く設置され、小麦の製粉に大きく貢献しました。

ゆべし（十津川村）

温暖な紀伊一帯では柑橘類の栽培が盛んですが、ゆべしは、中身をくり抜いたユズに味噌やクルミ等を詰めて乾燥させた保存食です。

紀伊山地の奥深くに位置し、交通網の脆弱な十津川村では重宝されてきました。よくある菓子のゆべしとはまったく異なる食べ物です。

獣肉料理

海のない奈良県では、狩猟で得た鹿肉や猪肉は昔から貴重な動物性たんぱく源でした。鹿肉は濃い味付けの大和煮にしたり、猪肉は香味野菜とともに鍋物にしたり、癖の強い獣肉をおいしく食べるためのさまざまな工夫が施されています。

和歌山県

はちみつ梅干し

あまーい梅干し

梅干しは思わず口をすぼめてしまう、酸っぱい食べ物というイメージがあります。しかし、はちみつ梅ぼしは塩分控えめで、甘い仕上がりになっています。まるでスイーツのような感覚です。

南高梅

梅干しに使われるのは、おもに南高梅という梅です。皮は柔らかく果肉が厚い、梅干しに適した品種です。和歌山のブランド梅として名を馳せ、贈答品としても人気があります。

田辺印

梅干しは地元だけで消費されていたのではなく、田辺港から江戸にも運ばれていました。「紀伊田辺産」という焼き印の入った樽に詰められて運ばれた梅干しは、「田辺印」として人気を集めていました。

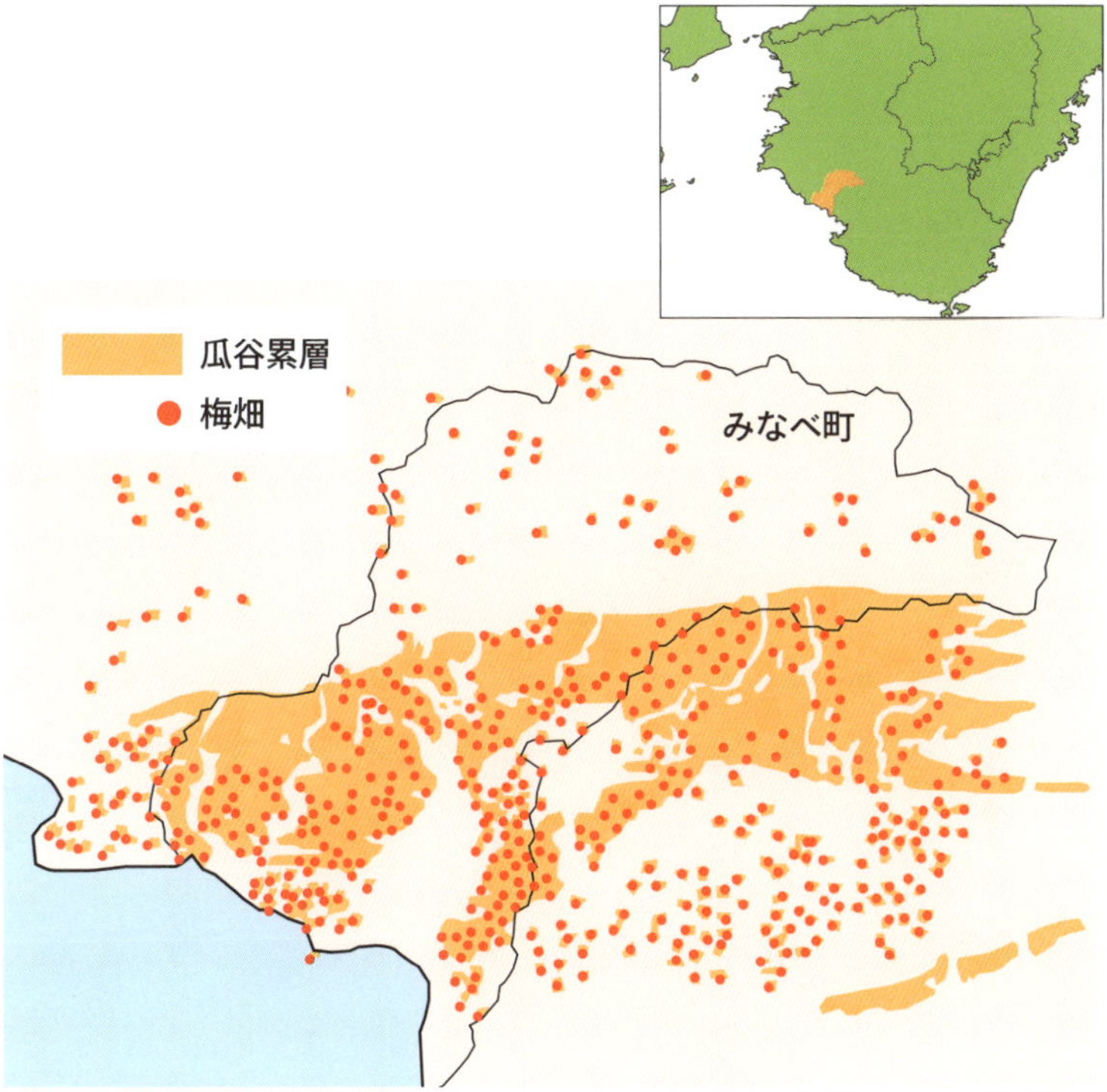

図40 ● 瓜谷累層と梅の栽培地

世界農業遺産

みなべ・田辺地区では伝統的な農業が評価され、「みなべ・田辺の梅システム」として世界農業遺産に登録されています。地域資源を有効に活用しつつ梅を栽培するシステムが評価されました。

なぜ和歌山県で生まれた?

梅の適地

和歌山県は梅の収穫量が日本一で、江戸時代から梅の産地でした。紀伊半島は平地が少なく山林が多いため、米の耕作ができず、梅の生産が奨励されたのです。紀伊水道に流れ込む黒潮の影響による温暖な気候や日照時間の長さ、降水量の多さも梅栽培に適しています。

また、瓜谷累層《うりだにるいそう》という地質も鍵を握っています。梅の栽培地の多くはこの瓜谷累層上に位置しているからです（図40）。この地層はかつて陸から運ばれた泥が海に堆積して形成されたもので、隆起により地上に姿を現しました。泥岩質なため風化されやすく、これがみなべ・田辺の土壌をつくり上げています。適度に水はけが良いところも、梅の生育には欠かせない条件となっています。

さらに、瓜谷累層中には瓜渓石《うりだにいし》という、炭酸カルシウムを主成分とする岩石が存在します。成長時に炭酸カルシウムを必要とする梅にとって、この土壌は最適といえます。

はちみつ

南高梅は、自家受粉をすることができません。だからといって、人工的に受粉をさせるのは大変なので、蜂に花粉を運んでもらっています。また、和歌山県で有名なもう一つの産品に、みかんがあります。みかんも梅と同様に温暖な気候を好み、傾斜地で栽培されています。そして、みかんの受粉も蜂が手伝ってくれます。このように、この辺りは蜂との関わりが深く、はちみつを入手しやすかったのではないかと推測できます。

梅の栽培に適した自然環境があり、はちみつを得られる栽培方法であるからこそ、甘い梅干しという発想が生まれたのかもしれません。

その他の産物・グルメ

金山寺味噌

米・麦・大豆に麹を付けたものに野菜を漬け込んでつくる保存食で、調味料ではありません。鎌倉時代に中国からその製法を持ち帰った僧侶がいて、湯浅町周辺で広まりました。湯浅は熊野参詣の拠点や紀伊水道の交易港として古くから栄え、また、醸造品づくりに適した水に恵まれた地域でもありました。湯浅の醤油は金山寺味噌にルーツがあると考えられています。

高野豆腐

修行に勤しむ僧侶にとって、大豆由来の食品は貴重なたんぱく源です。年貢として大豆が納められた高野山では豆腐がよくつくられました。高野豆腐の歴史は、山上のあまりに厳しい寒さのために豆腐が凍ってしまったことに始まるといわれています。その名も、高野山にちなみます。

まぐろ料理（那智勝浦町など）

紀伊山地が背後に迫るなど山に囲まれた那智勝浦町はその地形により外洋の波の直撃を受けることがなく、また、沖に出れば黒潮が流れて魚がよく獲れるため、港町としてにぎわってきました。マグロは冬から春の間に紀伊半島沖が漁場となることもあり、その時季には特に水揚げが多くなります。

早ずし

和歌山には発酵食のなれずしもありますが、酢で手早くつくる早ずしも一般的です。紀伊半島の海岸に自生するアセの葉には殺菌効果があるため、和歌山ではすしづくりによく用いられます。和歌山ラーメンの店にはサバの早ずしがよく置かれていて、お客さんはそれを食べながらラーメンができるのを待ちます。

鳥取県

砂たまご

ふくべむら特産品本舗の「砂たまご」

砂たまご

名前からどういう食べ物であるか、なんとなく想像がつきますね。温泉たまごならぬ砂たまごは、因州和紙で包んだ卵を鳥取砂丘の砂で蒸し焼きにしたものです。地元の産品を活用した地域活性化の一事例といえます。

ユニークなアイデア

鳥取砂丘があるのは福部村（現在は鳥取市と合併して福部町）で、砂たまごはその村人のアイデアによって生まれました。「ふくべむら特産品本舗」で製造されており、近年、砂で焙煎した砂コーヒーというものも発明されました。

栄養分

砂たまごは普通のゆで卵に比べ、鉄分やカルシウムが多くなっています。そんな栄養のある砂たまごの白

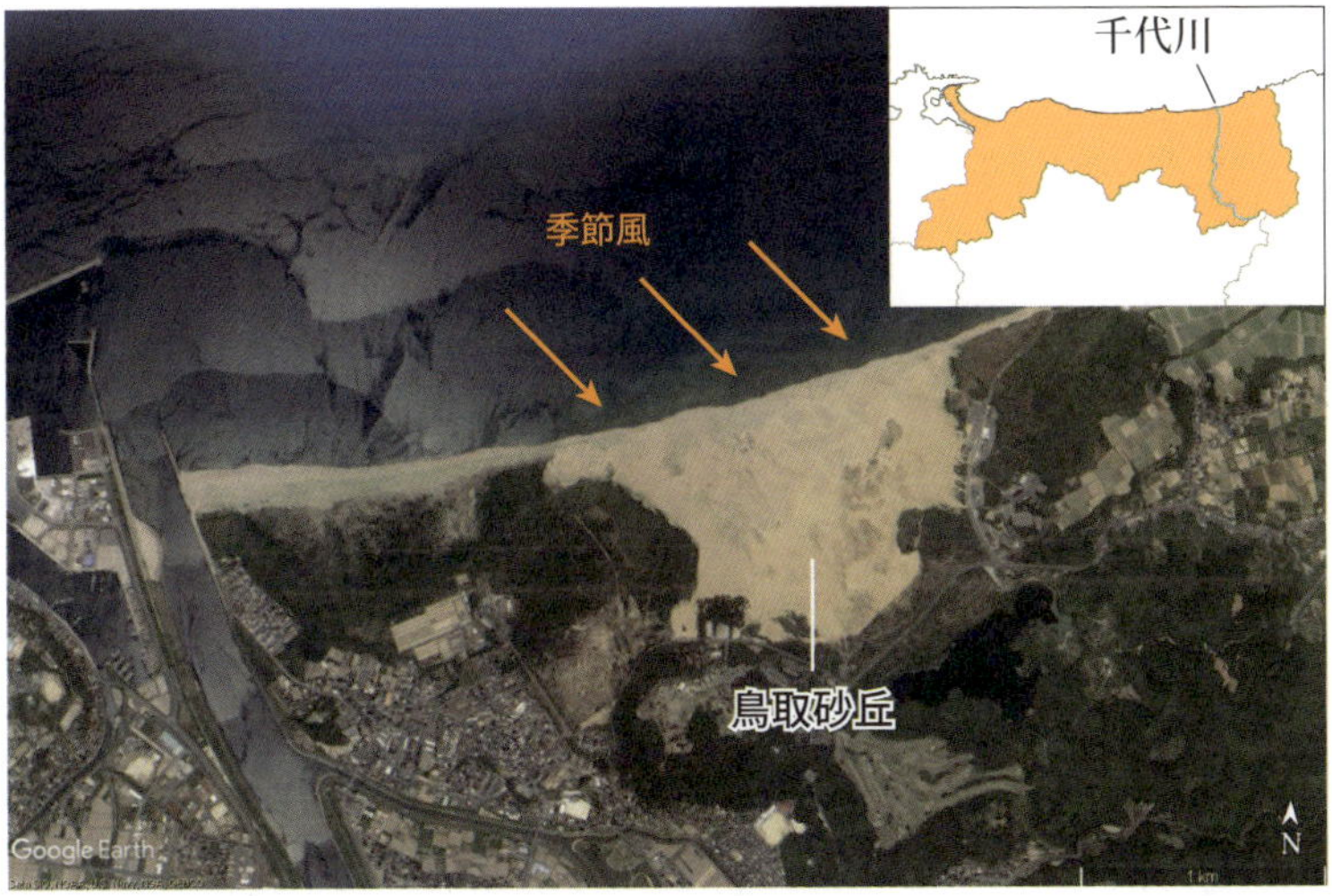

図 41 ● 砂丘の形成　© Google

身は、食べてみないとわからない独特の食感ですので、一度召し上がってみてください。やみつきになるかもしれません。

手間のかかる逸品

砂たまごをつくるには、窯入れから焼き上がりまで約一時間半かかります。卵を和紙で包み、約250℃の高温で蒸し焼きにする……この作業はすべて手作業で行われているため、手間のかかった希少価値が高いものなのです。

なぜ鳥取県で生まれた？

鳥取砂丘

鳥取砂丘は誰もが知っている有名な観光地です。日本最大級の砂丘は世界中から観光客を呼び寄せますが、砂丘がどのように形成されたのかを答えられる人は少ないと思います。

鳥取砂丘は、日本海岸沿いの砂が風によって運ばれ、堆積したものです。日本にある砂丘はほとんどが海岸砂丘に属しますが、鳥取砂丘も例外ではありません。広大な砂丘ができるほどの大量の砂は、中国山地から流れてくる千代川が運んできます。運ばれた砂はいったん海底に積もりますが、波などにより岸に打ち上げられます。するとその砂が北西の季節風で舞い上げられ、内陸部に積もります（図41）。このように川の力と風の力がコラボして、広大な砂丘がつくり上げられました。砂の層の間には鳥取県の大山《だいせん》が噴火した時に積もった火山灰が挟まっているという研究もあり、全国でもまれな、堆積構造がわかる砂丘となっています。

砂丘観光の目玉、「風紋」が現れることもあります。これは、まさに風が砂を動かしている証拠となるものです。風紋は風の強さや砂の状態など、一定の自然条件を満たす必要があるため、なかなか見ることのできないレアな風景です。

鳥取砂丘ではらっきょうもつくられています。保水力が低い砂の層、そして強い風が吹く環境だからこそ、身が締まったおいしいらっきょうをつくることができるのです。

観光に行く際は、その場所の背景知識があるとより楽しめると思います。また、知識があることで、この砂丘の存在が生んだ砂たまごも一層おいしく感じられるのではないでしょうか。ダイナミックな砂丘の歴史が詰まった逸品といえそうです。

砂丘らっきょう

その他の産物・グルメ

●松葉ガニ（日本海沿岸）

鳥取県東部から兵庫県にかけての一帯にはリアス海岸が連なり、入り組んだ地形を利用した天然の良港が点在しています。鳥取県は全国屈指のカニ漁獲量を誇り、特にズワイガニのオスは「松葉ガニ」として珍重される高級品です。日本海沖には水深 200 ～ 400 m というズワイガニの生息に適した大陸棚が広がるため、北陸と山陰にズワイガニの水揚げ地が多くなっています。

●いもぼた（弓ヶ浜半島）

日野川からの土砂が堆積した弓ヶ浜半島は、乾燥した砂地が大半を占めるため稲作が難しく、代わりにサツマイモの栽培が奨励されました。もち米とサツマイモを混ぜ合わせてつくるいもぼたは、この地域ならではのぼたもちです。

●おこわ（大山周辺）

中国地方最高峰の大山には伯耆《ほうき》富士の別称があり、信仰の山として古くから崇められてきました。一説によると、大山を歩いて訪れる参詣者のために、腹持ちの良い携行食としておこわが考え出されたそうです。山の湧水に育まれたもち米や山菜に木の実など、大山の恵みがふんだんに使われます。

●カレー

家計調査でカレールウの消費量・購入金額で全国１位となったことをきっかけに、鳥取県ではカレーに熱い視線が注がれるようになりました。鳥取砂丘特産のらっきょうや二十世紀梨、ズワイガニなど鳥取の名物を使ったカレールウの開発など、県の盛り上げ役としてカレーが活用されています。

●ばばあ鍋（岩美町など）

「ばばあ」とは、タナカゲンゲという深海魚のことです。その見た目から、ばばあやばばちゃんと呼ばれています。日本海で底引き網漁をすると、ズワイガニなどと一緒に獲れます。ゼラチン質の皮に覆われており、食べるとお肌がプルプルになります。

●白イカ丼（日本海沿岸）

ケンサキイカを鳥取ではシロイカと呼びます。獲れるのは夏で、日本海沖で一本釣りされます。

島根県

しじみ汁

しじみ汁

しじみ汁には宍道湖《しんじこ》で獲れるヤマトシジミが使われます。宍道湖のシジミは粒が大きく、実が柔らかいのが特徴です。獲れたての新鮮なシジミでつくるお味噌汁は絶品。匂いを嗅ぐだけでもおいしいことがわかります。

ヤマトシジミの漁獲量

環境の変化によって汽水域が淡水域になってしまった地域ではヤマトシジミが獲れなくなりました。そのこともあり、現在、ヤマトシジミの漁獲量は全国的に減少しており、それに伴って価格も高騰しています。

ヤマトシジミの栄養

ヤマトシジミはミネラルが豊富で、必須アミノ酸もバランスよく含まれています。オルニチンという物質は肝臓に良く、最近はサプリメントとしても注目を浴

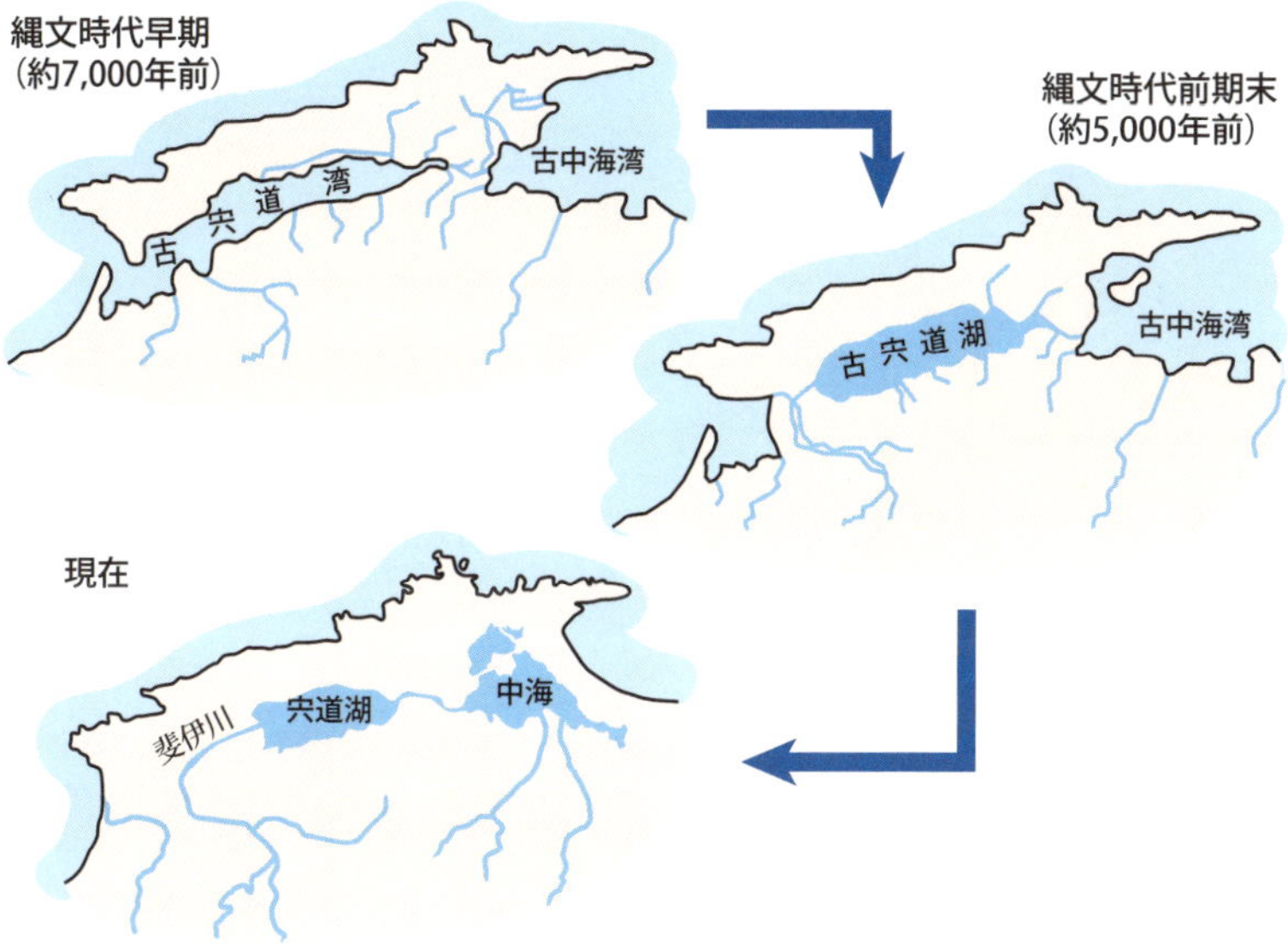

図 42 ● 宍道湖の形成

びています。塩抜きの際は旨み成分が逃げないよう、塩水で行いましょう。

宍道湖七珍

宍道湖にはシジミだけでなく多くの魚介類が存在しています。その多様性から生まれた味覚は宍道湖七珍として多くの人に親しまれています。また水鳥の渡来地としても有名で、多種の鳥類の生息が確認されています。

なぜ島根県で生まれた？

宍道湖

宍道湖は島根県出雲市と松江市にまたがる潟湖《せきこ》です。潟湖とは海の一部が閉じ込められてできた湖のことで、宍道湖は遠い昔、海面の上昇や低下を繰り返す中で形成されたそうです。現在宍道湖がある場所は、もともと陸地でした。縄文時代早期に海面が上昇すると陸地に海水が入り込み、古宍道湾ができます。縄文時代前期末には海面が下がり、古宍道湖が出現します（図42）。これが宍道湖の原型で、その後もさまざまな環境変化があり、明治の初めにはほぼ現在の形になったようです。また、宍道湖の大きな特徴として汽水湖であることが挙げられます。汽水湖とは、淡水と海水が混ざった湖のことで、宍道湖の隣にある中海《なかうみ》と合わせると日本最大規模の汽水域となります。

1年間で獲れる宍道湖の海産物のうち、9割はヤマトシジミが占めています。ヤマトシジミは汽水を好むため、宍道湖は絶好の住処なのです。では、そもそも宍道湖はなぜ汽水湖なのでしょうか。

これは先ほどの汽水域というスケールで見る必要があります。宍道湖には西方から斐伊川《ひい》という川が淡水を運び、東方からは中海が海水を供給します。何千年も前の海水の塩分が残っているわけではありません。

おいしいシジミ

たくさん獲れてもおいしくなければ有名にはなりません。宍道湖のシジミがおいしいのは、変化する環境に適応しながら生きていくため、旨み成分であるアミノ酸が増すからです。一般的に、汽水湖は上層に塩分濃度の低い水、下層に塩分濃度の高い水という構造になります。この状態を成層といいます。しかし、宍道湖は風などにより上下がかき混ぜられ、成層がくずれる時があります。この湖は年に一回以上、上下層が混合する「完全循環湖」に分類されており、塩分濃度が変化しやすい環境なのです。

ちなみに、宍道湖のシジミは水深4m以浅のところにのみ生息しています。これはシジミが成長するのに必要な溶存酸素量と関係があるそうです。

遠い昔の海面変動が、現在の私たちの生活にも影響を及ぼしているというのは面白いですね。

その他の産物・グルメ

あご野焼き

トビウオは対馬海流にのって南の海からやってくる魚です。梅雨時から夏にかけて多く獲れ、島根の「県の魚」にも制定されています。あご野焼きは、トビウオをすり身にして焼いた保存食が起源だと伝わり、出雲地方に伝わる「地伝酒」(料理酒)などをすり身と混ぜ合わせてつくられます。なお、「あご」はトビウオの別名です。

箱寿司(石見銀山周辺)

世界の銀需要をも支えた日本最大の銀山・石見銀山は江戸時代には幕府の直轄地でした。箱寿司の発祥には、幕府から派遣された役人が寿司を食べて都を懐かしんだとか、戦国時代に兵糧として瀬戸内地方から入ってきたとか、諸説あります。この箱寿司のような、いわゆる押し寿司は西日本に多く伝わっていて、たとえば隣の山口県には岩国寿司があります。

ぜんざい

ふだんは全国にいる神様が旧暦の10月に出雲に集う、という言い伝えがありますが、その時期に行われる神在祭《かみありさい》において振る舞われていたとされるのが神在餅《じんざいもち》です。これがぜんざいの始まりとされ、「じんざい」がいつしか「ぜんざい」に転じたといわれています。

島根県と鳥取県には、ぜんざいに似た、餅を入れた甘い小豆汁を正月の雑煮として食べる地域が見られます。

こしょみそ(隠岐諸島)

ゆでたサザエとナスやピーマンなどの夏野菜を炒め、こじょうゆみそと絡める家庭料理です。こじょうゆみそは隠岐に伝わる発酵調味料で、離島の隠岐では入手しにくかった醤油の代わりに用いられてきました。仕込み方は家庭によって違いがあり、材料も小麦、大豆、もち米などさまざまです。

岡山県

フルーツパフェ

くらしき桃子の「ウィンタースペシャルパフェ」

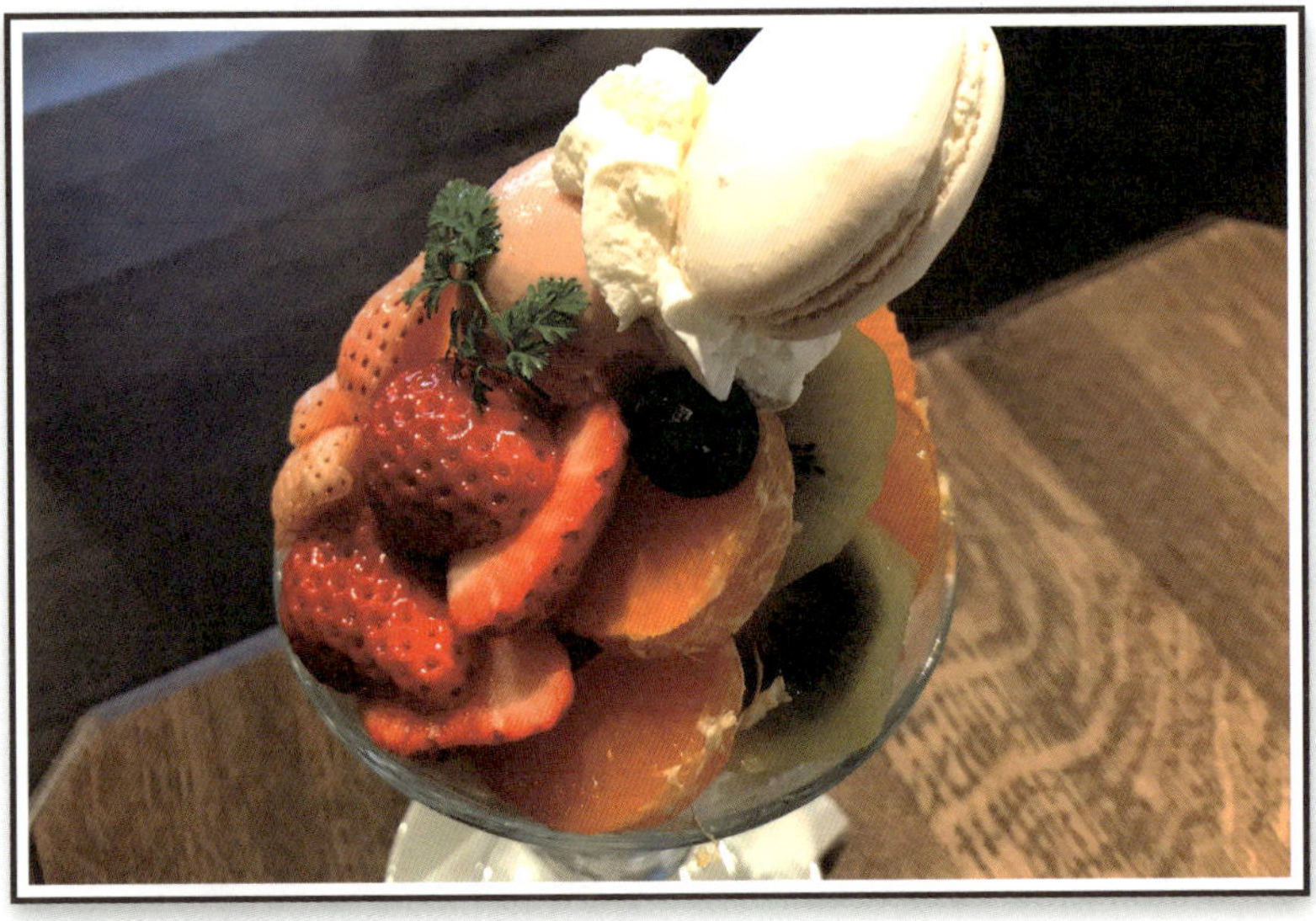

フルーツパフェの街

岡山県では昔から農作物がよく育ち、現在でも1年を通じて果物の生産が盛んです。パフェという形にするのは、生の果実はもちろんのこと、アイス・ゼリーなど、果物をさまざまな形にアレンジしたものを入れられるからだそうです。

地産地消パフェ

季節ごとにパフェの中身は変わります。見た目はかなり豪華で高そうですが、驚くことに1000円以下のものが多いのです。地産地消だからこそ、おいしくて手頃な値段のパフェを提供していただけるのでしょう。

白桃

岡山県での桃の栽培は明治時代に本格的に始まりました。今や全国に桃の産地がありますが、ほとんどの

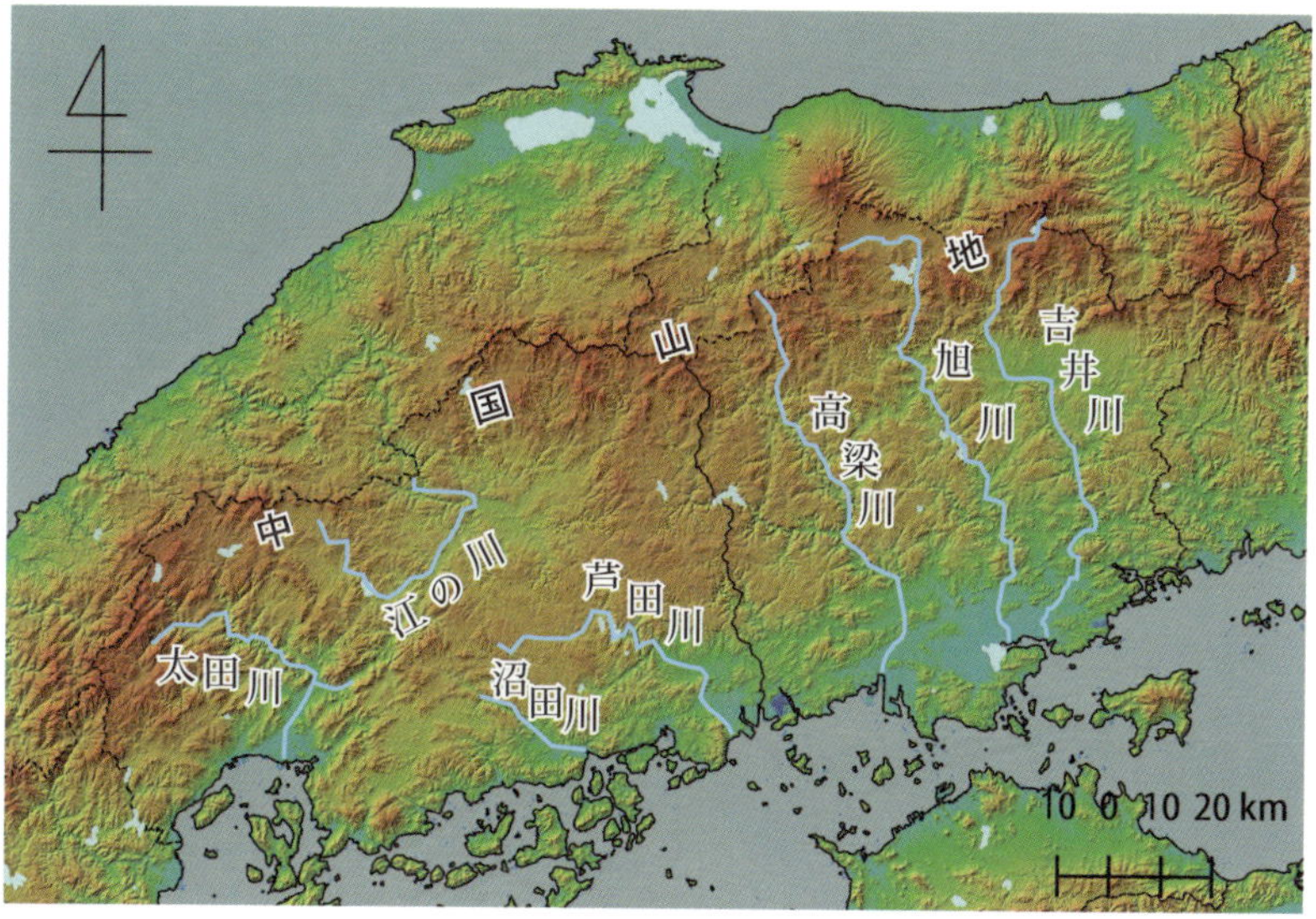

図43 ● 岡山と広島の地形（地理院地図より作成）

桃の品種は岡山県の桃がルーツとなっているそうです。白桃の中でも清水白桃の生産は岡山県が全国一を誇っています。

岡山ニューピオーネ

岡山県で開発された種無しぶどう、ニューピオーネも、岡山県が生産量第1位です。色づきの良いニューピオーネは寒暖差が重要なため、県南よりも標高が高い県北での栽培が盛んです。

なぜ岡山県で生まれた？

晴れの国おかやま

岡山のイメージをわかりやすく一言で表したのが、「晴れの国おかやま」です。なぜ「晴れの国」なのかというと、晴れの日が多く、温暖な気候であることが挙げられます。これは感覚ではなく、1年間における日降水量1㎜未満の日数が、県別に見ると全国1位であることが統計としても示されています（1981〜2010年の平均値、気象庁発表）。雨が少ないのは、北は中国山地、南は四国山地に挟まれており、それらが梅雨前線や台風、降雪を遮ってくれるからです。

「晴れの国」でなければ、果物が有名になることはなかったでしょう。たとえば桃は、日光に当たることでよく育ちます。雨ばかりで日照時間が短ければ、よい桃はつくれません。

十分な水分量

果物をつくるには、水が不可欠です。しかし、先ほど説明した通り、岡山県ではあまり雨が降りません。そんな状況の中、なぜ岡山県は果物王国となり得たのでしょうか。

同じように中国山地と四国山地に囲まれた隣の広島県も、岡山県と似たような気候ですが、そこまで果樹栽培が盛んではありません。それはなぜなのかと考えると、水を運んでくる川に原因があります。

図を見るとわかる通り（図43）、広島県と岡山県の北部には中国山地がまたがっているのがわかりますが、広島県には山側で降った雨を南部まで運ぶ川がありません。一方岡山県には、吉井川・旭川・高梁川という主要河川が3本も存在しています。よって、岡山県は南部での雨量が少なくても、果樹栽培が盛んなのです。

温暖少雨ではあれど、水分量は確保できる環境が、岡山県を果樹王国にしたのです。

ピオーネ

その他の産物・グルメ

鯛の浜焼き

江戸時代、瀬戸内海沿岸の塩田で製塩作業をしていた人たちが、塩釜から取り出した熱い塩に獲った魚を埋め込み、蒸し焼きにして食べていたのが起源だとされています。瀬戸内海には潮流の速い海峡があるため、そこに生息する魚は身が締まり、食味が良くなります。

どどめせ（瀬戸内市）

炊き込みご飯に酢を混ぜてつくる瀬戸内市福岡地区の伝統の寿司で、ばら寿司の元祖ともいわれています。

瀬戸内市福岡地区は、鎌倉時代から水運の拠点として栄えた町です。ある時、船頭が食べる炊き込みご飯に酸っぱくなったどぶろくがかかってしまったものの、食べてみたら思いがけずおいしく、それがどどめせのルーツとなったと伝えられています。

鮒めし（倉敷市）

骨ごとミンチにしたフナと野菜を炒め、だし汁で煮込み、ご飯にかけたものが鮒めしです。倉敷周辺の干拓地には農業用水路やため池が多く、また、高梁川やその支流でフナがよく獲れ、昔から鮒めしが食べられてきました。

倉敷市船穂地区は金時ニンジンやダイコン、ゴボウの産地であり、鮒めしにはそれら地元の特産野菜も用いられます。

ままかり寿司

写真は「ままかり」

ままかりの酢漬けの握り寿司です。ままかりはニシン科の魚・サッパの瀬戸内地方での別称ですが、ご飯（まんま）を隣家へ借りに行ってしまうほどおいしいため、こう呼ばれるようになったといわれています。ままかりは握り寿司のほかに、ばら寿司の具材としても使われます。

サッパは河口付近の砂泥底に生息し、旭川と吉井川が流れ込む児島湾でよく獲れることから、岡山では一般的な食材になりました。

広島県

カキの土手鍋

土手鍋

カキ料理の一つである土手鍋は、鍋の周りに味噌を塗り、その土手を崩しながら味付けをしていきます。プリプリとしたカキが主役ではありますが、カキの旨みで煮込まれた豆腐や野菜を一緒に食べることで一層カキの味を満喫できます。

広島カキ

広島のカキ生産量は日本一です。そんな広島が誇る広島カキの特徴は、小さい殻ながらも実が大きく、味が濃厚であることです。旬は1～2月ですが、現在は「かき小町」などの新たなブランドも開発され

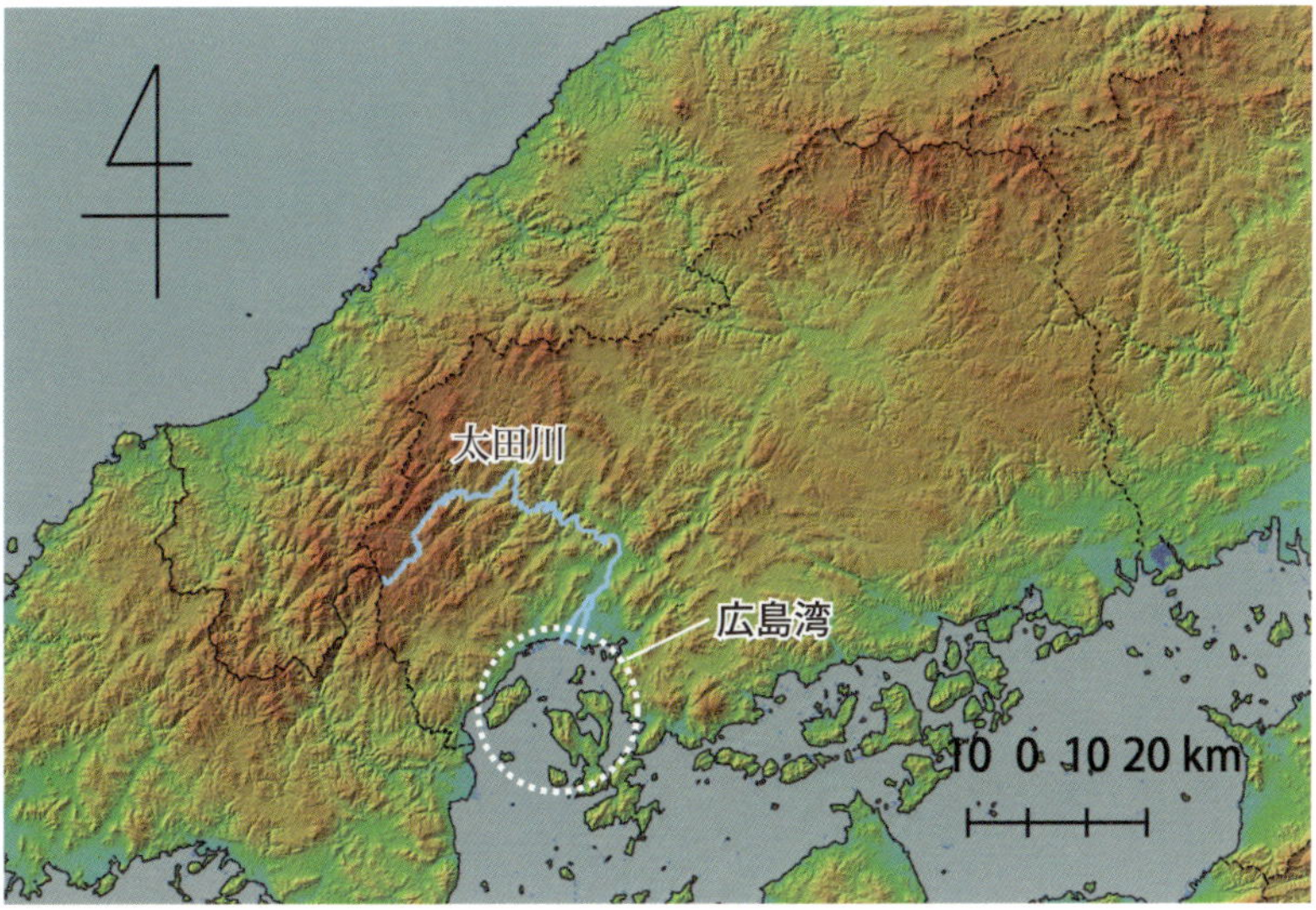

図 44 ● 広島湾（地理院地図より作成）

ており、夏でも食べられるようになりました。

海のミルク

カキは「海のミルク」といわれるほど栄養がたっぷり含まれています。カキのおいしさの秘密はグリコーゲンで、これは私たちが体を動かすエネルギーになります。

カキ小屋

生ものは新鮮なのが一番です。広島県内には新鮮なカキをいただける「カキ小屋」が多く存在しています。カキをふんだんに使った定食・コース料理からカキ食べ放題まで、各店の個性豊かなカキ料理を満喫することができます。

なぜ広島県で生まれた？

カキの養殖

土手鍋のメインであるカキは、広島湾で養殖されています。静岡県のうなぎと同様、カキの養殖をするのにも環境が整っている必要があります。カキの養殖は餌を与えずに行われるため、周りの環境が非常に重要です。その環境条件を詳しく見ていきましょう。

まず一つ目に、波が穏やかであることです。広島湾は島や岬に囲まれた閉鎖的な内湾で、それらが波の衝撃を吸収してくれるため波が静かなのです。養殖するためにいかだを設置しますが、波が激しいといかだが流されてしまいます。

二つ目は、水温です。広島湾の水温変化はカキの生態とうまくマッチングしたものとなっています。産卵期の6～8月には23～25℃の水温が必要であり、広島湾の程よい水温上昇はカキの産卵に刺激を与えています。秋になって水温が下がると、カキはグリコーゲンの蓄積を開始し、身入りの良いカキになります。広島湾の環境は、水温変化に敏感なカキの成長に対応しているのです。

三つ目は、河川の存在です。広島湾には太田川などの比較的大きな河川が流入し、陸から窒素やリンが運ばれてきます。これにより植物プランクトンが増加し、カキの餌となります（図44）。

また、梅雨から夏にかけての雨で大量に河川から注がれる水により、湾内の塩分濃度が薄まります。カキは塩分濃度が薄い海水を好むため、これは好条件となります。

おいしいカキを養殖するにあたって必要な条件が、広島湾にはそろっているといえますね。

ちなみに広島名物のお好み焼きにカキを入れたカキオコも密かなブームとなりつつあります。お好み焼きの中にカキの旨みがいっぱい広がりたまりません。

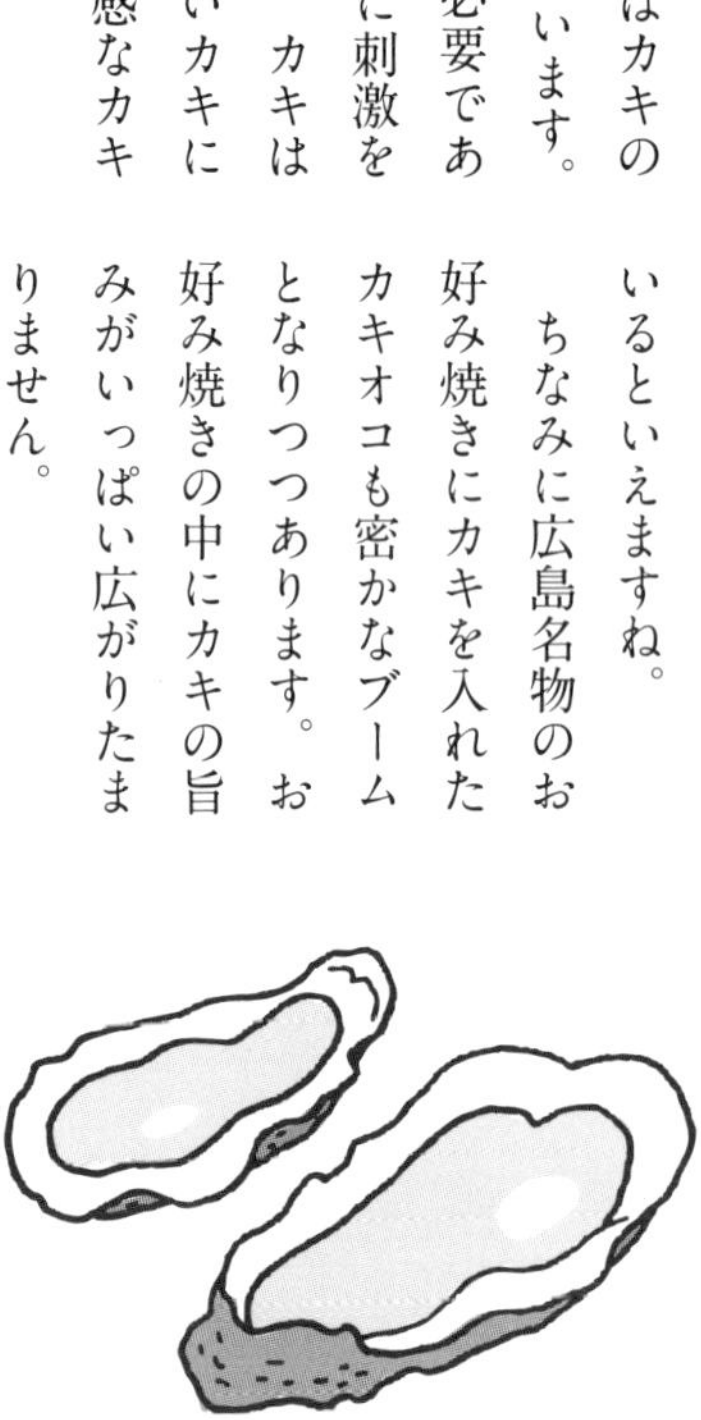

その他の産物・グルメ

●あなご飯（宮島）

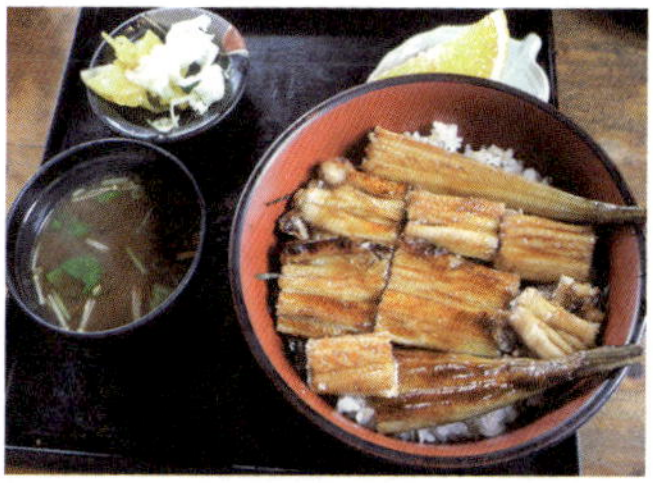

瀬戸内海は国内有数のアナゴの産地です。瀬戸内海には多くの河川によって養分が注ぎ込まれるためアナゴの餌となる生物が豊富に生息し、また、海底には砂泥地や岩礁など多彩な地形が広がり、水深も比較的浅いなど、アナゴが生きやすい環境にあります。

廿日市と宮島の間の大野瀬戸は潮の流れが速く、ここで獲れるアナゴは身が締まっておいしいと定評があります。

●タコ料理（三原市など）

三原沖は小島が点在していて岩場や砂地が多く、エビやカニなどタコが好んで捕食する生物がたくさん集まり、また、潮流が速いため水温の変化が比較的少なく、水質もきれいです。そのため三原のタコはよく育ち、身も引き締まっていておいしいのです。三原では江戸時代からタコ漁が盛んに行われてきました。漁師が獲ったタコを船上で切ってつくった炊き込みご飯が発祥だという「たこ飯」や、足１本をそのまま揚げた「たこ天」、新鮮な「たこ刺し」など、産地ならではのさまざまな料理が味わえます。

●ワニ料理（備北地方）

ワニとはサメのことです。サメの身は腐りにくく日持ちするため内陸地域でも刺身として食べることができます。そのため庄原《しょうばら》や三次《みよし》など備北地方では重宝されてきました。現在でも親しまれていて、刺身以外にもフライや鍋物、カツ丼など、料理のバリエーションも多彩です。

●美酒鍋（東広島市西条）

塩と胡椒、日本酒だけで味を調える、酒どころ西条らしい鍋料理です。西条盆地に位置し、昼夜の寒暖差の大きい盆地気候が日本酒の仕込みに適していて、すぐ北にそびえる龍王山から酒造に適した伏流水を得られることから、西条では江戸時代に酒づくりが始まり、今でも多くの酒蔵が軒を連ねています。

●尾道ラーメン（尾道市）

瀬戸内海に面する尾道ではかつて造船業が盛んでしたが、その衰退にともない、船の仕事を離れてラーメン屋を興す人が出てきて、尾道にラーメンが定着していきました。瀬戸内海の小魚をスープのだしに使う店もあります。

広島県

山口県

岩国寿司

お寿司のミルフィーユ

岩国寿司は、ちらし寿司を何段も重ねるかのようにしてつくられるお寿司です。大きな木枠にお寿司を詰め終えると、蓋の上に足をのせて枠を引き抜く大仕事が待っています。大きいもので、一気に150人前のお寿司をつくることができます。お店で食べるときは、上の写真のように一層に切り分けられた状態で配膳されます。

お祝い

多くの岩国市民にとって、岩国寿司はお祝いのご馳走に欠かせないものとなっています。結婚披露宴では、ケーキの代わりに岩国寿司入刀をすることもあるそうです。

光る個性

店舗ごとに岩国寿司の切り方や具材の種類などが異なり、食べ比べてみるのも面白いでしょう。中には岩国寿司を目の前で切り分けてくれるところもあるようです。「岩国寿司食べ歩きＭＡＰ」を片手に、岩国寿司を堪能してみてはいかがでしょうか。

時代とともに……

昔は各家庭に家庭用サイズの木枠があり、嫁入り道具として木枠を持っていくことも多かったようです。しかし時代とともに家庭ではつくられなくなり、木枠の需要も減ってきています。日用品店でもほとんど姿を見かけなくなりました。

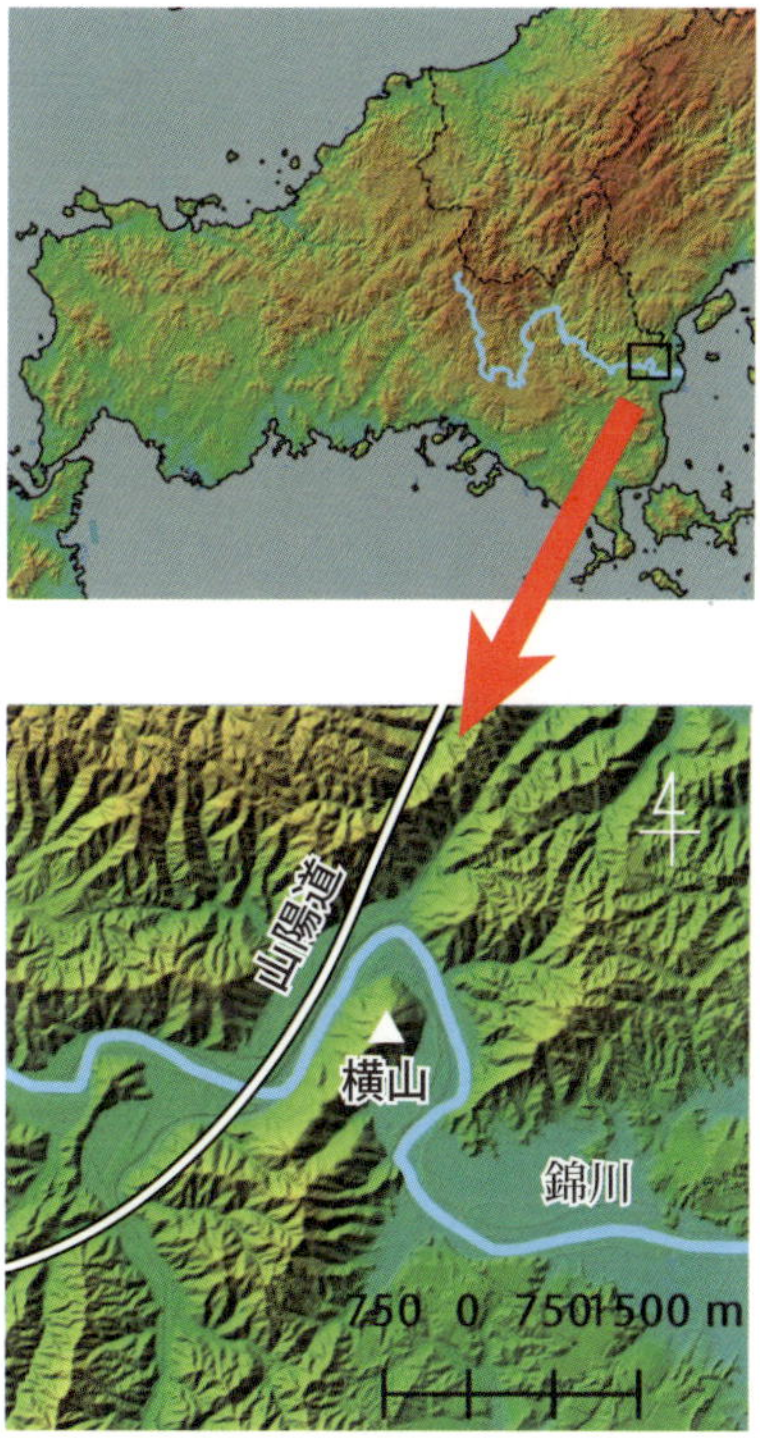

図45 ● 岩国城周辺の地形（地理院地図より作成）

なぜ山口県で生まれた？

岩国城の不思議

岩国寿司は別名「殿様寿司」と呼ばれています。

それは、岩国城が横山という山の上にあり、岩国藩主が山上に運びやすい食べ物の考案を求めたことに由来するそうです。しかし、なぜ岩国城は山上にあるのでしょうか。山城は防塞としての役割を果たすため、戦の多かった中世のお城の特徴といえます。しかし、岩国城がつくられたのは江戸時代です。この頃のお城は、戦のためというよりも領国支配の性格が強かったので、小高い丘の上や平地に建てられるのが普通でした。そういう意味で、高い山の上にある岩国城は、珍しいお城なのです。

自然防塞の町・岩国

岩国城の謎を解くには、まず歴史をたどる必要があります。鍵となるのは、1600年・関ヶ原の戦いです。これは豊臣政権を存続させようとする西軍と、徳川方の東軍が争った天下分け目の戦いです。初代岩国藩主の吉川広家《きっかわひろいえ》は、西軍の盟主であった毛利輝元《もうりてるもと》と同族関係にありました。そのため、本来ならば西軍の味方につくはずです。しかし広家は東軍の勝利を確信しており、徳川家康と内応していました。簡単にいえば、広家が東軍を勝利に導く代わりに毛利家を存続させることを家康と約束したのです。その後の細かいことは省略しますが、広家は約束通り東軍が優勢になるように仕向け、東軍を勝利に導きました。一方で家康はといえば、約束を完全に守ったわけではなく、毛利氏の土地をかなり没収しました。そこで広家は長門と周防を毛利氏に譲り、出雲を本拠としていた彼は岩国へと移ることになったのです。

さて、ここからが本題です。毛利氏は広家のおかげで存続できたわけですが、土地を減らされたことが不満で、長州藩と岩国藩の間には確執が生まれました。また、約束を破られたことから、家康も確実に安心できる相手ではないことがわかりました。つまり、毛利氏に対しても、家康に対しても、警戒しておく必要があったのでしょう。だからこそ、広家は山上にお城を建てたのです。山上からは山陽道が見渡せ、異変にすぐ気づくことができます。また、山を囲むように錦川が流れていて、自然の外堀としての役目を果たしていました(図45)。横山が山陽道の近くに位置し、川に囲まれていたからこそここが選ばれたのです。お城ならどこでもいいというわけではなく、地理的に利となるところに築いていたのですね。

吉川広家が岩国藩主となり、岩国城を横山の上に建てたから、岩国寿司が生まれたのでしょう。

✤岩国城の位置

岩国城は一国一城令で取り壊されたため、現在のお城は復元したものとなっています。しかしその位

その他の産物・グルメ

●ふく料理（下関市）

下関ではフグをふくと呼びますが、その理由は「福にちなんで」など諸説あります。下関は響灘、周防灘、玄界灘などのフグの好漁場に近く、フグ食の文化が育まれてきました。今では有毒部位の除去の加工技術をもつ業者などが集まるなど、下関はフグ関連産業の集積した町になっていて、各地からフグが集まり、水揚げ日本一を誇ります。

●夏みかん（萩市）

明治時代、経済的に困窮した萩の元武士の生活を支えたのが夏みかんです。萩は対馬海流の影響もあって比較的暖かく、柑橘類の生育しやすい地域です。夏みかんは菓子やマーマレード、果肉や果汁に加えて皮までも使われる「夏みかん寿司」など、その活用方法は多岐にわたります。ちなみに、伊予柑は愛媛県でなく、萩が発祥です。

●茶がゆ（県東部）

江戸時代に米を節約する方法として奨励されて以降、食べられるようになったといわれています。小麦粉の団子やソラマメを入れたりすることもありますが、柳井など県東部ではサツマイモを入れます。柳井周辺は温暖な気候で日照時間も長いため、サツマイモの栽培が昔から盛んでした。

●ごぼう巻（萩市）

萩の蒲鉾には近海で獲れるエソという魚が用いられますが、蒲鉾づくりに皮は使わないため、その皮を有効活用しようと生み出されたのがごぼう巻です。

同じ県内の美祢には「美東ごぼう」という特産品があります。この地域はカルスト台地の秋吉台が有名ですが、石灰岩から溶け出した炭酸カルシウムが土壌に多く含まれていて、香りが高く柔らかいゴボウが育ちます。

置は昔とは違い、東側に50m移動させました。それは観光目的です。天守閣からは市内が見渡せるように、また、市内からは岩国城が見えるようになり、写真を撮るにはもってこいの場所にあります。それはそれでいいことだと思います。ですが、お城から山陽道は見えなくなり、広家が岩国城に持たせていた目的が失われてしまいました。

50m位置を変えるだけで、まったく別の機能をもった建物になります。写真写りだけを気にするのではなく、たまにはそうした背景に目を向けつつ写真を撮ってみるのもよいのではないでしょうか。

徳島県

鳴門鯛のわかめ蒸し

鯛とわかめのコラボ

鳴門海峡で育った鯛は鳴門鯛と呼ばれています。鯛の旬は春から夏にかけてですが、産卵前の春の「桜鯛」は脂がのっていて非常においしいです。また、わかめの旬も春であるため旬の料理同士をうまくコラボさせた逸品といえます。

鯛の漁獲法

鳴門には鳴門特有の鯛の釣り方が存在します。その名も「撒餌《まきえ》釣」。海底の形状や鯛の生態と古くから向き合ってきた漁師たちの伝統技で、ピンポイントに餌の入った筒を落として鯛をおびき寄せます。

わかめの栄養

サラダやみそ汁など、用途の広いわかめ。これにも栄養がばっちり含まれています。カルシウムやミネラルなどが豊富で、何かにちょっと加えるだけで簡単に栄養が摂取できる食材です。

簡単につくれるグルメ

この料理は鳴門鯛さえ手に入れば、意外と簡単につくることができます。蒸すときは蒸し器を使ってもいいですし、アルミホイルにわかめと鯛を包んでホイル焼きのようにしてもいいと思います。

なぜ徳島県で生まれた？

鳴門海峡

鳴門海峡は潮流が激しいことで有名です。そしてその激しさこそがおいしい鯛とわかめが獲れる理由なのです。激しい潮流に揉まれた鳴門鯛は筋肉が引き締まり、ぷりぷりとした食感になります。また、わかめも同様の理由で肉厚になり、強いコシとしなやかさが特徴です。

鳴門海峡・潮流というキーワードからは、渦潮を連想する方もいらっしゃるでしょう。そこで、なぜ潮流が速いのかを探るとともに渦潮の形成要因についても見ていくことにします。

鳴門の潮流・渦潮の謎

鳴門海峡の潮流は世界三大潮流の一つともいわれているほどです。その激しさは月と太陽の引力によってもたらされています。引力によって海水が引っ張られることで満潮と干潮の周期が約6時間ごとに繰り返されますが、鳴門海峡ではその干満が海峡の両側で起こるという珍しい現象が起こっています。

太平洋側から満ちてきた海水は、淡路島にぶつかると東西に分かれます。西側に行く海水はそのまま鳴門海峡の南側へ行きますが、東側の海水は淡路島をぐるっと一周して鳴門海峡の北側に到着します。一周するのにかかるのが約5時間であるため、北側に満潮の海水が到達する頃には南側は干潮になっており、鳴門海峡を挟んで干満差が生じるのです。満

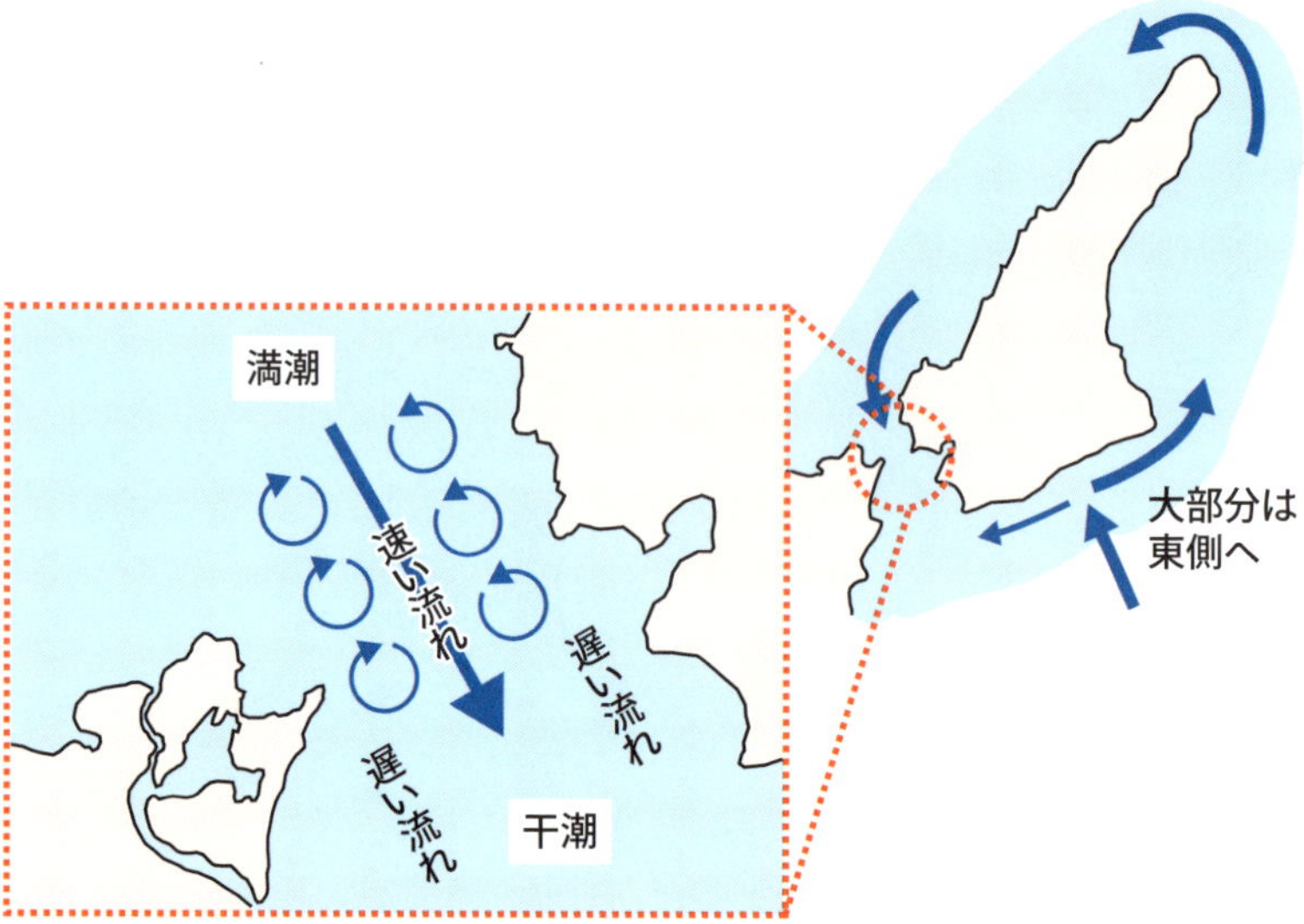

図46 ● 潮流の動き、渦潮の形成

潮から干潮へと水が流れ込むため、この場合は北から南へと海水が勢いよく落ちるように移動します（図46）。この落差こそが、速い潮流を生む要因だったのです。ちなみに、さらに6時間後には干満が逆転するため南から北への海水の移動が見られます。

さて、渦潮についてですが、こちらは潮流の速さの差が重要になります。満潮から干潮へと移動する際、潮流は海峡の中央部（海底が深い部分）を通りますが、両岸は浅瀬で緩やかな潮流です。渦潮はその境目付近で速い潮流が緩やかな潮流を巻き込むことで形成されます。そのため北から南、南から北へのそれぞれの移動で、渦の向きが変化するのです（図46）。

宇宙規模での働きが、食べ物という資源を供給してくれていることがわかりますね。

その他の産物・グルメ

そば米雑炊（祖谷地方）

高い山々に囲まれた谷間にある祖谷地方はその立地が稲作に向かないため、ソバがつくられてきました。そば米とはソバの実をつぶさずにゆでて殻をむいて乾燥させたもので、それを米に見立てて食べます。

人里離れた山奥にあるため、源平合戦に敗れた平家の落人が隠れ住んだという伝説が残る祖谷地方。そば米雑炊は彼らが都をしのんで正月料理として食べたことに始まるといわれています。

ボウゼの姿寿司

ボウゼはイボダイのことで、播磨灘や紀伊水道などで夏から秋にかけて獲れる魚です。姿寿司は背開きにしたボウゼに寿司飯を詰める家庭料理で、徳島では秋祭りにおける定番の一品です。寿司飯には徳島特産のスダチやユズなどを原料とした酢を使い、酸味を効かせます。

なると金時（鳴門市など）

なると金時は鳴門海峡に近い地域で収穫されるサツマイモです。海峡沿岸地域は場所柄、海の養分を豊富に含む砂地が広がり、また、温暖で雨の少ない気候であるためサツマイモ栽培に適しています。焼き芋でそのまま食べたり、菓子や惣菜に加工したり、用途はさまざまです。

阿波晩茶（上勝町、那賀町相生地区）

上勝町や那賀町相生地区で数百年前から庶民の間に伝えられてきました。乳酸菌微生物によって発酵させてつくる、世界的にも珍しい製法のお茶です。これらの地域には茶の木があちこちに自生していて、昔は農作業や山仕事の一服の際にはそうした木から採った葉でお茶を飲んでいたそうですが、阿波晩茶づくりには栽培した茶葉も用いられます。

香川県

讃岐うどん

コシ

讃岐うどんの特徴は、なんといってもコシ、噛んだ時の弾力性にあります。コシはうどんの生地を足で踏んでこねる「足踏み」という作業により生まれます。また、塩水を使用することで生地の弾力性が増します。

豊富なメニュー

初めて讃岐うどんのお店に入る時、メニューの多さに戸惑うかもしれません。かけうどんはわかるにしても、ぶっかけや釜揚げなど名前を見ただけでは想像のつかないうどんもあります。好みは人それぞれなので、ぜひお好みを見つけてみてください。

お店の種類

大きく分けると2種類の注文スタイルがあります。通常の飲食店と同じように注文をしてお店の人に持ってきてもらうスタイルと、セルフ式スタイルです。ど

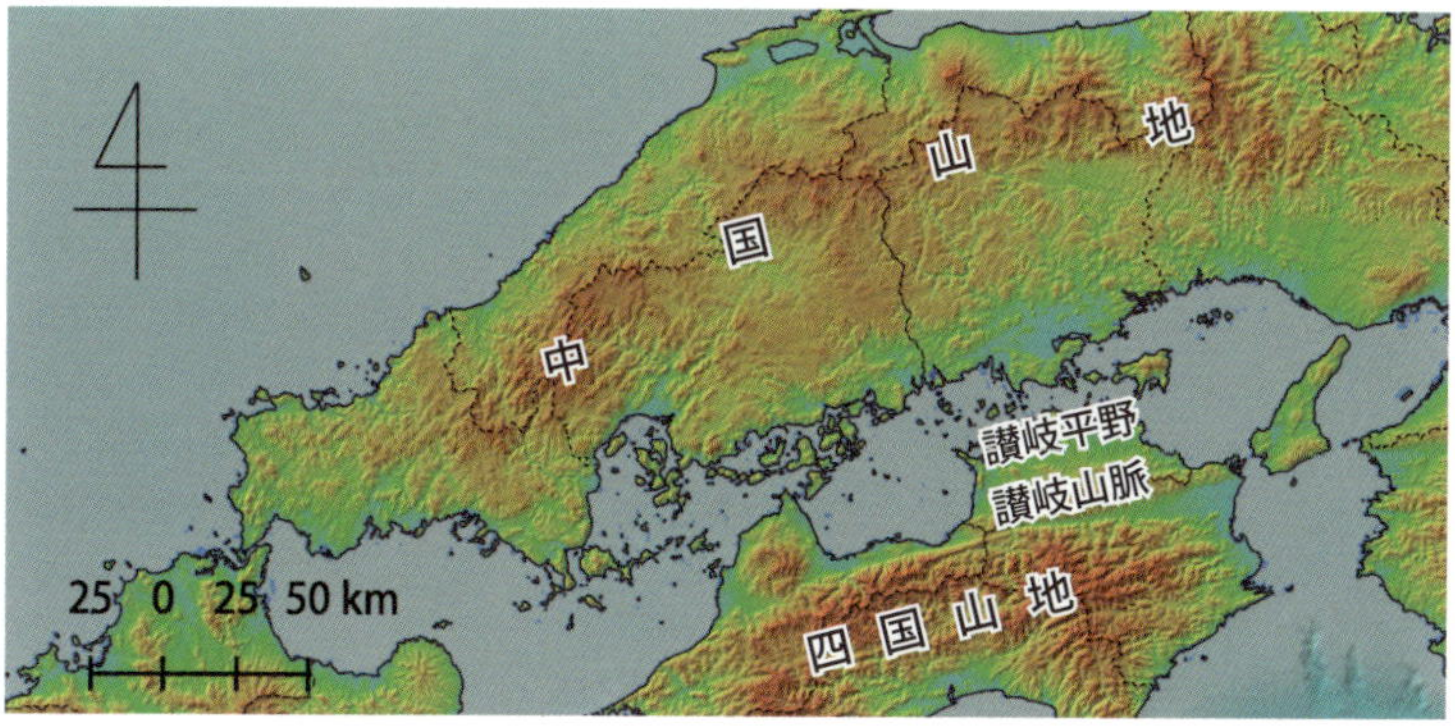

図 47 ● 香川県周辺の地形（地理院地図より作成）

ちらにも良い点があるため、その時の気分に合わせて選ぶのもいいかもしれません。

讃岐うどんめぐり

せっかく訪れたのだから、たくさんの有名店を満喫したいという方も多いです。そういう方々は、うどん小サイズを頼んで何軒も回っています。小サイズなら値段も150円くらいで、お財布にもやさしく、満足感が得られます。

なぜ香川県で生まれた？

原材料がそろう場所

香川県でうどんがつくられるようになったのは、原材料がそろっていたからです。以下、各原材料について見ていきましょう。

小麦

うどんの原材料の一つである小麦は、香川県で栽培されていました。香川県は年間を通して温暖・少雨な地域でたびたび水不足に悩まされ、米の安定生産ができなかったため、小麦はその代用として必要不可欠なものだったのです。香川県がそうした気候であるのは、南北を山々に挟まれているからです（図47）。太平洋や日本海から来る湿った風は、南は四国山地と讃岐山脈、北は中国山地に当たって雨を降らせるため、香川県まで到達しません。

水はけが良いことも小麦が穫れる理由の一つです。県内の川の水源はほとんどが讃岐山脈で、讃岐平野では扇状地を形成します。ただでさえあまり水量のない川ですが、それに加えて扇状地は水はけが良いため米の栽培には適しません。

図 48 ● 小豆島・伊吹島

塩

瀬戸内海では昔から製塩が盛んでした。その理由として、瀬戸内海が遠浅であることや、雨があまり降らないことが挙げられます。遠浅の海は波穏やかで塩田をつくるのに適しており、古くから揚浜式塩田がつくられました。揚浜式は人力で海水を砂の上に撒き、天日で乾燥させて塩を取る方法です。やがて技術が発達すると入浜式塩田となり、潮の干満を利用して海水を塩田に取り込めるようになりました。どちらにせよ、瀬戸内海沿岸が塩田をつくるのに適した地形であったということです。

天候に関しては、雨の日が多いと天日干しが難しく、砂に付着した塩の流出にもつながるため晴天の日が多いことも塩づくりの条件です。

だし

うどん自体の原材料はもちろんのこと、おいしいだしがつくれる環境でもありました。讃岐うどんの多くは「いりこだし」で食されます。それをつくるのに必要な醤油といりこが手に入りました。

まず、醤油は小豆島での生産が盛んでした。香川県本土と同様、小豆島も温暖少雨な地域です。また、昼間は海風が吹き、夕方になると山から乾燥した風が吹くという海陸風の行き交いが、醤油醸造の発酵過程における最適な湿度をもたらしています。

いりこは煮干しの総称で、おもにカタクチイワシからつくられます。上質ないりこはイワシを獲ってからの加工時間に左右され、瀬戸内海に浮かぶ伊吹

その他の産物・グルメ

あん餅雑煮

香川県の一部地域では、白味噌ベースの汁にあん入りの餅などを入れる雑煮を正月に食べる風習が江戸時代から続いています。当時、砂糖は貴重品でしたが、県東部地域では製糖業が発展していました。雨が少なく暖かな瀬戸内の気候と砂質の土壌に恵まれ、サトウキビ栽培に適していたためです。砂糖は塩、綿とともに名産品として「讃岐三白」と称されました。

てっぱい

フナとダイコンを味噌や酢などで和えてつくります。大きな川が流れず年間降水量も少ない讃岐平野では古くから、水を確保するためのため池が多くつくられました。農作業が一段落する冬を迎える頃、ため池では水を抜くとフナが獲れ、脂ののった食味が重宝されました。

いりこ飯

いりこ飯は、いりこの炊き込みご飯です。いりことはカタクチイワシの煮干しのことで、讃岐うどんのだし取りにも欠かせません。カタクチイワシのおもな漁場となるのは瀬戸内海の燧灘《ひうちなだ》です。燧灘は四国や大小の島々に囲まれているために瀬戸内海の中では潮流が緩やかで、小さなカタクチイワシにとって生息しやすいのです。

オリーブ製品（小豆島）

オリーブが小豆島へ導入されたのは明治末期のことです。小豆島をはじめ香川県は温暖で、日照が多く雨の少ない気候が、オリーブの原産地である地中海沿岸地域の気候と似ているために栽培が軌道に乗り、今では日本一の産地になっています。オリーブオイルや実の塩漬けにペーストなど、オリーブはさまざまな形で製品化されているほか、餌に活用して育てられたハマチや牛肉も出荷されています。

島は加工するのにちょうど良い位置にありました。この島はイワシが獲れる漁場の中心に位置し、獲ったらすぐにここへ運び、加工してから本土へ持っていくことで新鮮さを保つことができたのです（図48）。

以上より、香川県が「うどん県」になることができた理由がおわかりいただけたでしょうか。うどんは弘法大師が中国から持ち帰ったとされていますが、おいしいうどんをつくれる環境でなかったら、この地に定着することはなかったでしょう。

愛媛県

霧の森大福

霧の森菓子工房の「霧の森大福」

絶妙なハーモニー

生クリームとこしあんを抹茶味のお餅でくるみ、さらに抹茶をまぶした一品です。サイズは小さめですが、これ以上大きくすると食材同士の調和がとれなくなってしまうとのことです。

当選倍率90倍?!

遠方の人にはありがたい、お取り寄せを行っています。ただし、それは抽選販売。不定期に開催される抽選に当たった人だけが食べられます。辛抱強く、その時を待ちましょう。

霧の森

霧の森は１９９９年、高齢化が進む新宮村《しんぐうむら》（現在は合併して四国中央市新宮町）のまちおこしのためにつくられた複合観光施設です。馬立川という川に沿って整備されていて、コテージや天然温泉などがあります。

日を満喫してみてはいかがですか。

4 大量生産できないワケ

これには二つの理由があります。まず一つ目は、抹茶を手作業でまぶしていること。二つ目は、新宮産のかぶせ抹茶だけを使用していること。なかなか手に入らないのにも納得がいきますね。

なぜ愛媛県で生まれた？

新宮茶とは

お茶、と聞いて四国を連想する方は少ないと思いますが、愛媛県新宮村はお茶の産地となっています。ここのお茶の特徴は、全国でも稀に見る無農薬栽培。30年間いっさい農薬を使用していないそうです。新宮村の茶畑は大規模ではなく、小規模なものが点々としています。こうすることで、害虫が発生した場合にも被害を一部にとどめることができます。

新宮村の気候

1日の寒暖差が大きい新宮村では、朝と夕方に霧が発生します。この霧が、お茶をおいしくする要因ともなっています。茶葉は直射日光を浴びると渋み成分のカテキンが多くなりますが、霧によって日光が遮られると甘み成分のテアニンの方が多くなります。また茶葉は光合成があまりできないため、光をたくさん吸収できるように葉緑素を増やします。これが鮮やかな緑色を生み出し、うまみ成分を多く含むのです。

そして1年の寒暖差も大きく、冬は冷え込むため越冬害虫が少なくなります。夏は気温が高くなりますが、蜘蛛や蜂などの害虫の天敵が現れるため、無農薬栽培が可能となっています。お茶は無農薬栽培により自身の力だけで育ち、さらにおいしいお茶ができあがります。

また、お茶は降水量の多いところを好みますが、

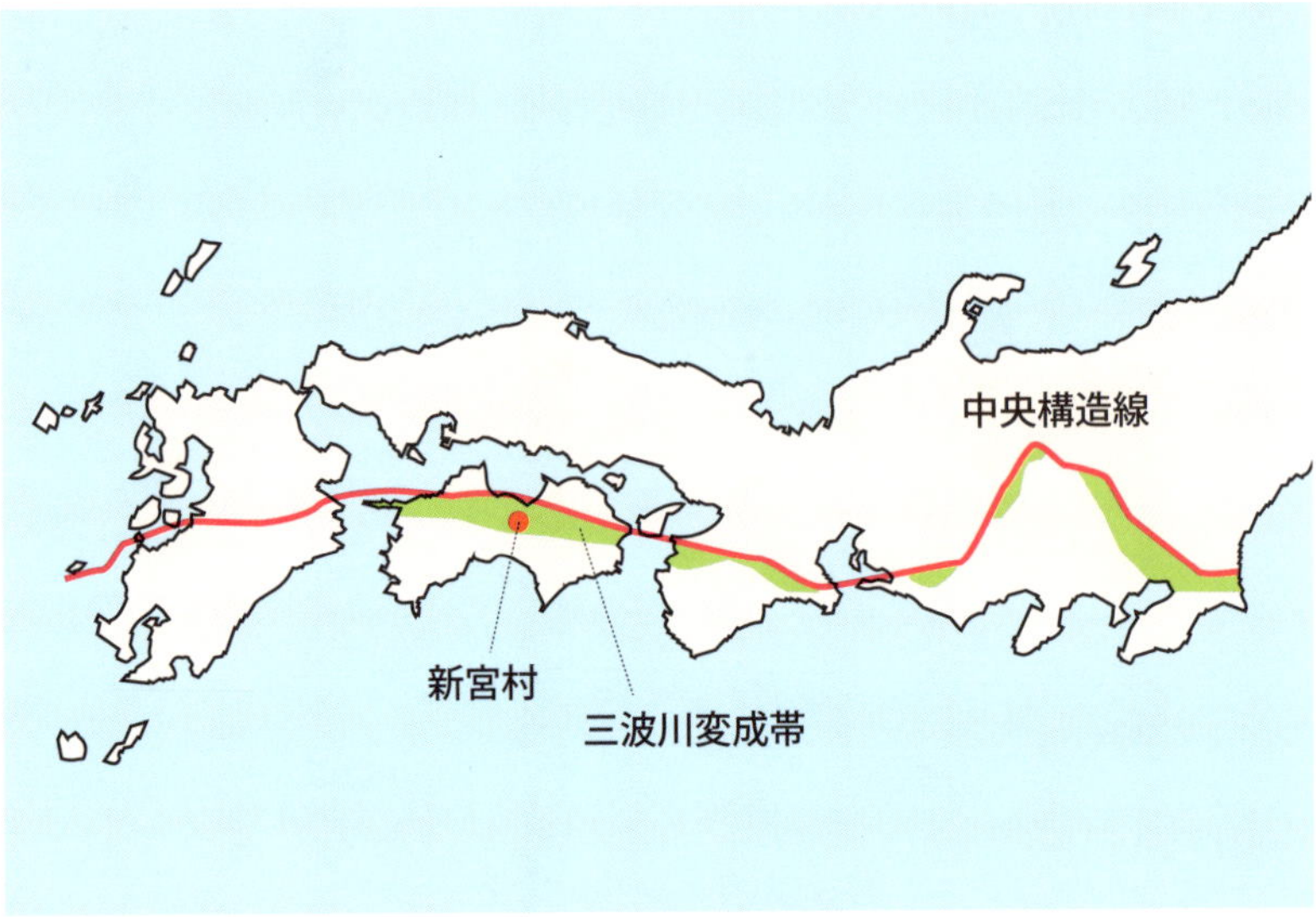

図 49 ● 三波川変成帯

新宮村の位置する山間部は湿気がたまりやすく、平野部よりも降水量が多くなっています。

緑泥片岩

土壌もお茶の良し悪しに影響してきます。図49に示す中央構造線は日本を横断する日本最大級の断層で、それに沿って圧力がかかり、岩石の性質が変化します。新宮村はその三波川《さんばがわ》変成帯上に位置し、土壌には緑泥片岩が多く含まれています。緑泥片岩は広域変成岩であり、温度や圧力による変成作用を受けてできたもので、これにはお茶の香りをよくする効果があるそうです。また、お茶は酸性土壌を好みますが、緑泥片岩はケイ酸塩岩なのでこれもお茶に適したものといえます。

新宮村はお茶を栽培するのに絶妙な位置にありますね。このお茶を使用した霧の森大福が人々の心をとらえるのも当然のことだといえます。

その他の産物・グルメ

じゃこ天（宇和島市など南予地方）

じゃこ天は皮がついたままの魚を骨ごとすり身にして油で揚げたものです。地元でハランボと呼ばれるホタルジャコをはじめとする宇和海の小魚でつくられます。宇和海には地形の複雑なリアス海岸が連なるほかサンゴが生育し、小魚でも生息しやすい環境になっています。

宇和島鯛めし（宇和島市）

だし汁や醤油、生卵、ゴマなどでできたたれとタイの切り身を混ぜ合わせ、ご飯にかけて食べます。言い伝えによると、宇和海で活動していた伊予水軍が船上での酒盛りの際に食べていた一品が、宇和島鯛めしの始まりです。マダイ生産量において愛媛県は日本一の座にありますが、その理由として、宇和海が黒潮の流れ込む好漁場であることに加え、リアス海岸の入り組んだ地形を利用した養殖業も盛んであることが挙げられます。

柑橘類

愛媛県では江戸時代からミカン栽培が始まったとされ、海岸近くの傾斜地や瀬戸内海の島々にミカン畑が広がっています。海底から隆起して陸地となった畑地ではもともと養分が豊富で、傾斜地は水はけがよく、さらに、全県において晴天が多く温暖であるため、愛媛はミカン栽培に適しています。現在ではイヨカンやポンカンなど、多様な柑橘類の栽培へと進化し、柑橘類生産量は全国最多となっています。

やきとり（今治市）

今治でやきとりといえば、鶏肉を串打ちせずに鉄板で焼く独特なスタイルが定番です。海上交通の要衝だった今治は造船業で繁栄し、また、タオル産業も発展したために商売人や職人が多く、今治の人にはせっかちな気質があるといわれます。そのため今治では、串焼きに比べて早く一気に提供できる鉄板焼きが人々に受けて定着したものと考えられています。

いずみや（新居浜市）

コノシロやアジなどの魚におからを合わせる押し寿司です。その名の由来は、280年以上の長きにわたり銅が採掘された別子銅山の開発運営に携わった住友家の屋号「泉屋」にあります。江戸時代、住友家によってもたらされたのは寿司飯の押し寿司でしたが、当時貴重だった米の代わりにおからが用いられるようになって今に至るということです。

高知県

室戸キンメ丼

写真提供：高知県東部観光協議会

キンメ丼とは

金目鯛の照り焼きと旬の魚のお刺身をのせた丼ぶりです。キンメ丼は全店価格共通の１６００円で提供されています。各店でつくった金目鯛のアラ汁をつけることも、室戸キンメ丼を名乗る条件の一つとなっています。

金目鯛

金目鯛は真っ赤な魚で、大きな黒い目が特徴的です。照り焼きとお刺身とでは、味はもちろん食感も異なるため、室戸に行ったら両方食べてみることをおすすめします。日によって仕入れられる金目鯛の数に差があるため、お早めに。

キンメ丼のシメ

キンメ丼を最後までそのまま食べるのもいいですが、半分程食べたところでアラ汁をかけ、お茶漬け風

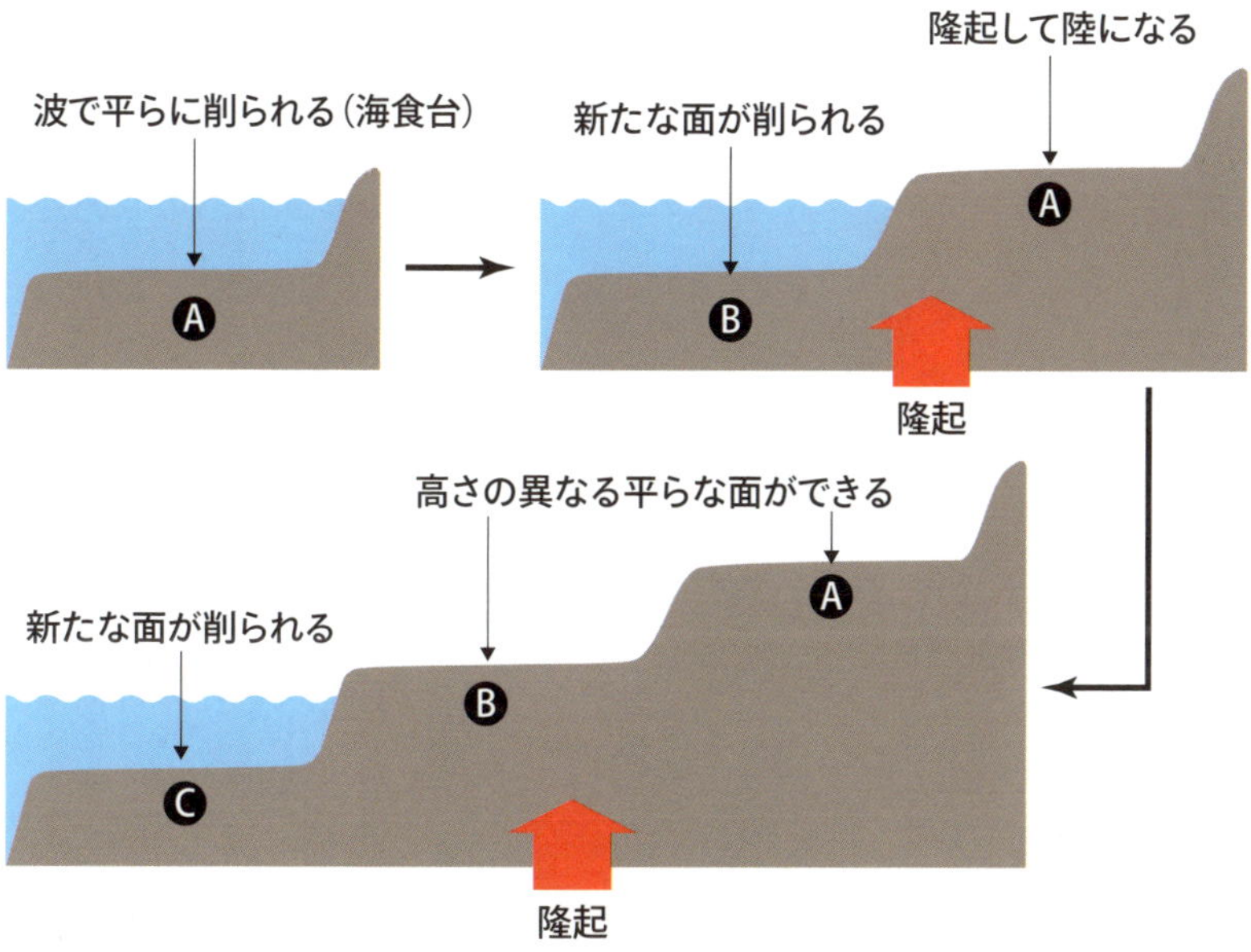

図 50 ● 海成段丘の形成

にして食べるのもおすすめです。だしの旨みが追加され、さらに贅沢な気持ちになります。

室戸ジオパーク

室戸は２０１１年にジオパークに認定されました。ジオパークは地球を学び、楽しむ場所で、室戸ジオパークはプレートの動きを観察できる、世界的にも珍しいところです。定期的にイベントも開催されています。

なぜ高知県で生まれた？

室戸の金目鯛

知る人ぞ知る金目鯛の宝庫、室戸では西日本一の金目鯛水揚げ量を誇ります。金目鯛は水深約200～800mのところに棲む深海魚であるため、通常は陸から離れたところまで船で行く必要があります。しかし、室戸では特異な地形により金目鯛を漁港の近くで獲ることができるため、他の地域よりも新鮮な状態で私たちのもとに届けられます。その特異な地形とは、海岸からすぐに海底が急峻になっていることです。静岡の伊豆が同じく金目鯛の産地なのも同じ理由です。

その急峻さは、なんと地上で確認することができます。室戸岬はフィリピン海プレート沿いで起きた大地震により、土地が隆起してできた場所です。そのため、現在地上で見えている地形は、昔は海の中にあったということになります。地層を観察すると、深海生物が動き回った跡が見られますが、これが海面下にあったことの証拠となります。ちなみにこういった生物活動の跡を、生痕《せいこん》化石といいます。

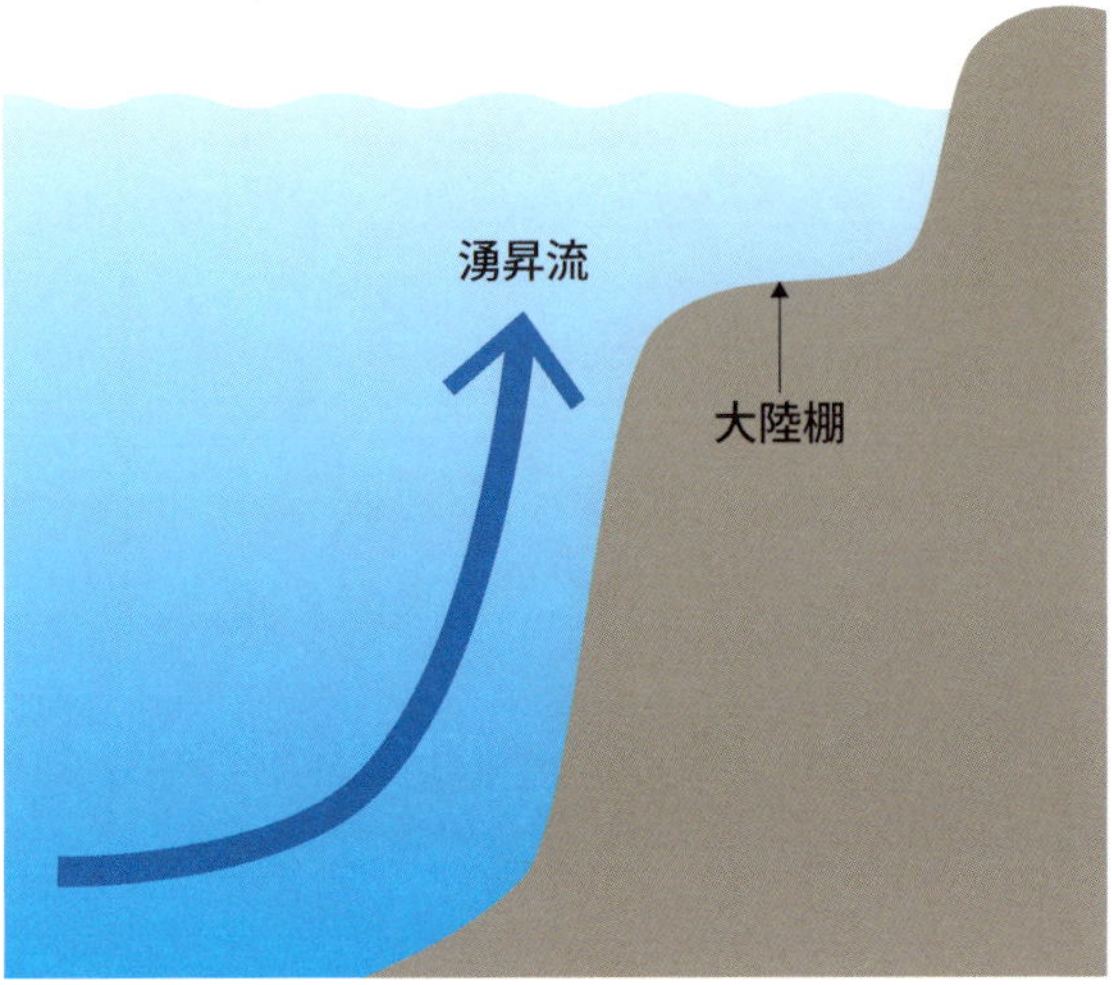

図51 ● 湧昇流

大地が隆起すると、波で削られてできた海食台という平らな面が地上に現れます。隆起がくり返されることにより、海岸線に沿って平らな面が階段状になる海成段丘が形成されます（図50）。黒耳《くろみ》という地区では、この段丘を利用して黒耳びわが栽培されており、自然のダイナミックな力がいくつものご当地グルメを生み出していることがわかります。

深海が魚を呼ぶ

室戸の深海には金目鯛以外の魚も集まってくるため、キンメ丼の刺身は金目鯛に限らず地魚でよいことになっています。じつはこれにも深海が関係して

その他の産物・グルメ

カツオ料理

「県の魚」に制定されているカツオは高知では特別な魚です。カツオが泳ぐ黒潮は土佐湾の沿岸近くを流れるため漁場が形成され、一本釣りなどで獲ったカツオを湾岸の港で新鮮なうちに水揚げすることができます。カツオは高知名物の「たたき」や「酒盗」はもちろん、鰹節などへの加工にも利用されます。現在の鰹節の製造方法は今の土佐市が発祥の地だといわれています。

皿鉢料理

大きな皿にカツオのたたきや刺身、寿司、煮物、焼き物、果物などを盛り合わせる豪快な宴席料理です。型にはまらず自由を好むのが高知県人の気風などといわれますが、盛り付け方にも食べ方にも特に決まりがない皿鉢料理は、まさに高知を象徴する料理です。ただ、皿鉢料理は神事のお供え物を料理したものが起源とされ、もともとは高知に限らず全国各地で見られました。

川海苔（四万十市）

「日本最後の清流」とも呼ばれる四万十川では伝統的な河川漁業が営まれていて、自然の豊かさを象徴するようにモクズガニやテナガエビ、ウナギなどが今でも獲れます。川海苔は河口付近の汽水域で収獲しますが、中でも天然のスジアオノリは全国的にも貴重なものです。

ユズ製品（中芸地域）

馬路村や北川村は山間地であるため、かつては林業が地域を支えてきましたが、時代とともに斜陽化したことから、昭和40年代になると、自家消費用程度だったユズ栽培を産業化させようと本格的に乗り出しました。今では果実そのものだけでなく、特に調味料やジュースなどの加工品は全国にも知られる商品に成長しています。

います。室戸岬の海岸から海底に向かって伸びる急峻な地形が壁となり、南西からやってくる水の流れをせき止めます。するとせき止められた海流は壁をつたって上方向へとシフトし、海底の栄養分を海面近くに運んできてくれます（図51）。この水の流れを湧昇流といい、栄養分の湧昇によりプランクトンが増え、それを食べる魚が集まってくるという仕組みです。

海底の急峻さという目に見えない部分が、大事な役割を果たしているのですね。

福岡県

八幡餃子

鉄なべ系餃子

鉄なべで提供される餃子は今や全国的に見られますが、じつは八幡《やはた》が発祥なのです。鉄なべ餃子のルーツとなったのは中国本土系餃子という中国系の餃子です。

その他いろいろ

八幡餃子には他にも種類があります。ラーメン系餃子は、水の代わりに豚骨スープを使って焼く餃子です。また、お母さん餃子は、家庭的な味わいで愛たっぷりの餃子です。

庶民派料理

八幡餃子は庶民派料理だからこそ、「一口餃子」「揚げ餃子」「スープ餃子」など、アレンジが加えられて進化していきました。薬味に柚子胡椒をつけて食べるのがこの地域の特徴です。

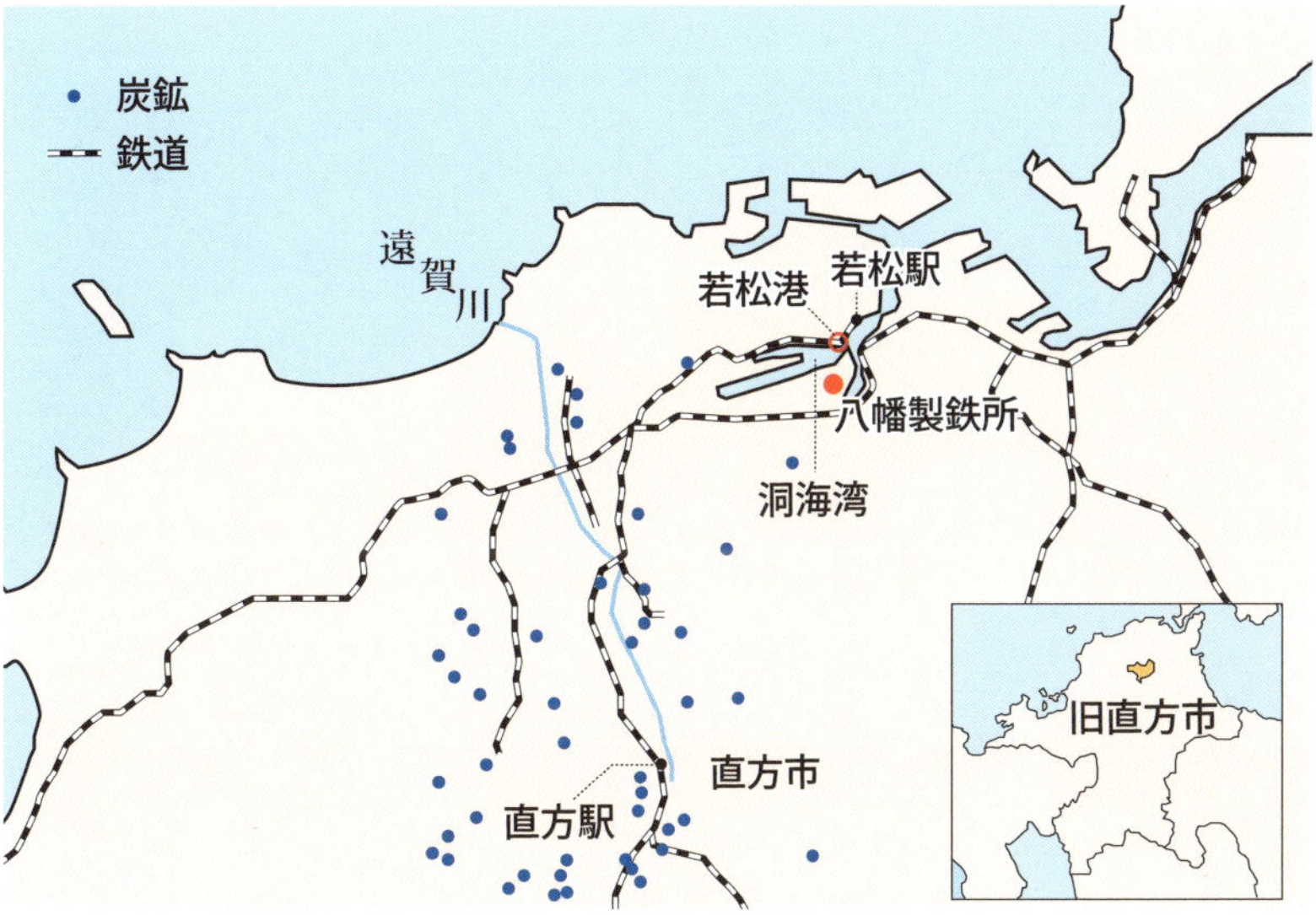

図52● 八幡周辺図（昭和25年）

八幡ぎょうざ協議会

これは餃子文化の振興・普及により、八幡地区の地域活性化を目指す民間の任意団体です。マップの作成や、全国餃子祭りなどを開催するなど積極的な活動をしています。

なぜ福岡県で生まれた？

八幡製鉄所

八幡餃子は八幡製鉄所があったからこそ生まれた逸品です。八幡製鉄所の労働者は、力をつけるために安くてスタミナがたっぷりの食事を必要としていました。やがて鉄鉱石などの取引が中国と始まると、中国大陸との交流が生まれ、餃子が八幡に伝わってきました。餃子は少ない食材でできる上に栄養のある食べ物なので、労働者の需要とマッチして八幡に食文化として根付いたのです。では、なぜ八幡製鉄所はここにつくられたのでしょうか。

製鉄に必要なのは、石炭・鉄鉱石・石灰石の3種類です。八幡は筑豊《ちくほう》炭田に近く、洞海湾に面しており、工場を建てるのに適した場所でした。筑豊炭田は遠賀《おんが》川流域にあり、水運で若松港へ、「川ひらた」という船で石炭を運んでいました。やがて石炭の産出量が増加して輸送が産出に追いつかなくなると、若松―直方《のおがた》間に筑豊興業鉄道を開通させ、鉄道での運搬を始めました。国内最大規模を誇る筑豊炭田があったからこそ、八幡に製鉄所が建設されたといえます（図52）。また、八幡は洞海湾に面していることから、必要な物資を外国からも輸入しやすい位置にあったのです。実際、鉄鉱石は中国から輸入していました。石灰石に関しては日本中に有名な石灰岩地形がたくさんあるので、そこから運んでいたと考えられます。八幡から近いところだと山口県秋吉台、福岡県平尾台などが挙げられます。これらは石灰岩が雨などによって浸食されてできた、カルスト地形として有名です。また、工場用水は、遠賀川東岸にポンプ室を設置して八幡まで運搬しました。そのポンプ室は現在も稼働しています。

八幡は製鉄に必要な3原料がそろい、水も確保できる地であったため製鉄所が建てられたのですね。だからこそ、そこで働く労働者のニーズを満たす餃子が生まれたのです。

などの事情が重なって鶏を食べる文化が定着していきました。がめ煮は筑前煮とも呼ばれますが、これは地域の旧国名「筑前」に由来します。

その他の産物・グルメ

明太子

明太子は朝鮮半島から入ってきたといわれ、半島と距離的に近く、人々の往来もあった福岡や北九州などでは戦前から食べられていました。戦後、半島からの引き揚げ者によって商品化され、日本人向けの味付けが進むとともに評判が高まっていき、山陽新幹線が博多駅まで延伸されると博多名物として全国区の人気となりました。

豚骨ラーメン

九州の豚骨ラーメンのルーツをたどると久留米にある一軒のラーメン店に行き着くといわれています。当時の店主が長崎県出身で、故郷の名物・ちゃんぽんをヒントにしてスープの完成にこぎつけました。県内では久留米のほか、福岡の博多や長浜なども豚骨ラーメンのご当地として知られます。

ウナギのせいろ蒸し（柳川市）

たれをまぶしたご飯にウナギの蒲焼きと錦糸卵をのせ、せいろで蒸します。筑後川や矢部川が流れ、町中に水路が張りめぐらされた柳川は水郷の異名を持ち、特に昔はウナギの名産地として知られました。有明海に注ぐ河口付近の汽水域で獲れる「アオ」と呼ばれる天然物は格別とされますが今では貴重で、ウナギ生産は養殖を中心に行われています。

もつ鍋

日本の近代化を支えた筑豊炭田が活況だった頃、ホルモンを使った鍋物や焼き肉などが炭鉱夫の間で人気を博しました。ホルモンは安いため労働者たちが気軽に食べられ、また、栄養豊富で疲労回復効果も期待できたのです。博多のもつ鍋が有名ですが、近年は筑豊地域の田川でもホルモン鍋として注目を集め、町が盛り上がりを見せています。

がめ煮（筑前地方）

がめ煮は鶏肉と根菜などの煮物です。ほかにも水炊きにやきとり、かしわめしなど福岡県には多くの名物鶏肉料理があります。江戸時代、福岡藩が鶏卵販売のために養鶏を奨励したことに加え、長崎の外国人の食用としての需要や、東南アジアから闘鶏用として軍鶏《しゃも》が入ってきたこと

佐賀県

イカの活きづくり

何度でも食べたくなる

丸1匹生のイカを見たことがある人は少ないのではないでしょうか。活きづくりは出てきた瞬間、その姿にまず驚きます。見た目で驚いた後は、肝心の味。コリコリっとして甘いイカは、食べた人を一瞬で魅了します。

漁師への信頼

イカを活きづくりで提供するには、漁師と飲食店の提携が必要です。活きたままの新鮮なイカを飲食店まで運ぶために、獲ったイカはセリに出さずそのまま飲食店へと卸されます。互いの信頼関係があるからこそのものなのです。

全国どこでも?!

呼子《よぶこ》まで行けなくても、活きづくりを食べてみたい人に朗報です。「活きてるまんま」という商品があり

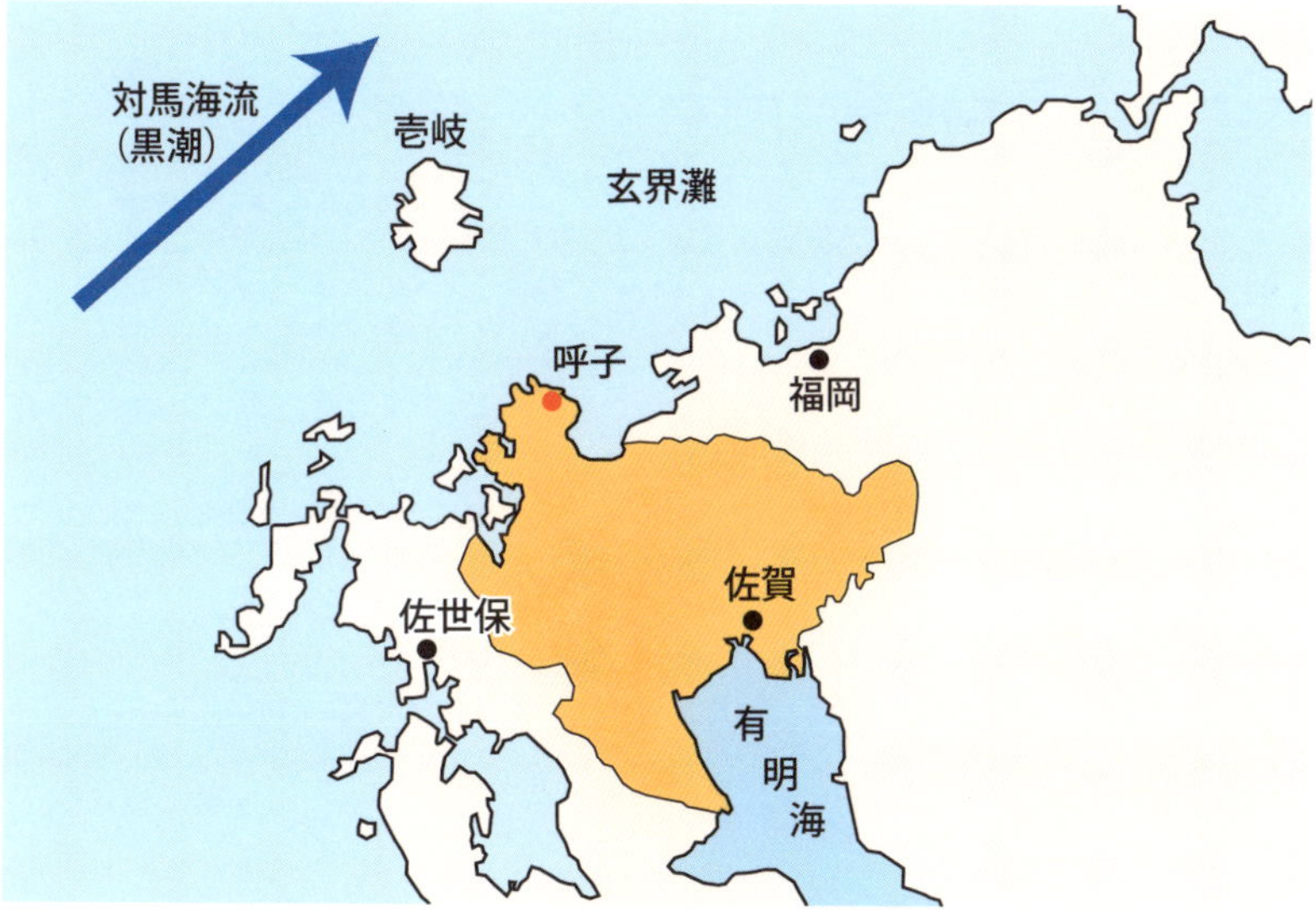

図53 ● 玄界灘

ます。その名の通り活きたままのイカが、人工海水と酸素を入れたポリ袋に入って、宅急便で自宅に届きます。

④ イカの持つ栄養

イカは他の魚類に比べ、タウリンを豊富に持っています。タウリンには疲労回復・高血圧防止などの効果があるとされています。また、高たんぱく低カロリーであるため、ダイエットにもおススメの食材です。

なぜ佐賀県で生まれた？

イカの聖地

佐賀県の北にある玄界灘（図53）には対馬海流が流れており、温かい海を好むケンサキイカ、アオリイカ、ヤリイカなど数種類のイカが獲れます。暖流と寒流がぶつかる潮目ではプランクトンが大量発生し、イカの餌となる小魚がたくさん集まります。そのため潮の流れを読んでそこに針を投げ入れれば、小魚を食べに来たイカを釣ることができるのです。

なぜ呼子で活きづくりなのか

呼子で活きづくりがつくられるようになったのには理由があります。まずは先ほど説明した玄界灘が地理的に近いことです。イカは生命力が弱く、温度などの環境変化に敏感です。そのため、釣り上げてから手で触れることなく船上に汲み上げた海水へと放り、呼子まで持って帰ります。距離が遠ければ遠いほどイカに負担をかけることになるので、地理的な近さは新鮮なイカを持って帰る上で重要です。

呼子に持って帰ってからは、すぐさま生簀《いけす》に入れてあげます。じつはこの生簀にもおいしさの秘訣があります。通常の生簀は生簀内で水を循環させますが、呼子のイカ料理専門店ではほとんどが呼子湾の水をそのまま生簀に取り込んで水を循環させています。そのためイカは自然に生きているのとほぼ同じ状態で生活をすることができ、ストレスがかかりにくくなっているのです。果物などはよく、水を与えない・気温の寒暖があった方がよいなど、ストレスをかけた方がおいしくなるというようなことをいわれますが、イカに関してはストレスがかかると甘みが減ってしまいます。

環境変化に敏感なイカの活きづくりは珍しく、だからこそ全国からファンが集まってくるのでしょう。呼子に、活きづくりにする上での条件がそろっていたおかげですね。

その他の産物・グルメ

株式会社浜富海苔の「初摘み有明のり」

海苔（有明海沿岸）

有明海は日本一のノリの産地です。筑後川などいくつもの川によって山の養分が運ばれてくることや、日本最大ともいわれる最大６ｍの干満差があることがノリの生育に適した環境を育んでいます。干満差が大きいため有明海には広い干潟があり、ムツゴロウやワラスボなど、その独特な環境に適合した特徴的な魚介類が生息しています。

須古寿司（白石町須古地区）

須古寿司は白石町須古地区に約500年前から伝わる料理です。当時の領主へ地元民が献上したものが発祥といわれ、現在では慶事の際によく振る舞われています。もち米入りの酢飯を木箱に敷き詰め、錦糸卵やゴボウに奈良漬、有明海特産のムツゴロウの蒲焼きなどをのせてつくります。

松浦漬（唐津市呼子町）

玄界灘沿岸ではかつて、呼子沖の小川島を中心に捕鯨業が盛んでした。その技術は隣県・長崎の五島や平戸、壱岐を経て伝わってきたといわれています。松浦漬は、細かく切ったクジラの上顎の軟骨を水にさらした後、酒粕に漬けたものです。

長崎県

卓袱料理

長崎卓袱浜勝の卓袱料理

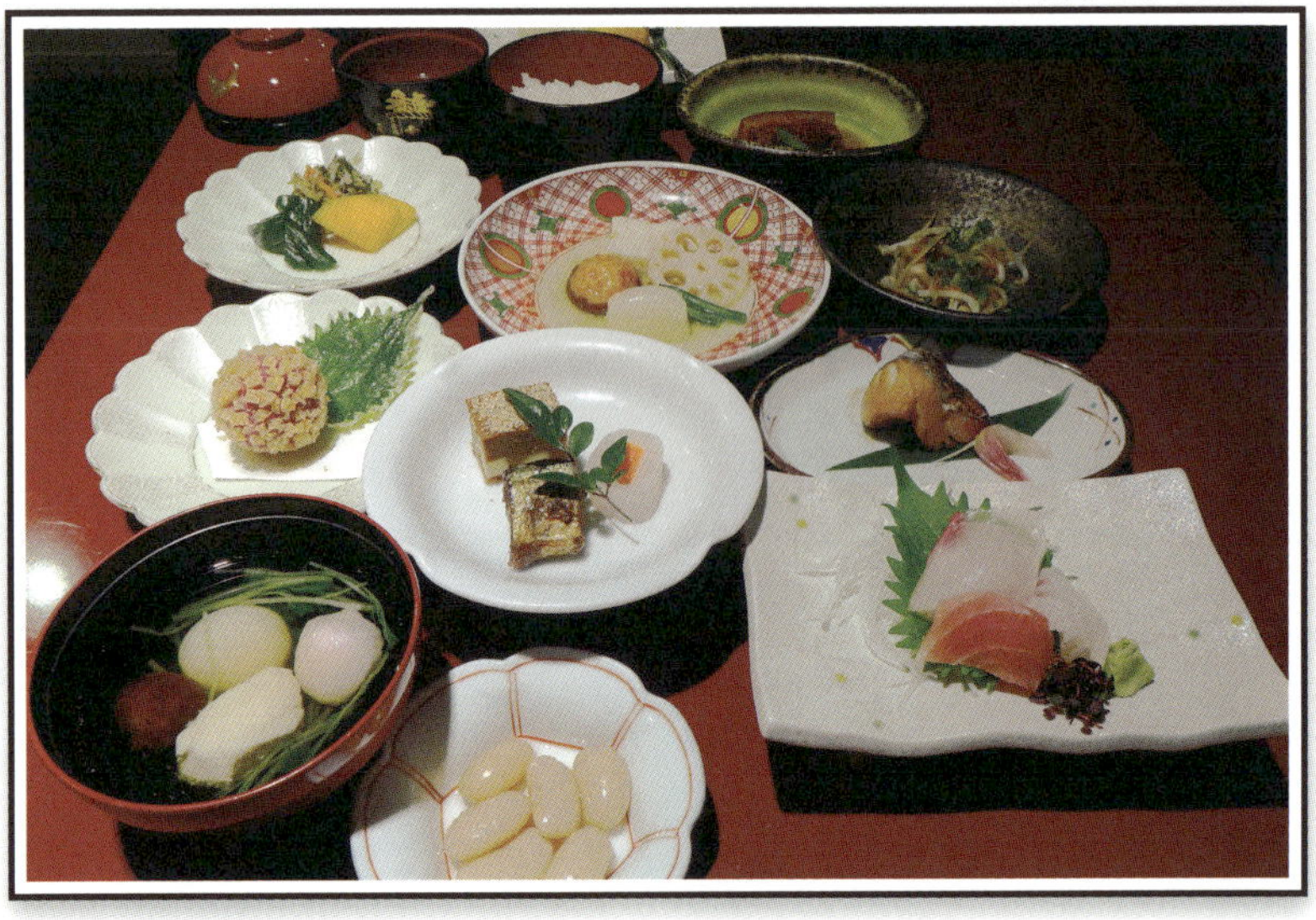

おひれをどうぞ

オカッツァマ（女将さん）のこの一声で宴が始まります。おひれというのは、鯛が入ったお吸い物のことです。お客様1人に鯛1匹を使用した証として、お吸い物に鯛の胸鰭《むなびれ》を入れたとのことです。おもてなしの心を表現しています。

食べ方のルール

食べ方のルールは特にありません。円卓を囲み、身分対等で好きな料理を小皿にとっていただきます。卓《しっ》袱《ぽく》料理が伝えられたとされる江戸時代の日本には身分制度があり、1人1膳が当たり前だったため、斬新なスタイルだったことでしょう。

卓袱

「卓」はテーブル、「袱」はテーブルクロスを意味します。中国から入ってきた丸テーブルを、日本風にア

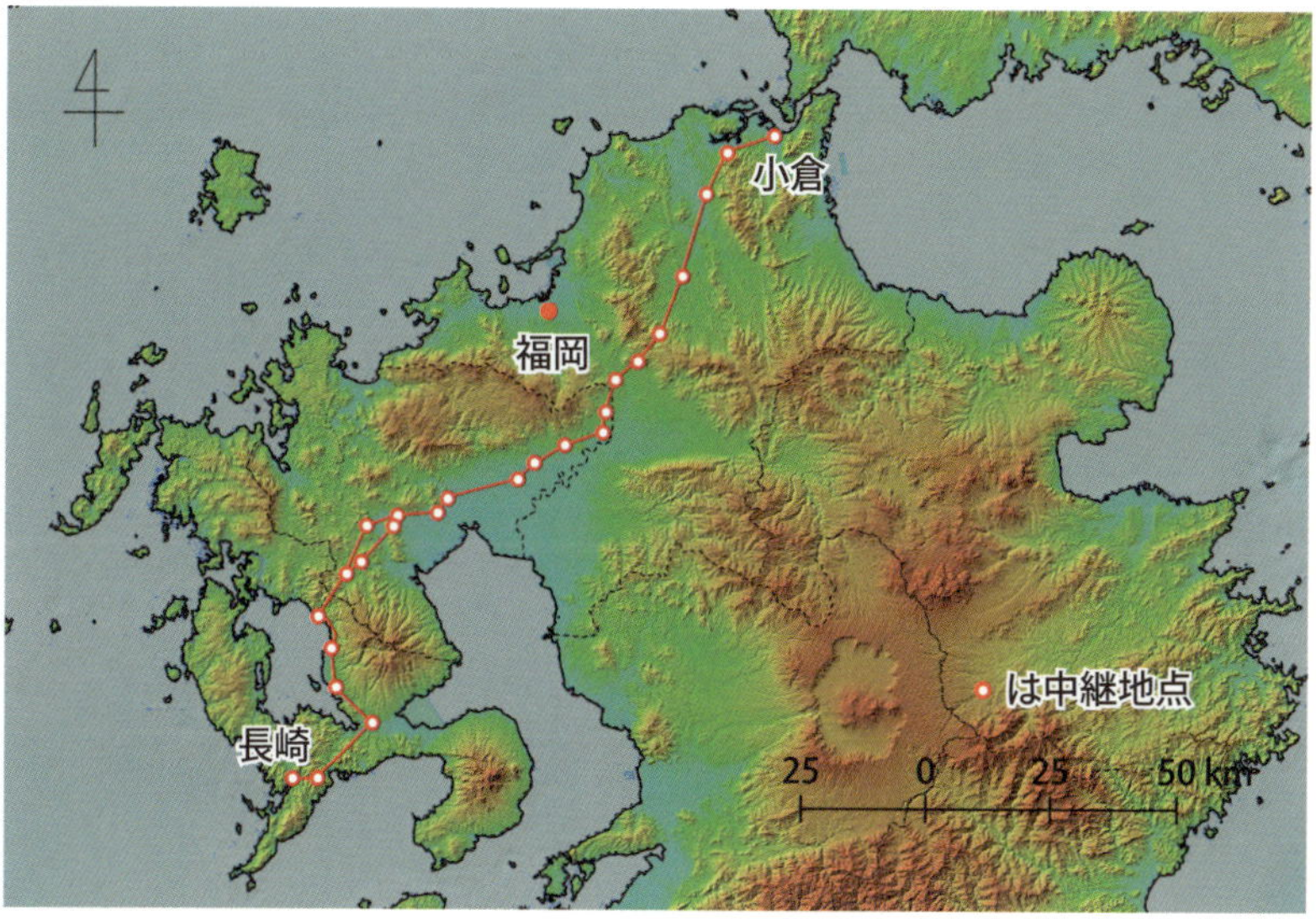

図54● シュガーロード

レンジしたのが卓袱台《ちゃぶだい》です。日本の卓袱台文化は卓袱料理が入ってきたからこそのものなのですね。

食べ物紹介

スープで煮込んだ具材を器に盛り、パイ生地を乗せて焼いたパスティという食べ物が出てきます。パイ生地を使うところに西洋文化を感じます。他にも旬の野菜を用いた料理が提供され、季節ごとに違った味を堪能できます。

なぜ長崎県で生まれた?

鎖国中の開港

卓袱料理は、和華蘭《わからん》料理の一つです。これは日本（和）・中国（華）・オランダ（蘭）の文化が合わさった料理のことです。長崎がこんなにも多様な文化の影響を受けたのはなぜでしょうか。

長崎は鎖国が始まっても、貿易と宗教を切り離していた中国やオランダとは貿易を続けていました。

卓袱料理はもともと、長崎にやってきた中国人から伝わったものとされており、そこにオランダ文化が加えられたそうです。もし長崎も鎖国時代に閉鎖されていたら、外国文化の影響が途絶え、卓袱料理は今のような形にはなっていなかったかもしれません。

　そもそも長崎港が開港したのは、キリスト教宣教師たちがキリシタン大名の大村純忠《おおむらすみただ》に開港を要求したからです。長崎港は水深が深く、大型船が入り込むのに適していました。また、日本の西側に位置する長崎は、諸外国が立ち寄りやすい位置であったことも開港を要求された理由の一つだと思います。これは1571年のことです。

貴重なお砂糖

　1759年、貿易が盛んになった時代、砂糖が大量に輸入されるようになりました。砂糖は当時の贅沢品で、高価取引がなされていたようです。長崎から小倉まで砂糖が運ばれ、その道は現在「シュガーロード」とよばれています（図54）。このシュガーロードから、砂糖は日本各地に広まっていきました。

カスドース（カステラの周りに卵黄とザラメをコーティングした平戸のお菓子）

　長崎に砂糖が集まっていたことは、伝統料理からも見てとれます。長崎にはカステラやカスドース、金平糖などの菓子文化や、衣に砂糖をまぜた甘い天ぷらなどがあります。また、卓袱料理の最後に出されるのは梅椀《うめわん》というお汁粉で、砂糖をふんだんに使っておもてなしをしていたことがうかがえます。

その他の産物・グルメ

ちゃんぽん（長崎市）

明治中期、中国福建省出身の中華料理店主が長崎の中国人たちのために考えた料理が起源とされています。長崎は大陸との距離が近く、また、鎖国中も貿易が継続されるなど中国との関わりが深く、開国後も中国人はいち早く定着していきました。

ちゃんぽんは島原半島の小浜温泉の名物でもあります。昔、長崎と小浜温泉を結ぶ陸路は未発達で、湯治客は長崎の茂木港から船に乗って橘湾を渡りましたが、ちゃんぽんも乗船客を通じて長崎から小浜温泉に伝わったといわれています。

かんざらし（島原市）

湧水で冷やした白玉だんごに蜜をかけて食べる甘味です。島原で湧水が豊富になったのは、江戸時代の島原大変（雲仙岳の噴火や眉山の崩壊などによる災害）がきっかけで、地殻変動に伴い各所に地割れが発生し、そこから水が湧き出すようになりました。湧水は火山灰や砂礫などの地層を通ってろ過されるためとてもきれいで、今なお市民の生活を支えています。

いりやき（対馬）

寄せ鍋のような料理で、鶏または魚をメインにたくさんの野菜を入れて食べます。対馬周辺の海では暖流と寒流がぶつかりあうため、豊富な漁獲に恵まれています。また、昔ははじめに鶏や魚を椿油で炒っていたといわれていますが、長崎県内でも暖流の影響を受ける地域は気候が温暖で、特に五島列島ではヤブツバキが多く群生し、椿油の産地として知られます。

熊本県

球磨焼酎

球磨焼酎株式会社の「球磨焼酎」

球磨焼酎の定義

一定の条件を満たさなければ球磨焼酎《くましょうちゅう》を名乗れません。その条件とは、原料に関していえば、国内産米およびそれからつくった米麹の使用・球磨郡と人吉市内で採水した水のみの使用などです。また、発酵から容器詰めまで、すべての過程をこの地域で行う必要があります。

球磨焼酎の起源

球磨焼酎は少なくとも戦国時代から飲まれていたとされています。500年以上人々に愛されてきたということです。焼酎づくりが盛んになったのは江戸時代からで、球磨焼酎の味が全国的に知られるようになりました。

世界ブランド

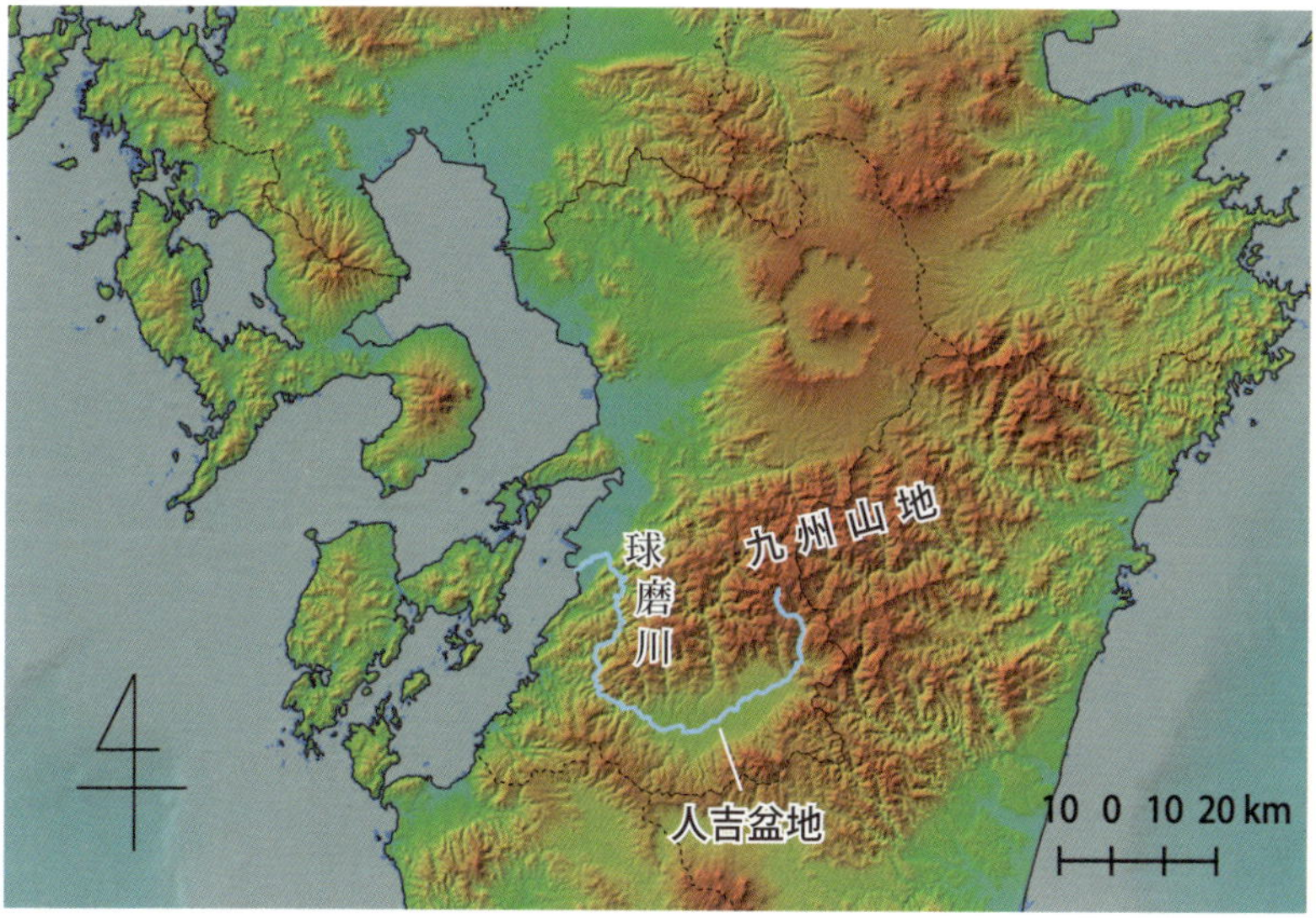

図 55 ● 人吉・球磨地方（地理院地図より作成）

球磨焼酎はコニャックやシャンパーニュといった銘酒と肩を並べる存在です。どういう点でかというと、地理的表示を認められたという点です。「球磨」を世界的に名乗ることができるのは素晴らしいことです。

銘柄

現在、球磨焼酎をつくっているのは28の蔵元です。切磋琢磨し合いながら生み出されたのは、200種類以上の銘柄。癖のないライトタイプや、香り高いフレーバータイプなど、好みや気分に合わせて選ぶことができます。

なぜ熊本県で生まれた?

球磨焼酎の作り方

基本は2段仕込みという、もろみを2回つくる方法でつくられています。まずはお米を蒸して、それに麹菌を付着させ、さらに水と酵母菌を加えて一次もろみをつくります。そこにまた蒸したお米と水を足し、それでできた二次もろみを蒸留すると焼酎の完成です。蒸留は、アルコールの方が水よりも蒸発が早いことを利用してアルコールの蒸気のみを取り出し、それを冷却して液体に戻す方法です。この蒸留という過程が製法において日本酒とは異なる点です。

以上からわかるように、焼酎のおもな原料はお米と水です。球磨地方にはこの二つの原料がそろう風土があったのです。

球磨地方の風土

熊本南部に位置する人吉・球磨地方（図55）は、九州山地の険しい山々に囲まれています。山に囲まれてできた盆地を人吉盆地、そこを流れる川を球磨川といいます。球磨川は日本三大急流の一つであり、この川の水は焼酎づくりに適した軟水です。

原材料として重要なお米は、肥沃な土壌と盆地特有の寒暖差によってつくられてきました。水量豊富な川が豊かな土壌をつくり上げ、水田として利用されました。水はこの球磨川だけでなく、周囲の山々からの湧き水や地下水をも利用することができるため、お米と水を主原料とする焼酎づくりには適した地であったのです。また、濃霧の日が多く、焼酎づくりに適した比較的低温での発酵や貯蔵環境が得られています。盆地であるということは、周りからの影響を受けにくいということでもあり、「球磨」ブランドを確立する一つの要因であったともいえるでしょう。

球磨焼酎はこの土地だからこそ生まれたものであり、地域に根差した商品です。また、一定の品質も満たしていることから地理的表示を認められ、地域の代表として活躍しています。

✤ ひとこと

お米の焼酎づくりが現在まで継続している要因には、鎌倉時代から明治時代までこの地方を統治していた相良《さがら》家藩主が、米の焼酎を保護し続けたということもあるそうです。

その他の産物・グルメ

●馬刺し

熊本県内の山間部では古くからシカやイノシシなどの獣肉を食べる文化があったほか、阿蘇山麓では広大な草原を活用して牧畜が行われてきました。また、戦前の熊本には県内外の各地から兵が集まる部隊があり、軍馬が生産されていましたが、そこでは役目を終えた馬を食肉とすることもあったようです。現在、熊本県は日本一の馬肉生産県となっています。

●からしれんこん

病弱だった熊本藩主のために考え出されたと伝わる、熊本独自の郷土料理です。宇城市などの海岸に近い低地に点在する湿地や池沼ではレンコンの栽培が盛んに行われ、熊本県は全国有数のレンコン生産量を上げています。海に近いため土壌が養分を豊富に含んでいることも大きなメリットです。

●高菜めし（阿蘇地方）

阿蘇地方特産の阿蘇高菜の漬物を炒めてつくるご飯です。阿蘇地方は高地に位置しており寒暖差が比較的大きく、火山灰質の土壌が広がる地域です。阿蘇高菜はそうした地域特性との相性が良いため、この地方が主要な産地となっています。

●コノシロの姿寿司（八代海沿岸）

コノシロは出世魚で、大きさによりシンコやコハダと呼び分けられます。汽水域を好むため、球磨川が流入する八代海や外海の天草灘でよく獲れます。皮が薄くて傷みやすいことから、水揚げされる地域周辺で消費されることの多い魚でした。姿寿司は正月や慶事などのおめでたい席で喜ばれてきた料理です。

大分県

地獄蒸しプリン

岡本屋の「地獄蒸しプリン」

地獄蒸しプリン

地獄蒸しとは、温泉の熱い蒸気を利用して食材を蒸すことをいいます。別府では地獄蒸し釜でプリンを蒸して販売している姿がところどころで見られます。カスタードの他にもいちご味や抹茶味などを楽しめます。

別府温泉

別府温泉にはさまざまな日本一があります。湧出量の豊富さや泉質の種類、源泉総数など、どれも温泉として有名になるには重要な要素です。

地獄蒸し体験

「地獄蒸し工房 鉄輪《かんなわ》」では、地獄蒸しを体験することができます。温泉の噴気を利用したこの調理法は、江戸時代頃から用いられています。蒸したての野菜をほおばりながら、天然蒸気のありがたみを感じてみてはいかがでしょうか。

湯けむり

別府は湯けむり展望台があるほど、湯けむりがあちこちで立っています。温泉の温度が高く、大量に湧き出す別府だからこそ見られる光景といえるでしょう。湯けむりだけでもかなりの温度があるのでご注意を。

なぜ大分県で生まれた?

別府で温泉が湧く理由

温泉が湧く地でなければ、地獄蒸しプリンは生まれていなかったでしょう。別府は誰もが知る有名な温泉地ですが、なぜ別府で温泉が有名になりえたのか、その理由を知っている人は少ないのではないでしょうか。

まず一つ目の理由として、温泉が湧き出る道が確保されていることが挙げられます。別府は別府─島原地溝帯上に位置し、二つの断層に挟まれています。この断層は、九州を南北に引っ張る力によって形成されました(図56)。断層ができるということは地面と地面の間に隙間が生まれるということで、そこから温泉が湧きだしてくるのです。別府八湯が断層沿いに位置しているのがその証拠となります(図57)。

二つ目の理由は、水を温泉たらしめるほどの熱が得られることです。大分県は中部九州火山の影響で熱活動が盛んなため、地下温度が高くなっています。そのことを示す指標として、キュリー点深度と

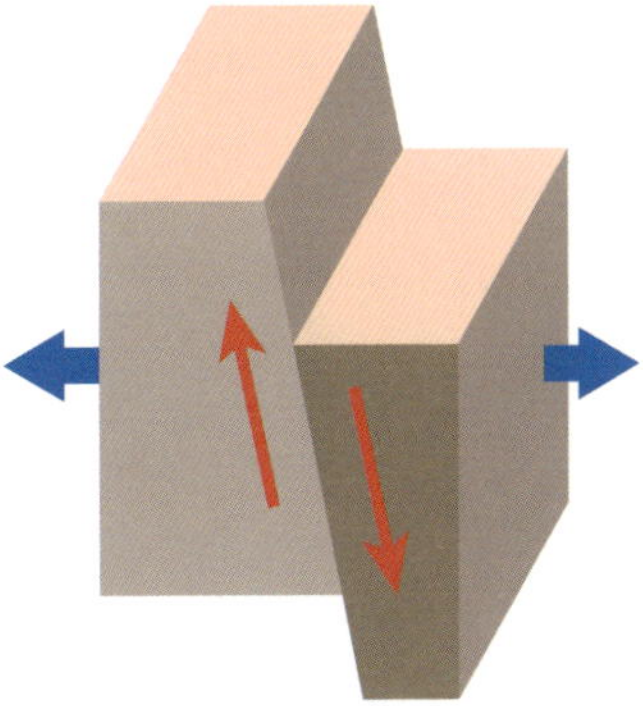

図 56 ● 断層のプロセス

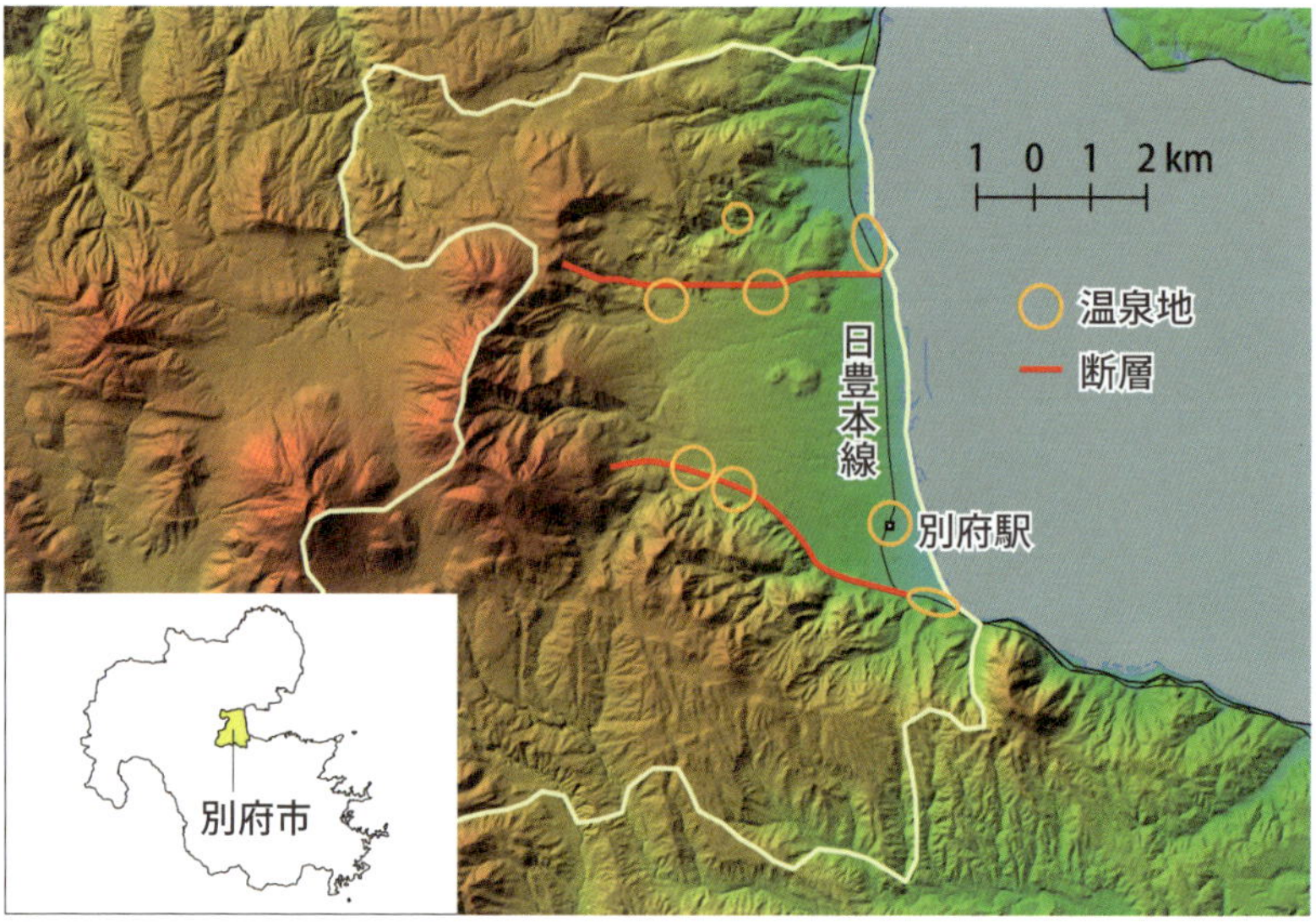

図 57 ● 別府付近の断層と温泉地

いうものがあります。これは地温が約500℃となる地点のことで、この地点が浅ければ浅いほど、地表からの地温上昇率が高いことになります。大分県はこのキュリー点深度が浅く、地下が十分な熱を持っていることがわかります。温泉の温度が高いということは湯けむりの温度も高いということで、だからこそ人々に「地獄」を連想させたのです。

三つ目の理由は、豊富な水量です。別府一帯は扇状地となっており、雨を浸透させ、地下にどんどん水が溜まっていきます。この水は断層沿いで湧き出しますが、湧出エリアによって泉質が異なります。これは地下水の通るルートが違い、ルートごとに存在する鉱物の種類も異なるからです。

別府が有名な温泉地になったのは、水の通り道があり、熱と水も十分に得られたからだということがわかります。そんな自然条件を感じながら温泉につかるのもまた一興です。

その他の産物・グルメ

●ブリのあつめし（佐伯市）

醤油味のたれに漬けたブリの刺身などをのせたご飯にお茶やだし汁をかけて食べます。佐伯湾奥に位置し、眼前に大入島がある佐伯は天然の良港で漁業が盛んですが、この料理は漁師の保存食にルーツがあるといわれています。漁師は獲れたてのブリをまず刺身で食べ、残った分を保存できるようにたれに漬け込んだのです。地域によっては、アジやサバが使われることもあり、また、「りゅうきゅう」とも呼ばれます。

●ごまだしうどん（佐伯市）

ごまだしは調味料の一種で、焼いた白身魚の身とゴマなどをすり合わせて醤油仕立てでつくられます。白身魚はおもにエソで、佐伯の近海では年間を通して水揚げが多いため、獲れ過ぎた分を有効活用する手段としてつくられたものが、ごまだしの発祥と考えられています。うどんにのせてお湯をかけるのが地元ではポピュラーな食べ方です。

●頭料理（竹田市）

江戸時代から伝わるとされる伝統料理です。大きめの白身魚を部位ごとに切り分けて調理し、薬味とともに三杯酢で食べます。当時、内陸に位置する竹田では海の魚は貴重なものでした。そのため、頭や内臓はもちろんエラまで捨てることなく食べ切れるように、切り分けから調理まで工夫がこらされています。

●乾しいたけ

乾しいたけの都道府県別生産量は大分県が最も多く、その割合は日本全体のおよそ半分に上ります。その栽培にはクヌギの原木が用いられますが、県内には全国最大面積のクヌギ林が広がっています。温暖で雨の多い気候が豊かな森林を形成し、また、将来まで安定して原木栽培ができるよう、クヌギの植林が戦後から継続して行われてきた歴史があります。

●関あじ・関さば（大分市）

佐賀関の漁師が豊後水道で一本釣りしたアジとサバは「関あじ」「関さば」と称される高級魚です。豊後水道の漁場は水温の年中変化が少ないなどの理由により魚の餌となる生物が多く、また、瀬戸内海と太平洋の水流がぶつかり合うため急流が起きます。そのため、よく肥えて身の引き締まった魚が獲れるのです。

宮崎県

菜豆腐

野菜の存在

菜豆腐は宮崎県椎葉《しいば》村の郷土料理です。豆乳の中に野菜を入れて固めます。大豆が高価だった頃、野菜でかさ増しをしたともいわれています。野菜の種類は、お店ごと・季節ごとに違いがあります。

試されるセンス

彩のある野菜を底に敷いてから豆乳を流す方法と、豆乳に野菜を混ぜてから流す方法がありますが、どちらも野菜の散り方によってできあがりの美しさが左右されます。つくり手のセンスが問われるところです。

菜豆腐の食べ方

昔は冠婚葬祭など特別な行事の時に食べられていましたが、今はお惣菜として日常的に食べられています。そのまま食べて素材の味を味わっても、お醤油などをつけて食べてもおいしくいただけます。

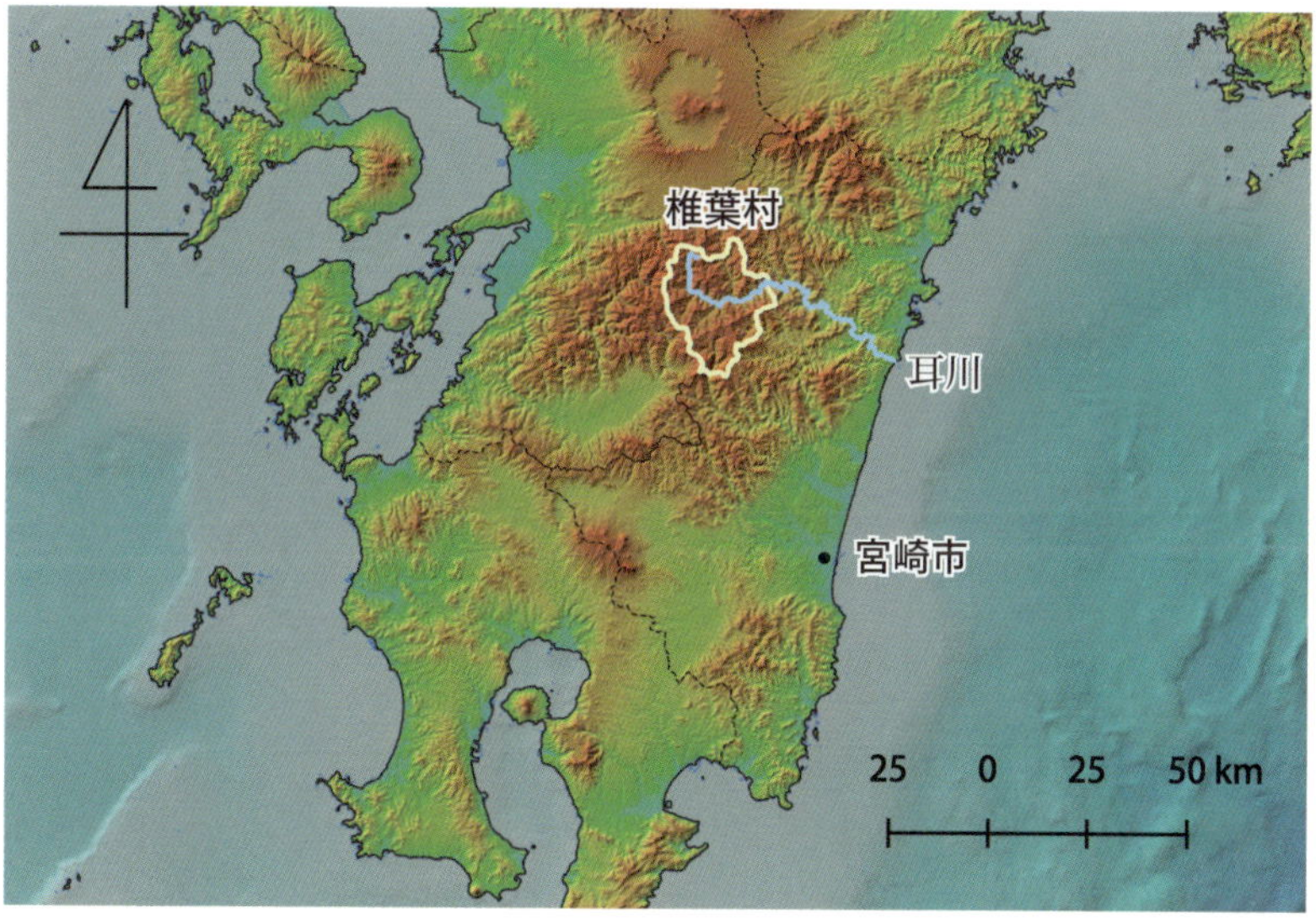

図 58 ● 椎葉村の位置（地理院地図より作成）

平家落人伝説

椎葉村には平家の落人が逃げてきたという伝説があります。追っ手から逃れるのに、山間部にあったこの場所はもってこいでした。今もアクセスは簡単ではなく、宮崎市からは車で2時間半かかります。

なぜ宮崎県で生まれた?

菜豆腐の野菜

孤島である日本が外国からの影響をあまり受けなかったのと同じように、山間部にある椎葉村は他地域からの影響を受けにくい場所でした（図58）。他地域との交流がないため、原料は村に生えているものを使うしかありません。そこで昔の人が注目したのが、「平家カブ」というカブです。これは寒さに強く、やせた土地でも成長します。このカブには苦みがありますが、菜豆腐にすることでちょうどいい苦さ加減になるそうです。

平家カブに限らず、野菜を煮ると灰汁が出てきます。この灰汁をにがりとして使用したという説もあり、昔の人の知恵がうかがえます。

軟水が決め手

豆腐のほとんどは水でできているため、水の質が豆腐の質を決めているといっても過言ではありません。椎葉村にある菜豆腐のお店では、どこも良質な湧き水を使用しています。

その中でも、耳川上流の山が水源の水は、「母ちゃ〜ん水」という名前のナチュラルウォーターとして販売されるほど質の良いものです。一般的な軟水が硬度60といわれるのに対し、この水は硬度22。口当たりがまろやかで甘みがあるのが特徴です。ここだけに限らず、椎葉村にはこのように甘みのある湧き水が多いため、昔の人は水分量の多い豆腐をつくろうと思ったのでしょう。

では、なぜここでは軟水が取れるのでしょうか。

軟水はマグネシウム・カルシウムの含有量が少ない水のことです。水が地層中に浸透し、地層中の成分をどれだけ含んで湧き水として湧出されているかが硬水・軟水の分かれ目となります。

椎葉村の集落と周囲の山々の高低差はかなりあるので、水が流れるスピードも速いです。そのため、あまり地層中の成分を含まないうちに湧出しているといえます。

また、そもそも水がマグネシウムやカルシウムの少ない地層を流れているために、椎葉村では硬度の低い水が取れるのかもしれません。

菜豆腐は椎葉村に質のいい湧き水、そして自生する野菜があったからこそつくられたものなのですね。身近にあるものを最大限に利用する知恵は素晴らしいものです。

その他の産物・グルメ

冷や汁

アジやイワシなどの魚とゴマ、味噌などをすり合わせたものを炙って焼き味噌にし、それをだし汁でのばして冷やしたらご飯にかける、汁かけ飯です。その原形は鎌倉時代には存在し、かつては各地に広まったものの、その多くは姿を消してしまいました。しかし、夏の暑さが厳しい宮崎では受け入れられ、定着したのです。宮崎は長く交通の便がよくなかったために外からの影響を受けることが少なく、昔ながらの冷や汁が今に残っているといわれます。

地鶏の炭火焼き

宮崎は養鶏の盛んな県で、鶏料理ではほかに延岡発祥のチキン南蛮なども人気の高い宮崎名物です。県内ではいくつもの銘柄鶏が飼育されていて、たとえば霧島鶏は霧島連山の麓だからこそ得られる良質な地下水で育てるなど、地域の特性を活用した養鶏も行われています。

マンゴー

温暖な気候に恵まれた宮崎は野菜や果物など多くの農作物の栽培に適していて、日向夏のように全国に知られる特産品もあります。近年は熱帯地域が原産地とされるマンゴーの生産量が増えてきていて、ブランド化されたものは高値で取引され、珍重されています。

魚うどん（日南市）

宮崎県沖の太平洋は黒潮が流れる好漁場です。日南はカツオやマグロなどさまざまな魚が水揚げされる一方、背後を山稜に囲まれ、田畑に適した平地が少ない地域です。そのため、戦時中は空襲が激しくなるにつれて穀物が不足し、沖合での漁もできなくなりました。そうした状況下で考え出されたのが魚うどんで、トビウオなどをすり身と小麦粉や卵などを混ぜ合わせ、うどんのような麺状にして食べる料理です。

鹿児島県

黒酢

福山黒酢株式会社の「桷志田宝伍年熟成黒酢」

黒酢とは

霧島市福山町で、江戸時代からつくられている名産品です。露天かめ壺仕込みで、辺り一面に壮大な壺畑が広がっています。お酢は最初白色ですが、熟成が進むにつれて黒色に変化していきます。1年以上の月日を要します。

黒酢の作り方

原材料はお米（玄米）・天然水です。まずはお米から米麹をつくり、米麹・蒸し米・天然水などを壺に入れて発酵・熟成させます。書くのは簡単ですが、一つひとつの工程に職人の腕が試されており、熟成中の毎日の管理も欠かせません。

黒酢の効用

一般的な米酢と比較すると、お米の使用量がかなり多いのが特徴です。そのためアミノ酸やペプチドなど

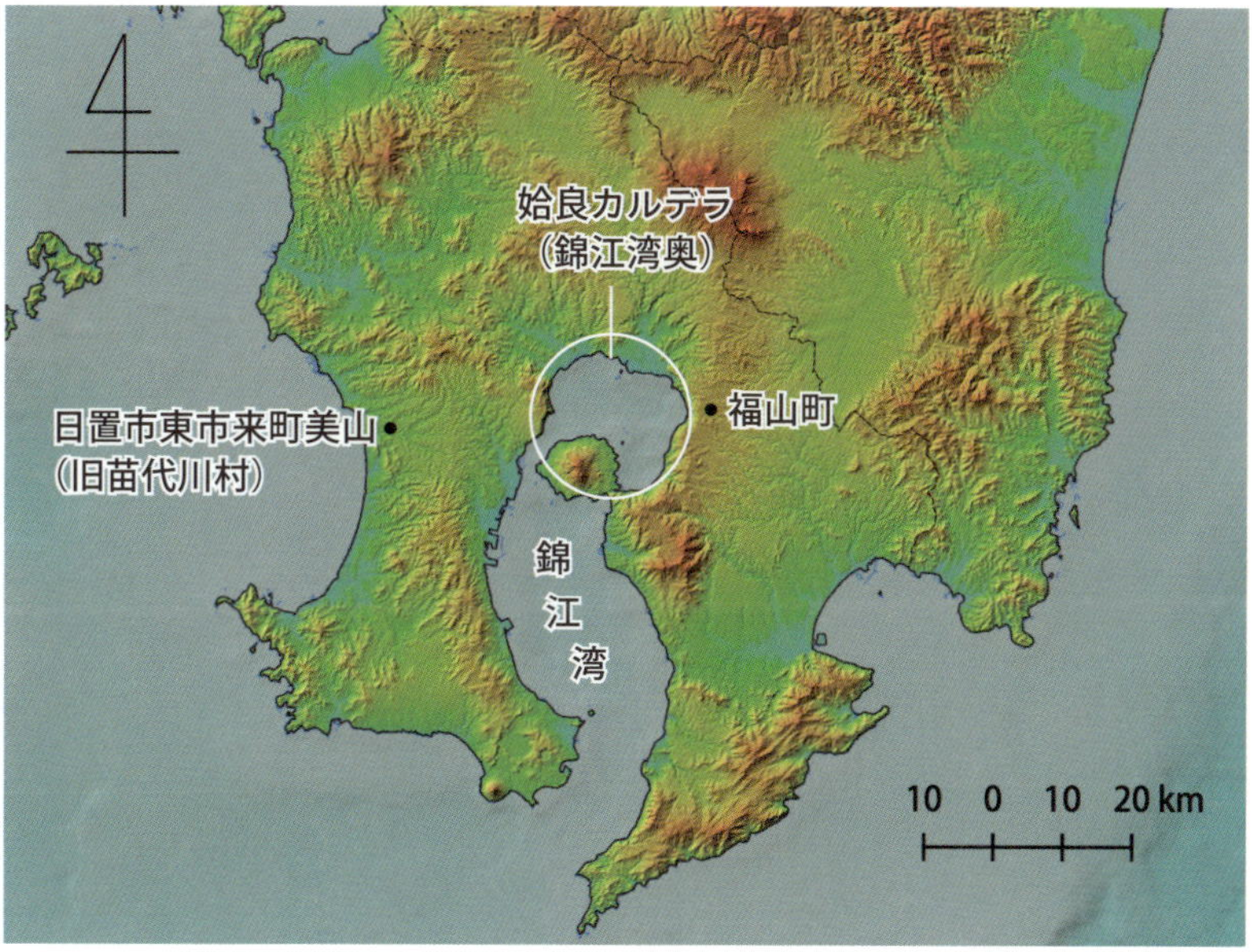

図59 ● 黒酢製造に関わる地形（地理院地図より作成）

の栄養分が豊富で、摂取すると健康状態がよくなる事例もあるそうです。長期熟成により旨み成分もアップしています。

黒酢の飲み方

お酢ですので、そのまま飲むのは酸っぱいですし、胃にも負担がかかります。水で割って薄めたり、甘くしたい方ははちみつを入れてもいいかもしれません。お料理に使えばコクが出て、隠し味にぴったりです。

なぜ鹿児島県で生まれた？

黒酢の町、福山

自然の中で発酵させる黒酢は、気温や天候などさまざまな自然環境に左右されます。福山町は1年を通して比較的温暖で、日中の寒暖差も少ないところです。また、北・東・南の三方を山に囲まれており、冬は北風を山が防いでくれるため、霜が降りることもあまりありません。福山町には温度に敏感な微生物を相手にするのにもってこいの条件がそろっているのです。

この気候を生み出す重要な山々には、古い歴史があります。約2万9000年前、現在の錦江湾《きんこうわん》（図59）北部が噴火したことで地下のマグマが地上に噴出し、そのマグマの上部にあった地表が陥没して姶《あい》良《ら》カルデラが形成されました。この窪みに海水が流れ込んでできたのが、現在の錦江湾奥です。湾奥沿岸には急斜面の崖が続きますが、これは外輪山と呼ばれています。また、噴き出たマグマは火砕流となり、台地が形成されました。これがかの有名な「シラス台地」です。火山性台地は水を浸透しやすいため、台地下では地下水を湧き水として利用することができます。100ｍを超える高さのところもあり、台地上から台地下へと移動する間に濾過された良質な水を利用できたのも、黒酢製造が発展した大きな理由の一つです。

商業港、福山

福山は薩摩藩の時代（江戸時代）、商業港として栄えていました。そのため、原料であるお米と、発酵に欠かせない壺を入手しやすかったのです。薩摩焼の代表、苗代川《なえしろがわ》村の壺が現在残っているものの中で最も古く、日常の食用壺としてつくられていたものを黒酢の発酵に適するとして福山の人々は利用していました。

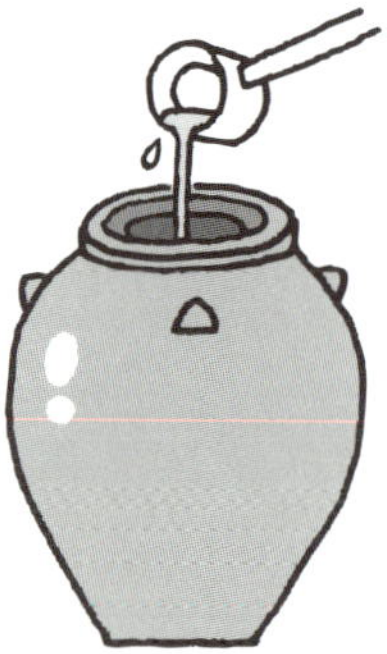

その他の産物・グルメ

つけあげ

全国的にはさつまあげという呼び名で親しまれていますが、その名も含めて沖縄の「チキアーギ」という料理に由来するという説があります。距離はあるものの海を隔てて向き合う位置関係も手伝い、鹿児島と沖縄の間には古くから交流があったのです。一方で、紀州はんぺんやかまぼこがルーツだという説もあります。九州南端ならではの暑さに耐えられるように、油で揚げて保存性を高めたといわれています。

鶏飯（奄美大島）

ご飯に鶏肉などの具や薬味をのせ、鶏だしスープをかけて食べます。もともとは江戸時代に、奄美を訪れる薩摩藩の役人をもてなすための料理だったようです。パパイヤ漬けや島みかんの皮などが薬味として添えられますが、南の島特有の風味づけに一役買っています。

キビナゴ料理

キビナゴは日本各地の海の暖流域に生息しています。しかし、傷むのが早くて加工品以外では流通させることが難しかったため、鹿児島をはじめ太平洋側の限られた県でしか市場では見られません。港が漁場に近い甑《こしき》島のキビナゴは新鮮さに定評があり、塩焼きや南蛮漬け、刺身を菊の花に見立てて盛りつける「菊花造り」など、さまざまな料理に使われます。

かるかん

ヤマイモなどからつくられる郷土菓子です。江戸時代に生み出されたといわれていますが、県内に広く分布する火山灰土のシラス台地では当時はヤマイモが自生していたり、サトウキビ産地の奄美群島に近く、沖縄とも交流があったことから砂糖が入手しやすかったりして、原材料を調達しやすい環境にありました。

桜島大根（鹿児島市桜島）

巨大なことで知られる桜島大根ですが、海に囲まれた温暖な気候と、根が土深く育ちやすい火山灰性のやわらかい土壌という桜島特有の特徴が、その生育に一役買っています。

鹿児島県

沖縄県

ラフテー

ほろっと崩れる

ラフテーは、豚のブロック肉を砂糖・醤油・泡盛で煮込んだ、沖縄の宮廷料理です。見た目は豚の角煮にそっくりですが、泡盛で煮込むのが特徴です。こってりしていそうですが意外とあっさりしていて、箸でもほろっと崩れます。

変わり味

一般的なラフテーは醤油味ですが、最近は味噌味も登場してきています。お味噌の風味と豚肉の旨みのマッチングが絶妙で、醤油味とは違ったおいしさに仕上がります。お店で提供されていることもあるので、ぜひ一度お試しください。

琉球料理

「鳴き声以外は全部食べる」といわれるほど、豚肉には捨てるところがありません。琉球料理の多くは、そんな豚肉を使用したものが中心です。沖縄には固有種の「アグー豚」という豚が存在し、古くから沖縄の食を支えていたそうです。

泡盛の使い方

泡盛はラフテーのみならず、さまざまな食品との相性が良いです。食事だけでなく、チョコレートなどのスイーツにも使用されます。

なぜ沖縄県で生まれた？

なぜ豚肉？

ラフテーに限らず、琉球料理は豚肉を使用したものが多くなっています。牛肉でもなく、鶏肉でもなく、豚肉であることには何か理由があるのでしょうか。考えられる理由の一つとして、琉球王国がさまざまな国と関わりを持っていたことが挙げられます。琉球王国はかつて日本・中国（明）・東南アジアと貿易を行っていたため、異文化交流が盛んでした（図60）。その中で、中国から来る使者をもてなすのに必要だったのが豚肉でした。もともとは牛肉が主流だった琉球王国ですが、中国使節団をもてなすために豚の飼育を促進し、そして琉球の人たちも豚肉を気に入ったため、豚肉文化が根付いたのです。

沖縄生まれのお酒・泡盛

中国の使者をもてなすために、泡盛もつくられました。泡盛は日本最古の蒸留酒ともいわれています。というのも、東南アジアと交流があったためいち早く蒸留法が伝わってきたからです。その証拠に、泡盛の特徴としてタイ米（インディカ米）を用いることが挙げられます。タイ米は日本のお米（ジャポニカ米）よりも粘り気がなくさらさらとしていて、お酒造りの原料となる麹菌にとってはそちらの方が適しているのです。

さて、この麹菌にも泡盛ならではの特徴があります。それは、黒麹菌を用いることです。この麹だけを用いてお酒造りを行ってきたのは、世界でも沖縄だけです。泡盛には、蒸したお米に黒麹菌を付着させた米麹を使用します。その後アルコール発酵をする際の温度管理が重要で、沖縄は高温多湿な亜熱帯海洋性気候であるため、雑菌が繁殖しやすい環境で一工夫必要でした。そこで、日本で多く使用されていた黄麹菌ではなく黒麹菌を用いて腐敗を防ぎました。黒麹菌はクエン酸を大量に生成するため、防腐効果があるのです。

中国や東南アジアと交流があった、暖かくて海に囲まれた沖縄。海洋上の絶妙な位置と、その独特な環境があったからこそラフテーというものがつくられるようになったのですね。

図 60 ● 琉球王国の交易ルート

その他の産物・グルメ

沖縄そば

中国の麺料理にルーツがあるとされ、そば粉でなく小麦粉からつくられるため、いわゆる「日本そば」とは一線を画します。高温多湿な沖縄では食べものが傷みやすいのが難点ですが、沖縄そばの麺はゆでてから油を少しまぶすことにより、保存がきくようにしています。

ゴーヤーチャンプルー

チャンプルーは「ごちゃ混ぜ」ということを意味する沖縄の言葉ですが、その語源はマレー語ともインドネシア語ともいわれています。ゴーヤーの原産地はアジアの熱帯地域ですが沖縄の気候風土になじんで栽培が進み、今では沖縄野菜の代名詞ともいえるような存在です。

いかすみ汁

まだ沖縄が琉球だった頃にもたらされたといわれる料理で、交易相手のポルトガルを通じて入ってきたという説やキリスト教の宣教師によって伝えられたという説など、諸説あります。イカのスミを用いる伝統料理は国内では沖縄以外にほぼ見られませんが、九州南端からでさえも遠く離れ、長く独自の歴史を刻んできた沖縄では古くからイカのスミが食生活に取り込まれてきました。

島豆腐

沖縄で豆腐といえば島豆腐ですが、その特徴の一つが塩分です。昔ながらの島豆腐は海水を加えて固めているため、ほどよく塩気がきいています。また、豆腐をつくりたての温かい状態で販売できるのは国内で沖縄だけですが、それは伝統の食習慣であるため、沖縄が本土復帰するにあたり、特例として認められたという経緯があります。

サーターアンダギー

サーターは砂糖、アンダは油、そしてアギーが揚げるという意味です。沖縄には中国を経て入ってきたといわれるサトウキビは熱帯作物であるため、国内での栽培はほとんどが沖縄と鹿児島の２県で行われています。生産量日本一はもちろん沖縄で、その割合は全国の半数を超え、県内の畑のおよそ半分はサトウキビ畑です。

おわりに

私は食べ物の裏側に興味があります。ご当地グルメに限らず、普段食べているものも、作られている背景を知っているのと知らないのとでは、おいしさが格段に違います。

この本は、地理が好き！　という方よりも、食べるのが好き！　という方向けに書いたつもりです。旅行に行くときは必ずご当地グルメを食べなければ気が済まない、そんな方に、少しでも「なんでこの場所ではこの料理なのだろうか」を考えていただくきっかけになれば幸いです。

今はアンテナショップに行けば、その土地に行かなくてもご当地グルメが手に入る時代です。だからこそ、各場所とグルメとの間にある「ものがたり」に注目していただければと思います。

尾形希莉子

以前より、テレビなどでご当地グルメの話題を耳にするたびに、その背景にある地理の説明を組み合わせたらもっと面白くなるのに、と思ってきました。本書が、地理学にこれまであまり興味のなかった方にも手に取られ、地域を知る地理学の面白さ発見につながることを願っています。

長谷川直子

地理を社会に広めるアウトリーチに興味を持つようになった折、運良く、ロッテ財団の奨励研究に採択していただくことができました。本書は、ロッテ財団の支援なしには実現しませんでした。またロッテ財団選考委員の石毛直道先生には、書籍出版に対して背中を押していただきました。ロッテ財団の研究交流会がきっかけとなり、ロッテ中央研究所の小垣和雄さんと情報交換をするようになりました。そのご縁で本書にのど飴の売り上げデータを提供いただくなど、協力いただきました。

本書の製作にあたり、写真提供や取材協力などで、酒井瑠美さん、辻横真琴さん、長谷川宗良さん、山本政一郎さん、工藤健太郎さん、寒天組合小池隆夫さん、二ツ島観光ホテル、トコロテラス、新鶴本店の皆様にお世話になりました。その他、本文中に記載したすべての関係者様に感謝致します。

また本書に掲載した地図のほぼ半分は、お茶の水女子大学の学生・院生の大竹あすかさん、平岩理菜さん、木村翠さんに作成協力いただきました。巻末の日本地図は二宮書店様からご提供いただきました。

最後に、「地理学を一般の人に広める」という志で意気投合した、ベレ出版編集者の森岳人さんに感謝いたします。

本書はロッテ財団研究助成「ご当地グルメを通じて地域理解を促すための実践的研究」（代表者長谷川直子）の成果の一部である。

さらに興味を持った方へ
参考となる入門書籍

- 池澤夏樹『うつくしい列島：地理学的名所紀行』河出書房新社
- 石毛直道『世界の食べ物　食の文化地理』講談社学術文庫
- 伊藤智章『地図化すると世の中が見えてくる』ベレ出版
- 稲垣稜『現代社会の人文地理学』古今書院
- ＮＨＫブラタモリ制作班『ブラタモリ』シリーズ　KADOKAWA
- 貝塚爽平『東京の自然史』講談社学術文庫
- 貝塚爽平『富士山の自然史』講談社学術文庫
- 小泉武栄『山の自然学』岩波新書
- 斎藤 眞ほか『日本の地形・地質』文一総合出版
- 陣内秀信『東京の空間人類学』ちくま学芸文庫
- 高橋伸夫・井田仁康『面白いほど世界がわかる「地理」の本』三笠書房（知的生きかた文庫）
- 田邊裕『もう一度読む山川地理』山川出版社
- 地理教育研究会『知るほど面白くなる日本地理』日本実業出版社
- 松本穂高『歩いてわかった　地球のなぜ⁉』山川出版社
- 富田啓介『はじめて地理学』ベレ出版

・星川清親『栽培植物の起原と伝播』二宮書店
・水野一晴『自然のしくみがわかる地理学入門』ベレ出版
・水野一晴『人間の営みがわかる地理学入門』ベレ出版
・水野一晴『世界がわかる地理学入門――気候・地形・動植物と人間生活』ちくま新書
・皆川典久『凹凸を楽しむ東京スリバチ地形散歩』シリーズ　洋泉社
・宮路秀作『経済は地理から学べ！』ダイヤモンド社
・山崎晴雄・久保純子『日本列島100万年史』講談社ブルーバックス
・ロバート・ヤーハム『自然景観の謎』ガイアブックス
・帝国書院編集部『食の地図　旅に出たくなる地図シリーズ5』帝国書院

地理関係で参考になるサイトなど
（左記の語句でネット検索！）

・地理院地図（ブラウザ上で地図表示）
・カシミール3D（フリーソフトで地図表示）
・今昔マップ on the web（ブラウザ上で地図表示）
・日本地図センター（紙地図や地図表示ソフトの販売）
・地理ポータルサイト（地理のリンク集）
・地理×女子（筆者らが活動している地理団体）

日本全図
1:7 000 000
0 50 100 150 200km
〔正角円錐図法〕
緯線は同心円となる。標準緯線から離れるに従い，緯線間隔は広がる。
都市（人口）
100万以上
30〜100万
10〜30万
5〜10万
5万未満
都道府県庁所在都市
m
3000
2000
1000
500
200
0
200
1000
2000
4000
6000
オホーツク海
千島海盆
千島・カムチャツカ海溝
日本海溝
伊豆・小笠原海溝
南西諸島海溝
太平洋
宗谷海峡
宗谷岬
稚内
礼文島
利尻島
武蔵堆
天塩川
焼尻島
天売島
天塩山地
北見山地
北見大和堆
サロマ湖
知床岬
知床半島
択捉島《えとろふ》
国後島《くなしり》
国後水道
根室海峡
色丹島《しこたん》
色丹水道
歯舞群島《はぼまい》
納沙布岬
根室
落石岬
根釧台地
網走
屈斜路湖
旭川
大雪山 2291
石狩山地
十勝岳 2077
北海道
留萌
石狩湾
石狩川
積丹半島
岩見沢
夕張山地
札幌
倶知安
洞爺湖
帯広
十勝平野
釧路
十勝川
日高山脈
襟裳岬
浦河
室蘭
内浦湾
渡島半島
奥尻島
江差
函館
大島
津軽海峡
大間崎
恐山 874
下北半島
尻屋崎
龍飛崎
陸奥湾
津軽半島
青森
岩木山 1625
八甲田山 1585
白神山地
青森
十和田湖
米代川
奥
男鹿半島
秋田
秋田
岩手山 2038
出羽
北上高地
岩手
盛岡
雄物川
飛島
最上堆
鳥海山 2236
三陸海岸
最上川
北上川
山
宮城
粟島
月山 1984
山形
山形
佐渡島
信濃川
仙台
牡鹿半島
新潟
越後平野
阿武隈川
磐梯山 1816
福島
猪苗代湖
阿武隈高地
新潟
福島
越後山脈
尾瀬ヶ原
群馬
栃木
茨城
前橋
宇都宮
水戸
関東平野
埼玉
さいたま
霞ヶ浦
利根川
犬吠埼
東京
東京
甲府
山梨
横浜
千葉
千葉
神奈川
房総半島
相模灘
野島崎
大島
新島
神津島
三宅島
八丈島
日本
太
平
洋
鹿児島
大隅半島
屋久島
種子島
黒島
硫黄島
竹島
三島（村役場は鹿児島市にある）
大隅諸島
口永良部島
口之島
中之島
臥蛇島
諏訪之瀬島
吐噶喇列島
悪石島
小宝島
宝島
鹿児島
横当島
奄美諸島
大島（奄美大島）
奄美
喜界島
加計呂麻島
硫黄鳥島
徳之島
沖永良部島
与論島
伊平屋島《いへや》
伊是名島
伊江島
粟国島《あぐに》
沖縄諸島
沖縄島
久米島
那覇
沖縄
慶良間列島《けらま》
沖縄
琉球諸島
南西諸島
魚釣島《うおつり》
尖閣諸島《せんかく》（石垣市）
先島諸島
宮古島
宮古島
宮古列島
多良間島
与那国島《よなぐに》
西表島《いりおもて》
石垣
石垣島
八重山列島《やえやま》
波照間島《はてるま》
台
−7460
136° 138° 140° 142° 144° 146° 148°
46° 44° 42° 40° 38° 36°
30° 28° 26° 24°
122° 124° 126° 128° 130°
（二宮書店発行『高等地図帳改訂版』を縮小，加筆訂正）

中華人民共和国
ロシア連邦
朝鮮民主主義人民共和国
大韓民国
朝鮮半島
日本海
日本国
124°
126°
128°
130°
132°
134°
40°
38°
36°
34°
32°
30°
128°
130°
132°
134°
135°
136°
138°
ウスリースク
ツーメン 図們
ウラジオストク
ナホトカ
トマン川(豆満江)
チョンジン 清津
ハムギョン(咸鏡)山脈
ランニム(狼林)山脈
ムスダン 舞水端
ハムフン 咸興
ピョンヤン 平壌
ナムポ 南浦
ソチョソン(西朝鮮)湾
トンチョソン(東朝鮮)湾
ウォンサン 元山
ケソン 開城
キョンギ(京畿)湾
インチョン 仁川
ソウル
スウォン 水原
テベク(太白)山脈
ソベク(小白)山脈
テジョン 大田
チョンジュ 全州
テグ 大邱
ポハン 浦項
ウルサン 蔚山
チャンウォン 昌原
プサン 釜山
ウルルン(鬱陵)島
島根
竹島(隠岐の島町)
対馬海盆
北大和堆
大和海嶺
大和堆
大和海盆
隠岐堆
隠岐諸島
西水道
東水道
朝鮮海峡
対馬海峡
長崎
壱岐島
見島
玄界灘
響灘
関門海峡
江の川
宍道湖
松江
島根
鳥取
中国山地
広島
岡山
山口
兵庫
京都
滋賀
福井
石川
富山
岐阜
愛知
三重
奈良
大阪
和歌山
香川
愛媛
高知
徳島
福岡
佐賀
長崎
大分
熊本
宮崎
鹿児島
九州山地
四国山地
紀伊山地
周防灘
伊予灘
豊後水道
紀伊水道
淡路島
大阪湾
伊勢湾
若狭湾
琵琶湖
浜名湖
能登半島
金沢
福井
神戸
大津
津
名古屋
高松
松山
四万十川
足摺岬
室戸岬
土佐湾
土佐碆
紀伊半島
潮岬
熊野灘
大王崎
五島列島
男女群島
天草諸島
有明海
大淀川
日向灘
大隅海峡
大隅半島
薩摩半島
都井岬
大隅諸島
屋久島
種子島
日本標準時子午線

尾形《おがた》 希莉子《きりこ》

1996年神奈川県横浜市生まれ。お茶の水女子大学文教育学部人文科学科地理学コース4年。地理学コース生の有志団体「地理×女子」の一員として、地理の面白さを広める活動をしている。地理女子HP　https://chirijoshiocha.wixsite.com/chiri-joshi, 地理女子twitter　https://twitter.com/chiri_joshi。
食べ物には目がなく、農ある暮らしを求めて各地の生産現場を訪れることもしばしば。地域ごとに文化や人柄が異なることを実感し、そこに地理的な面白さを見出してもいる。

長谷川《はせがわ》 直子《なおこ》

1974年長野県生まれ。フランス政府給費留学生、吉田育英会海外派遣留学生、日本学術振興会特別研究員、滋賀県立大学環境科学部助手（助教）を経て、現在お茶の水女子大学基幹研究院（文教育学部人文科学科地理学コース）准教授。数年前から地理学のアウトリーチ（地理学を社会に広く伝える）に興味を持ち、現在日本地理学会地理学のアウトリーチ研究グループなどの活動を行っている。旅行、食べること、バードウォッチング、温泉、自然、クラシック音楽が好き。

地理女子《ちりじょし》が教《おし》えるご当地《とうち》グルメの地理学《ちりがく》

2018年6月25日　初版発行
2024年3月25日　第4刷発行

著者	尾形《おがた》 希莉子《きりこ》・長谷川《はせがわ》 直子《なおこ》
DTP・カバーデザイン	川原田 良一（ロビンソン・ファクトリー）
イラスト	いげた めぐみ
校閲協力	有限会社蒼史社
発行者	内田 真介
発行・発売	ベレ出版 〒162-0832　東京都新宿区岩戸町12　レベッカビル TEL.03-5225-4790 Fax.03-5225-4795 ホームページ　http://www.beret.co.jp
印刷	三松堂株式会社
製本	根本製本株式会社

ISBN978-4-86064-550-2 C0025　　編集担当　森 岳人